규범의 국제정치

세계정치 33

규범의 국제정치

발행인 서울대학교 국제문제연구소
주소 서울시 관악구 관악로 1 (220동 504호)
전화 02-880-6311
팩스 02-872-4115
전자우편 ciscis@snu.ac.kr

2020년 12월 14일 초판 1쇄 찍음
2020년 12월 21일 초판 1쇄 펴냄

지은이 조동준, 손혁상, 김유경, 유영수, 이병하, 황영주, 김헌준, 김지이
기획 서울대학교 국제문제연구소
책임편집 조동준

편집 김천희
디자인 김진운
마케팅 최민규
펴낸곳 (주)사회평론아카데미
펴낸이 윤철호, 고하영
등록번호 2013-000247(2013년 8월 23일)
전화 02-2191-1182(영업) 02-326-0333(편집) 팩스 02-326-1626
주소 서울시 마포구 월드컵북로 6길 56
이메일 academy@sapyoung.com 홈페이지 www.sapyoung.com

ⓒ 조동준, 손혁상, 김유경, 유영수, 이병하, 황영주, 김헌준, 김지이, 2020
ISBN 979-11-89946-90-6 94340

세계정치 33

규범의 국제정치

서울대학교 국제문제연구소 편
조동준 책임편집

사회평론아카데미

* 이 저서는 2019년도 서울대학교 미래 기초학문 분야 기반조성 사업의 지원을 받아 수행된 연구 결과물임.

국제규범을 둘러싼 사회세력 간 경쟁

국제규범은 국제사회에서 통용되는 권리와 의무로 규정된 행동 기준으로 국가 행위에 영향을 미친다. 국제규범에 부합하지 않는 국가 행위는 도덕적으로 정죄되기 때문에, 국가는 이를 피하려 한다. 또한 국제규범은 국가이익을 재구성한다. 국제규범이 국가의 정체성에 영향을 미치고, 이는 국가 이익의 재구성으로 이어질 수 있다. 이처럼 국제규범은 국제관계에서 의미 있는 변수로 부상하고 있다. 특히, 냉전 종식 후 국제사회에서 전쟁과 같은 고강도 분쟁이 점차 사라지면서, 국제규범의 영향력이 상대적으로 증가하고 있다.

성공한 국제규범은 출현, 확산, 그리고 내재화로 구성되는 생애주기를 가진다. 많은 사회세력은 자신의 세계관에 부합하는 담론을 국제규범으로 성장시키려 노력한다. 특정 사회세력의 세계관에 부합하는 담론이 국제규범으로 인정을 받게 되면 세계표준이 되기 때문이다. 따라서 규범 생애주기 각 단계에서 여러 사회세력 간 경쟁이 일어난다. 규범을 둘러싼 사회세력 간 경쟁 중 일부만이 생애주기를 성공적으로 통과한다. 하지만 생성 단계에서 도태되는 담론과 세계관, 확산 단계를 통과하지 못하는 규범 후보가 상대적으로 더 많다.

이번『세계정치』 33호 〈규범의 국제정치〉는 7개 국제규범 사례를 상세히 소개함으로써 국제규범을 둘러싼 사회세력 간 상호작용의 실제 모습을 드러내고자 한다. 구체적으로 출현 단계에서는 특정 담론을 규범 후보로 만들려는 사회세력이 쟁점을 의제화하는 방식에 초점을 맞춘다. 의제화가 사회적으로 인정을 받아 우호적 반응으로 이어지면 출현 단계에 접어들었다고 볼 수 있다. 사회적 공명을 받은 의제가 일부 국가에서 옳고 그름을 정하는 행동기준으로 구체화되면 규범 후보가 된다. 확산 단계에서는 사회세력이 규범 후보를 국제사회에서 공인을 받게 만드는 현상에 초점을 맞춘다. 일부 국가에서 규범화가 된 담론이 국제사회 다수의 인정을 받는 과정에서 규범 창발자는 다양한 활동을 벌인다. 마지막으로 내재화 단계에서는 국제규범을 국내로 들여오는 사회세력의 활동에 초점을 맞춘다.

이번 특집호는 국제규범 관련 7개 장과 컴퓨터 운영체제 관련 1개 장으로 구성된다. 선진국 내 주류사회에서 출현한 규범으로 새천년개발목표와 반부패 규범이 포함된다. 선진국 내 비주류사회에서 출현한 규범으로 대인지뢰금지 규범, 양심적 병역거부, 이주노동자 규범, 젠더 주류화가 포함된다. 개발도상국에서 출현한 규범으로 이행기정의(transitional justice)가 포함된다. 컴퓨터 운영체제 관련 1개 장은 국제사회의 표준인 마이크로소프트의 운영체제에 대한 중국의 대응을 검토한다.

1장은 새천년개발목표(MDGs)의 출현, 확산 및 국내 내재화 과정을 검토한다. 1990년대 경제협력개발기구(OECD), 원조 공여국 측 비정부기구, 시민사회연결망은 공적원조의 효과를 평가하면서 빈곤퇴치에 주목했다. 이들은 개발원조가 수원국 시민의 삶에 긍정적 효과로 이어져야한다는 당위를 확인한 후, 원조의 목표를 빈곤퇴치로 의제화했다. 이들은 개발원조와 수원국에서 삶의 질 개선을 직접 연결시키는 새로운 담론을 국제사회로 투영하여 새천 년개발목표에 대한 합의를 이끌었다. 새천년개발목표가 한국으로 내재화되는 과정에서 시민사회가 적극 참여했지만, 규범으로서 새 천년개발목표는 아직 한국에서 뿌리를 내리지 못했다. 한국의 개 발원조와 새천년개발목표 간 연계가 약하고 관리 부처가 명확하게 설정되지 않았다.

2장은 반부패 규범의 생애주기를 검토한다. 1990년대 지구화 가 심화되면서, 선진국과 자본은 부패가 시장의 작동을 방해한다 는 점에 주목했다. 이들은 부패를 '원활한 시장 작동을 방해하고 자유롭고 공정한 국가 간 경제활동을 저해하는 것'으로 재설정한 후, 부패 방지와 경제성장 간 관계에 대한 새로운 의제를 국제사 회로 투영했다. 경제협력개발기구에서 시작된 반부패 규범은 매우 빠르게 선진국에게 우호적인 국제기구와 비정부기구로 확산되었 다. 한국에서는 개혁지향적 정파와 사회세력이 반부패 규범을 도 입하는 데 적극적이었다. 반부패 입법, 관련 위원회 설치 등 제도 화가 심도 있게 진행되었다.

3장은 대인지뢰금지 규범의 생애주기를 검토한다. 대인지뢰 와 관련된 활동을 벌이던 소수 비정부기구는 방어용 군사무기로서 지뢰의 효용성을 부정하고 지뢰 피해의 실상을 사람들에게 시각적 으로 생생하게 전하며 대중의 이목을 집중시켰다. 이들은 군축과 관련 다자외교망을 우회한 후 새로운 대인지뢰금지 담론에 공명하는 국가와 비정부기구의 회합을 통하여 대인지뢰금지 담론을 국제법으로 만들었다. 한국에서는 평화운동과 기독교사회운동이 대인지뢰금지 규범의 도입에 적극적이었다. 한국은 안보 목적상의 이유로 대인지뢰금지 규범을 명시적으로 수용하지는 않았지만, 대인지뢰의 수출입 금지, 국내외 대인지뢰 피해자의 구호, 매설되었던 대인지뢰의 부분적 제거 등을 부분적으로 수용하였다.

4장은 양심적 병역거부의 생애주기를 검토한다. 평화에 집중하는 소수 종파의 신념에 서구 시민사회와 초국경 옹호 네트워크가 공명했고, 이들은 양심적 병역 거부를 국제규범으로 만들었다. 한국에서는 비주류 종교집단이 초국경 옹호 네트워크 및 국내 인권 옹호 집단과 연계해 이를 들여왔다. 오랜 시간이 걸렸지만, 대체복무제도가 만들어질 정도로 양심적 병역거부는 규범으로 내재화되었다.

5장은 이주노동 규범의 생애주기를 검토한다. 1970년대 경제불황 중 선진국이 합법적 이주노동을 줄이자, 비정규(irregular) 이주노동자가 새로운 쟁점이 되었다. 국제노동기구와 노동 관련 사회세력은 정상적인 이민절차를 거치지 않는 이주노동자를 범법자가 아니라 비정규 이주노동자로 새롭게 의제화한 후, 이들을 보호하기 위한 규범을 국제사회로 투영하였다. 한국에서는 사회운동세력이 이주노동자 규범의 수용에 적극적이었다. 이주노동자 규범이 한국 내 공론장에서는 확산되었지만, 실제 이주노동자에 대한 정책으로 반영되지는 않았다.

6장은 젠더 주류화의 생애주기를 검토한다. 여성 관련 사회운동단체는 성평등 관련 의제를 전파하여 성평등이 실제적으로 구현

될 수 있는 정책이 마련되어야 한다는 규범을 만들었다. 초국경 여성운동은 국제연합 여성회의를 공론장으로 삼아 성평등 관련 담론을 확산하면서, 젠더주류화를 규범으로 성장시켰다. 한국에서는 여성단체와 사회운동단체가 젠더주류화의 도입에 적극적이었다. 이 규범은 한국에서 내재화되어 성평등 입법, 여성가족부와 같은 기구의 출범, 가치관의 변화로 이어졌다.

7장은 이행기정의 생애주기를 검토한다. 민주화를 경험한 국가에서 사회운동세력은 억압적 정권이 자행한 만행이 국가면제 (state immunity)에 해당되지 않고 민주정권에 의하여 회복되어야 한다는 새로운 담론을 확산시켰다. 이 담론은 민주화를 경험한 국가에서 규범이 되었고, 민주주의 관련 사회운동세력과 민주화를 경험한 국가에 의하여 국제사회로 투영되었다. 이런 노력은 국제형사재판소의 설립으로 이어졌다. 한국에서 이행기정의는 민주화 이후 한국 정부와 사회운동세력에 의하여 도입되었다. 과거사 진상조사, 배상, 치유 등 다양한 활동으로 이 규범이 내재화되었다.

8장은 컴퓨터 운영체제의 표준과 관련된 중국의 정책을 검토한다. 중국 정부는 마이크로소프트 운영체제의 표준화가 중국의 정보기술과 산업의 발전을 저해하며 심지어 국가안보를 위협한다는 점을 인식하게 되었다. 이에 따라 중국 정부는 독자적인 운영체제를 발전시키려 노력했지만, 새로운 운영체제가 시장의 수요를 충족하지 못해 도태되었다. 하지만, 이 과정에서 인적자원이 축적되었고, 이는 휴대전화 분야에서 독자적 운영체제를 개발하는 데 기반을 제공했다.

『세계정치』 33호의 출판에 도움을 주신 분들께 감사의 마음을 전한다. 집필진 선생님들은 바쁜 일정에도 불구하고 편집자의 집필 요청과 수정 요청을 흔쾌히 수락하셨다. 신욱희 교수님은 기획에 관여하셨고 게으른 편집자로 하여금 일을 진행할 수 있도록 자극을 주셨다. 김종은 조교는 일정 진행에 맞추어 행정적 사무를 담당했고, 편집에 도움을 주었다. 사회평론아카데미팀은 훌륭한 편집에 더해 늦은 원고를 기다리는 수고를 하였다. 이 책을 통하여 국제규범에 대한 이해가 넓어지고, 국내 연구가 활발해지기를 기대한다.

필진을 대표하여

2020년 10월

조동준

차례

세부 차례

제1장

국제개발 규범의 형성과 확산 과정에 관한 연구

— 새천년개발목표(MDGs) 사례를 중심으로*

A Study of Formation and Diffusion Process of International Development Norms: Focusing on Millennium Development Goals (MDGs)

손혁상 | 경희대학교 공공대학원 교수

*   이 논문은 2018년 대한민국 교육부와 한국연구재단의 지원을 받아 수행된 연구임(NRF-2018S1A3A2075117). 본 연구를 위해 자료 수집과 정리 및 초안 작성에 도움을 준 경희대학교 국제개발협력연구센터 최은해 연구원에게 심심한 감사의 마음을 전합니다.

국제개발 분야에서 글로벌 차원으로는 최초로 수립된 국제규범인 새천년개발목표(MDGs)의 형성, 확산 및 국내 내재화 과정을 고찰한다. 핀모어와 시킨크의 국제규범 생애주기 이론에 기반하여 MDGs를 출현, 확산, 내재화 단계로 분석한 결과, 형성과 확산 과정에서 다양한 행위 주체들의 역할이 확인되었다. 초기의 규범 주창자뿐만 아니라, 확산 단계에서 국가와 국제기구, 시민사회 네트워크가 중심이 되었다. 그러나 내재화 단계에서는 목표 달성을 위한 재원 마련에 대한 국제적 실천과 이행 방법에 대한 합의가 이루어지지 않고, 규범 출현과 확산 시기에 수원국과 개도국 NGO들의 적극적인 참여가 결여되어 이러한 불균형한 형태의 규범 형성이 국제규범으로 내재화되는 데 장애요인이 되었다.

한국의 경우 MDGs 출현 단계에 거의 참여하지 않았지만 연도별 국제개발협력 종합시행계획 등에 MDGs 달성이 목표로 포함되는 등 내재화 과정에서 어느 정도 성과를 보였으며, 시민사회도 적극적으로 규범 확산에 동참하였다. 그러나, MDGs의 내재화 정도를 측정하거나 관리 부처가 명확하게 설정되지 않았다는 점에서 국내 내재화의 한계를 보였다.

This study examines the formation, diffusion, and domestic internalization of the Millennium Development Goals(MDGs), the first global norms developed in the filed of international development. Following the norm life cycle theory of Finnemore and Schkkink, the study of the MDGs in the stages of emergence, diffusion, and internalization confirms the roles of various actors. Not only the early norm advocates but also the states, international organizations and civil society networks at the diffusion stage contributed to main-streaming the MDGs in a global context. However, at the stage of internalization, there was no consensus on the means of implementation or how to finance to achieve the goals. The lack of active involvement of recipient countries, emerging donors, academics and NGOs during the emergence and diffusion stages had been an obstacle to the internalization.

In the case of South Korea, few citizens participated in the emergence stage of the MDGs. Still, some milestones have been achieved in the process of internalization, like the MDGs as a goal of the Annual Implementation Plan for International Development Cooperation. Civil society actively engaged in the dissemination of the norm. However, the drawbacks of domestic internalization were shown in that the degree of internalization of the MDGs was not measured or a relevant government agency was not created.

KEYWORDS 새천년개발목표 Millennium Development Goals, 국제개발 규범 international development norms, 지속가능발전목표 Sustainable Development Goals, 규범 생애주기 norm life cycle, 규범 내재화 norm internalization

I 들어가며

국제개발 분야에서 국제규범은 다른 비안보 분야와 같이 1990년 대 탈냉전 시기 이전에는 국제적 담론 형성에 어려움이 있었다. 미 국을 중심으로 한 서구 진영과 소련 등의 동구 진영은 개발 원조를 냉전 하에서 세력 확산을 위한 경쟁 수단으로 주로 활용하였기 때 문이다. 그러나 냉전이 끝나고 비안보 분야의 국제적 논의가 활성 화되면서 국제개발 분야에서도 글로벌 차원의 규범 형성 움직임이 나타났고, 그 중 가장 대표적인 규범으로는 2001년 UN의 새천년 개발목표(Millenium Development Goals, MDGs), 2005년 OECD 개발원조위원회(Development Assistance Committee, DAC)의 '원 조효과성 제고를 위한 파리선언', 그리고 2015년 지속가능발전목 표(Sustainable Development Goals, SDGs)를 꼽을 수 있다. 본 연 구는 이 중 국제개발 분야의 글로벌 차원에서 최초로 수립된 국제 규범인 MDGs의 형성, 확산 및 국내 내재화 과정을 분석한다.

2차 세계대전 직후 마셜플랜으로 유럽의 경제 재건이 성공적 으로 추진됨에 따라, 국제사회는 재정 지원과 인프라 투자가 신흥 독립국의 경제성장과 빈곤감소에 기여할 것이라고 기대하였다. 이 에 따라 2차 세계대전 이후부터 1960년대까지 국제기구와 주요 공여국은 저소득국에 대한 자본 투자, 인프라 구축 및 산업화 등 경제성장에 초점을 맞춘 국제 원조를 추진하게 된다. 그러나 1970 년대에 들어서면서 오히려 대다수 저소득국에서 외채 위기가 심 화되자 경제성장 위주의 개발 정책에 대한 회의론이 대두되었고, 1970년대부터 1980년대까지 두 차례에 걸친 오일 쇼크와 식량 위기는 인간 기본 욕구(Basic Human Needs, BHN) 충족의 필요성을 상기시켰다. 1990년대 들어 도래한 탈냉전 시대와 세계화의 움직임은 안보 이슈를 넘어 아동, 환경, 인권, 여성 등과 관련된 다양한 분야에서의 다차원적인(multi-dimensional) 관점에 기반한 인간·사회발전에 대한 본격적인 국제적 논의의 시작을 알렸다. 하지만 20세기 후반 가속화된 경제성장에도 불구하고 전 세계적인 빈곤문제는 여전히 해결되지 않았고, 국가 간 그리고 국가 내에서의 양극화는 이전보다 더 심화되었다.

이러한 상황에서 UN을 중심으로 국제사회에서는 빈곤퇴치에 대한 논의가 다각적으로 이루어졌는데, 특히 OECD DAC는 원조의 효율성을 높이기 위한 방안을 모색하던 중 1996년 '21세기를 향하여: 개발협력을 통한 공헌'(Shaping the 21st Century: The Contribution of Development Co-operation)이라는 새로운 전략을 채택한다. 동 문서를 통해 개발의 세 가지 측면인 경제 복지(economic well-being), 사회개발(social development), 환경적 지속가능성과 재건(environmental sustainability and regeneration)에서의 '국제개발목표'(International Development Goals, IDGs)를 발표하였다. OECD DAC는 첫 번째 목표로 개발도상국의 절대빈곤을 2015년까지 절반으로 줄이는 목표(경제복지 측면)를 설정하였으며, 이 외에 보편적 초등교육, 교육에서의 양성 평등, 영유아와 산모 사망률 감소, 보건 서비스 개선의 내용을 담은 사회개발 측면의 목표와 환경보호의 내용을 담은 목표까지 총 7개의 국제목표를 제시하였다. IDGs의 등장 이후, OECD DAC 회원국을 중심으로 개발정책에서 빈곤 문제를 중점적으로 다루기 시작하였고, 이후

IDGs 7개의 목표는 새롭게 등장하는 '새천년개발목표'(Millenium Development Goals, MDGs)의 8대 목표에 모두 포함되며 MDGs 의 등장에 직접적인 영향을 미치게 된다.

2000년 UN은 세계평화, 공동번영, 공정한 사회를 기조로 한 새천년정상회의(Millenium Summit)를 개최하고 새천년 선언(또는 밀레니엄 선언, Millennium Declaration)을 채택한다. 이후 이에 대한 이행목표를 수립하기 위해 새천년 선언과 1996년 OECD 고위급회의에서 제시되었던 IDGs를 새로운 목표로 통합하는 데 합의하였으며, 이를 통해 2000년대 가장 영향력 있는 개발협력의 프레임워크로서 기능하였던 새천년개발목표가 등장한다. 이와 같이 MDGs는 UN이 단독으로 제시한 목표가 아니라 1990년대에 국제회의에서 논의되었던 어젠다와 목표를 기준으로 재구성한 UN 회원국의 약속이다. 빈곤퇴치를 핵심 기조로 하는 MDGs는 2015년까지 달성해야 할 8대 목표(goal),[1] 21개의 이행목표(target) 그리고 이 목표를 측정하기 위한 60개의 지표(indicator)로 구성되어 있는데, 8개의 목표는 21개의 세부목표와 60개의 지표를 통해 달성하는 과정을 지속적으로 모니터링할 것으로 결의되었다. 따라서 2000년대 국제사회는 MDGs 달성을 위해 공적개발원조(Official Development Assistance, ODA) 규모의 증대를 GNI 대비 0.7%

---

1   8대 목표는 다음과 같다: ① 절대빈곤 및 기아 퇴치, ② 보편적 초등교육 제공, ③ 성평등 및 여성의 자력화 촉진, ④ 아동 사망 감소, ⑤ 산모 건강 증진, ⑥ HIV/ AIDS, 말라리아 등 질병퇴치, ⑦ 지속가능한 환경 보장, ⑧ 개발을 위한 글로벌 파트너십 구축이다. 이 중 처음 7개의 목표는 개발도상국에 해당하는 목표이고, 8 번째 목표는 선진국에 해당되는데 앞 7개의 목표는 정량적으로 측정할 수 있는 지표이며 마지막 목표는 질적 목표에 해당한다.

까지 확대할 것을 촉구하였고, 다른 한편으로는 원조 효과성 제고를 강조하였다. 이에 MDGs 달성을 위한 노력의 일환으로써 공여국에서는 대외원조의 규모가 증가하였고, 저소득국에서는 빈곤퇴치가 개발정책의 우선순위로 자리 잡았다. 이처럼 MDGs는 공동의 목표를 국제기구와 전 세계 대부분의 국가가 함께 공유하고 목표 달성을 위한 행위자의 역할을 분명히 하였다는 점에서 기존의 국제적 선언, 국제 목표, 개발 패러다임 등과는 차이를 보인다. 또한 MDGs는 구체적인 달성 시한과 정량적으로 측정 가능한 목표를 제시하였는데, 이는 지속적인 모니터링이 가능하였을 뿐 아니라 국가 또는 목표 간의 비교도 가능하게 하였다. 이같이 MDGs는 20세기 인류 사회의 가장 큰 문제로 대두되었던 빈곤 논의를 구체화하였고, 빈곤퇴치를 위해 경제 개발 중심 개발 패러다임에서 탈피하여 보건, 양성 평등, 질병 등 사회 개발, 특히 인간 개발에 초점을 둔 결과 중심의 새로운 패러다임을 구성하였다는 데 큰 의의를 지닌다.

목표연도인 2015년을 기준으로 MDGs 달성 결과를 살펴보면, 우선 핵심 기조였던 빈곤퇴치에서는 성공적으로 달성되었다고 평가받는다. 2015년 UN MDGs 최종 보고서에 따르면 절대빈곤($1.25 이하로 생활하는 인구)의 비율이 1990년 36%에서 2015년 12%로 감소하였고, 개발도상국의 전체 빈곤 비율은 1990년 47%에서 2015년 14%로 큰 폭의 감소를 보일 것으로 예측하였다. 그 외에 보편적 초등교육 달성, 성평등과 여성 지위 향상, 질병퇴치 등의 목표에서도 실질적인 진전을 보였다. 하지만 그 이외의 목표에서는 미약한 진전을 보이며 계획했던 것만큼의 성과를 거두지 못하였다. MDGs 최종 보고서는 MDGs의 달성 정도를 개발지역(developed regions)과 개발도상지역(developing regions)으로 구분하여 성취 정도를 제시하였는데, 동아시아는 16개의 세부목표 중 12개를 달성한 반면 사하라이남 아프리카와 오세아니아 지역에서는 대부분의 목표가 달성되지 못한 것으로 나타났다. 결과적으로 MDGs는 목표 달성에 있어 목표별, 지역별로 불균형하게 달성되었음을 의미한다. MDGs가 기대만큼 달성되지 못한 이유로는 목표 설정에 대한 논의가 선진 공여국 중심으로 이루어졌다는 점, 경제개발의 중요성이 간과된 점, 기후변화, 인권, 평화, 안보, 불평등 등 인간 삶에 직접적으로 영향을 미칠 수 있는 목표가 제시되지 않은 점 등이 지적된다. 뿐만 아니라 MDGs는 기후변화와 글로벌 금융위기와 같은 외부적인 환경에도 영향을 많이 받았다. 기후변화는 자연재해 등을 증가시켜 극빈층에 피해를 줌으로써 개발도상국의 지속가능한 발전을 저해하였고, 2008년 발생한 글로벌 금융위기는 ODA의 축소에 직접적인 영향을 미쳤다. 이러한 내·외부적 요인과 더불어 MDGs의 성공적인 달성이 어려웠던 가장 큰 이유는 개별 요소에 집중한 나머지 경제적 요소, 사회·제도적 요소, 환경적 요소 등이 통합적이고 다각적으로 고려되지 않았고, 국가별 여건과 상황을 충분하게 고려하지 않고 글로벌하게 동일한 목표를 제시함으로써 개발도상국에게는 다소 도전적인 목표가 되었기 때문이라고 평가된다. 비록 달성되지 못한 중요한 개발 목표가 남아 있었지만 그럼에도 불구하고 2000년대 초반부터 15년 동안 MDGs 달성을 위한 범세계적인 노력으로 10억 명에 달하는 사람들이 극심한 빈곤에서 벗어났고, 예방 가능한 질병 발생률이 감소하는 등 수많은 사람들의 삶이 개선되었다.

기존의 MDGs가 지니고 있는 한계와 문제를 극복해야 한다는 과제를 안고 있었던 국제사회는 MDGs의 종료연도인 2015년이 다가옴에 따라 2010년부터 2015년까지 약 5년간 MDGs의 후속의제인 Post-2015에 대한 국제적인 논의를 지속하였는데, 이는 크게 UN 고위급 패널 논의와 Rio+20(또는 UN 지속가능발전정상회의)의 두 갈래로 나누어 볼 수 있다. 두 논의를 기초로 지속가능발전목표(Sustainable Development Goals, SDGs)가 설정되었으며, 이후 지속가능발전목표 공개작업반(Open Working Group of the General Assembly on Sustainable Development Goals)이 1년여에 걸친 회의 끝에 17개의 목표와 169개의 세부목표로 구성된 SDGs 제안서에 합의하였고, 이를 UN 총회에 제출하였다. 이후 UN 총회는 이 제안서를 수용하고 2015년 9월 UN 총회에서 MDGs를 대체할 Post-2015 개발 어젠다로 '세상의 변혁: 2030 지속가능발전의제'(Transforming Our World: The 2030 Agenda for Sustainable Development)를 채택하였다. SDGs는 '단 한 사람도 소외되지 않는 것'(Leave no one behind)이라는 슬로건 아래 인간, 지구, 번영, 평화, 파트너십이라는 5개 영역에서 포괄적인 목표를 제시하는데, 2015년부터 2030년까지의 개발협력의 방향을 제시하고 17개의 목표와 보다 구체적인 이행목표를 제시한다. SDGs의 가장 두드러진 특징은 MDGs에서 간과되었던 분야와 다루어지지 않았던 이슈를 포괄하는 목표를 제시하고, 지속가능성의 세 가지 측면인 경제·사회·환경 분야의 통합을 시도함으로써 지속가능한 개발의 중요성에 대한 국제사회의 인식을 드러냈다는 것이다. 예를 들어, 경

표 1-1. OECD 국제개발목표와 새천년개발목표, 지속가능발전목표 비교

OECD 21세기 개발협력전략 국제개발목표(IDGs)	새천년개발목표(MDGs)	지속가능발전목표(SDGs)
1. 절대빈곤비율 1/2 감소	8. 극심한 빈곤과 기아의 탈출	16. 빈곤퇴치
2. 모든 국가에서 보편적 초등교육 의무화	9. 보편적 초등교육의 제공	17. 기아종식
3. 초·중등 교육의 성차별 근절을 통한 양성 평등 및 여성 권한 강화	10. 성평등과 여성 자력화의 촉진	18. 건강과 웰빙
4. 5세 미만 영·유아 사망률 2/3 감소	11. 아동사망 감소	19. 양질의 교육
5. 산모사망률 3/4 감소	12. 산모건강 증진	20. 성평등
6. 모든 개인의 기초 의료 제도 및 모자보건 서비스 이용이 가능하도록 개선	13. HIV/AIDS, 말라리아와 다른 질병퇴치	21. 깨끗한 물과 위생
7. 2015년까지 환경 손실을 역전시키도록 모든 국가는 2005년까지 지속가능 개발의 국가전략을 수립, 이행	14. 지속가능한 환경 보장	22. 모두를 위한 깨끗한 에너지
	15. 개발을 위한 국제적 협력관계 구축	23. 양질의 일자리와 경제성장
		24. 산업, 혁신, 사회기반시설
		25. 불평등 감소
		26. 지속가능한 도시와 공동체
		27. 지속가능한 생산과 소비
		28. 기후변화 대응
		29. 해양 생태계 보존
		30. 육상 생태계 보호
		31. 정의, 평화, 효과적인 제도
		32. 글로벌 파트너십

출처: ODA Korea; 권상철·박경환(2017, 66) 참고하여 저자 작성.

제발전에 대한 중요성을 간과했다는 비판을 수용하여 양질의 일자리와 경제성장(목표 8)에 대한 목표를 제시하였고, 지속적이고 포용적이고 지속가능한 경제성장을 강조하였다. 또한 환경 이슈를 핵심 영역으로 인식하여 기후변화 대응(목표 13), 해양 생태계 보존(목표 14), 육상 생태계 보호(목표 15)와 같은 환경과 관련된 구체적인 목표를 제시하였다. 또한 MDGs에서는 다루어지지 않았던 대표적인 사회개발 이슈인 불평등 문제가 목표 10에서 불평등 감소의 목표로 제시되었다(강선주 2015, 95-99; 권상철·박경환 2017; 김세원 외 2015, 20-37; 임소진 2012, 9-11; 조한슬 외 2017, 15-19; ODA Korea; OECD DAC 1996; UN 2015, 4-13).

MDGs의 후속의제인 SDGs는 시행기한이 2016년부터 2030

년까지로, 현재 진행 중인 국제규범이다. 또한 17개의 목표가 사회발전, 경제발전, 환경보호를 아우르는 광범위한 개발목표인 점을 감안하였을 때 현 시점에서 SDGs의 생애주기 및 국내 내재화 과정의 분석은 여러 한계점이 있다. 따라서 다음 장에서는 국제개발협력 분야 최초의 글로벌 차원 국제규범이자 SDGs의 탄생에도 절대적 영향을 미친 MDGs의 규범 생애주기를 분석하고 각 주기에서 수요 행위자의 역할 그리고 국내 내재화 과정을 심층석으로 분석하고자 한다.

II MDGs의 규범 생애주기 분석

핀모어와 시킨크는 국제규범의 생애주기를 3단계로 구분한다. 1단계는 규범 출현 단계(norm emergence)로 국내외적으로 새롭게 대두되는 어젠다에 대해 조직적인 기반을 갖춘 규범 주창자(norm entrepreneurs)를 중심으로 논의가 시작되고 규범이 형성되는 단계를 의미한다. 2단계는 규범 확산 단계(norm cascade)인데, 이는 국가, 국제기구, 네트워크 등의 주요 행위자를 중심으로 규범이 확산되는 단계이다. 마지막으로 3단계인 규범 내재화 단계(norm internalization)는 법, 전문가, 관료 등의 행위자를 통해 규범이 정책이나 법률에 도입되고 이를 통해 행동이 변화되는 단계를 의미한다(Finnemore and Sikkink 1998, 894).

핀모어와 시킨크의 국제규범 생애주기를 MDGs에 대입해 보면, MDGs의 형성 과정에서는 다양한 분야의 행위자들이 빈곤 문제에 대한 관심을 이끌기 위해 노력하였음을 알 수 있다. 그 중 가장 대표적인 규범 주창자는 짐 그랜트(Jim Grant)이다. 당시 UN아동기금(United Nations International Children's Emergency Fund, UNICEF) 총재였던 그랜트는 수십 년간 빈곤 종식을 위한 연구와 캠페인을 이어왔는데, 1990년대 첫 UN정상회담인 세계아동정상회담(World Summit for Children)을 통해 산모·영유아 사망률, 아동 영양실조·문맹률 등 아동 빈곤과 관련된 문제에 대한 국제적인 관심을 촉구하였다. 또 다른 규범 주창자는 UN인구기금 (United Nations Population Fund, UNFPA) 사무총장 나피스 사딕 (Nafis Sadik)이다. 사딕은 1994년 카이로에서 열린 인구개발회의 (International Conference on Population and Development)의 사무총장으로서 여성 인권과 빈곤 문제를 직접적으로 연관시키고 국제사회에 빈곤 문제에 대한 새로운 접근법을 제시하고자 하였다. 이들의 공통점은 기존의 추상적이고 거시적이었던 빈곤에 대한 논의를 명확한 목표로 구체화시키기 위해 국제적인 공감대를 형성하고 국제사회를 설득하고자 노력하였다는 점이다.

이러한 규범 주창자들의 노력과 함께 국제사회에서 개발과 빈곤퇴치의 중요성이 본격적으로 부각되기 시작하였고, 2000년 UN 총회가 밀레니엄 선언을 채택함으로써 빈곤퇴치라는 최상위 규범이 티핑포인트(tipping point) 또는 한계점(threshold)^{2}에 도달

2   핀모어와 시킹스는 규범 주창자를 중심으로 시작한 논의가 많은 국가 또는 국제
     기구 등 국제사회에서 영향력을 가지게 되고 이들이 새로운 규범을 수용하기 시
     작하는 시점을 규범의 티핑포인트(tipping point) 또는 한계점(threshold)으로
     정의하였다(Finnemore and Sikkink 1998, 895).

하게 된다. 이후 UN 사무총장실의 지휘 하에 밀레니엄 선언을 구체화된 목표와 지표로 설정하기 위한 작업이 진행되는데, 사키코 후쿠다-파르(Sakiko Fukuda-Parr)와 데이비드 홈(David Hulme)은 이 과정에 참여한 UN 사무총장실의 마이클 도일(Michael Doyle)과 존 러기(John Ruggie), UNDP의 마크 맬럭 브라운(Mark Malloch Brown)을 규범의 티핑포인트의 주요 행위자인 'message entrepreneur'로 정의하였다. MDGs의 티핑포인트 단계의 주요 행위자로서 마이클 도일과 존 러기, 마크 맬럭 브라운은 밀레니엄 선언을 MDGs로 전환시켜 최상위 국제규범으로 만들고 주변 국가, 국제기구 등의 다양한 이해 관계자로부터 일치된 의견을 이끌어내는 데 기여하였다(Fukuda-Parr and Hulme 2009, 7-8).

최종적으로 마이클 도일이 이끄는 특별조직위원회에 의해 빈곤퇴치를 핵심 기조로 하는 2000년대의 새로운 개발목표인 MDGs가 등장하게 되는데, 이러한 과정을 통해 등장한 새로운 국제 의제인 MDGs는 UN 총회에서 189개국의 만장일치를 이뤄내며 이례적으로 빠른 합의를 도출하였다. 이후 UN 회원국, 국제기구, NGOs 등 주요 행위자들이 이를 적극적으로 수용하고 세부목표를 설정하는 등 빠르고 성공적으로 MDGs가 국제규범으로 확산되는 것을 도왔다. 무엇보다도 MDGs의 확산 과정은 연간보고서 발간, 새로운 조직적 플랫폼 구상 등 제도화를 수반하고 있음을 알 수 있다. 예를 들어 국제적으로는 MDGs를 위한 여론 조성을 위해 노력하였고, 국가적 수준에서는 MDGs 수용을 위한 국가 계획 및 전략을 수립하고자 하였다. 이와 같이 MDGs의 확산 과정은 빠르고 민순하게 진행되었으니, 다른 한편으로는 복잡한 양상을 보인다.

MDGs는 국가별로 혹은 각 국가의 정권에 따라 수용 정도에 있어 큰 차이를 보였는데, 대표적인 예로 미국을 들 수 있다. 클린턴 행정부는 2000년 밀레니엄 선언에 긍정적이고 이를 적극적으로 수용하는 모습을 보인 반면, 부시 행정부는 UN 회의, IDGs, 새천년 선언과 MDGs에 이르기까지 개발협력의 국제적인 움직임에 동참하지 않고 독자적인 모습을 보였다. 또한 국제기구와 주요 공여국은 적극적으로 MDGs를 수용하였지만, 이와 대비적으로 최빈국의 경우 MDGs의 형성과 확산에 있어 미온적인 반응을 보인 점 등이 MDGs 확산 과정의 복잡성을 드러낸다. 그럼에도 불구하고 MDGs의 출현 이후 MDGs와 관련된 국제회의가 지속적으로 개최되었으며, G8, OECD DAC 회원국들의 적극적인 활동에 의해 국제규범으로서 MDGs의 중요성이 부각되었다. 국제기구 및 국가 문서, 정책 등에서 역시 MDGs가 공식적으로 언급되었으며 UN 회의의 주요 의제로 자리 잡았다는 점에서 MDGs는 국제규범으로서 성공적으로 확산되었다고 평가받는다.

MDGs의 확산과 함께 주요 공여국은 MDGs를 국제규범으로 수용하고 자국 기조에 맞춘 개발 전략 및 정책 등을 통해 MDGs의 내재화를 도왔다. 대표적으로 영국은 2005년 보고서 'The UK's contribution to achieving the Millennium Development Goals'를 통해 MDGs 달성을 위한 영국 정부의 노력과 앞으로의 계획, 그리고 6개의 정책 우선순위[3]를 발표했으

---

3   6개의 우선순위는 다음과 같다: ① 개발을 위한 재정확대(Increased financing for development), ② 더 효과적인 개발협력(More effective development assistance), ③ 우호적 국제관계 강화(Strengthening the international

며, MDGs 시행 시기의 개발정책이 MDGs 목표 달성을 위한 노력에 초점을 맞추고자 하였다. 이 보고서에서 영국 정부는 저소득국에 대한 재정확대 없이는 MDGs의 달성이 어렵다고 판단하고 ODA의 규모를 확대할 뿐 아니라 최빈국의 채무 구제를 위한 국제적인 노력의 필요성을 강조하였다. 또한 OECD, 유럽연합 등과의 파트너십을 통해 상호 협력할 수 있는 환경을 조성하고자 하였고, 취약국 특히 각 목표에 대해 큰 진전을 보이지 못하였던 사하라이남 아프리카 지역에 집중적인 지원 필요성을 강조하였다. 이와 같이 영국 정부는 MDGs를 수용하고 이를 정책적 우선순위에 둠으로써 목표 달성을 위해 노력하고자 하였음을 알 수 있다. 미국의 오바마 정부도 MDGs 목표 달성을 위한 미국 정부의 노력을 강조하였다. 특히 힐러리 장관 하에 성평등과 여성 역량 강화는 미국 외교정책의 중심에 있었고, 경제성장 촉진, 거버넌스 개선 등을 비롯하여 온실가스배출 감소를 위한 '청정에너지안보법안'(American Clean Energy and Security Act)과 같은 기후변화 관련 법률 제정 및 정책적 방향 설정과 함께 정책 우선분야를 HIV/AIDS 퇴치, 모자보건, 위생, 교육, 거버넌스, 기후변화 대응으로 정하여 MDGs 목표 달성을 위해 노력하였다.

앞서 살펴보았던 공여국의 전략은 MDGs의 달성만을 위한 고유의 전략이 아니었다. 대부분 자국의 기존 정책 기조 안에서 MDGs 달성에 기여할 수 있는 방향, 우선순위 등을 제시하여 국

enabling environment), ④ 취약국 지원(Supporting weaker state), ⑤ 아프리카 지원(Africa), ⑥ 환경 및 기후변화 대응(Environment and climate change) (Government of the United Kingdom 2005, 58).

제규범을 국내에서 정책·제도화하기 위한 방안을 모색하기 위해 노력하였음을 알 수 있다. 이 외에도 중앙정부, 지자체, NGOs 등 다양한 커뮤니티에서도 MDGs 목표 달성에 기여하기 위한 활발한 움직임을 보이며 의식적인 측면에서의 내재화 과정을 보여준다. 많은 시민단체가 '세계 빈곤의 날'에 빈곤퇴치를 위한 다양한 캠페인과 행사를 진행하였는데, 대표적인 예로 'Global Call to Action Against Poverty(GCAP)'의 활동을 들 수 있다. 빈곤과 불평등 감소, 정의, 평화, 인권 등을 옹호하고 이에 대한 인식을 고취시키는 데 주목적을 둔 NGOs, 노동조합, 종교단체 등이 모여 조직된 국제 시민사회 연대체인 GCAP는 빈곤퇴치를 위한 첫걸음으로 MDGs를 수용하고 지지하였다. 이를 위해 각국 정부가 세계 빈곤 문제를 해결하는 데 적극적으로 동참할 수 있도록 세계 곳곳에서 집회를 개최하고 다양한 행사를 벌였다. 이 중 가장 영향력 있는 캠페인은 화이트밴드를 빈곤퇴치의 상징으로 활용한 '화이트밴드 캠페인'(White Band Day Campaign)이다. '화이트밴드 캠페인'은 세계 빈곤의 심각성을 인지하고, 각국의 정부가 MDGs 핵심 기조인 빈곤퇴치의 달성에 기여하기 위해 10월 17일 세계빈곤퇴치의 날에 "End Poverty" 등 빈곤퇴치를 상징하는 문구가 적힌 화이트밴드를 착용할 것을 촉구하는 글로벌 캠페인이다. 이 캠페인의 핵심은 10월 17일에 화이트밴드를 착용하는 공동행동을 하는 것이다. 화이트밴드 캠페인과 같이 시민들의 적극적인 참여를 유도하는 캠페인뿐 아니라 GCAP는 공연을 개최하여 ODA의 확대, 저개발 국가의 부채 탕감 등을 촉구하는 활동을 전개하였으며, 각국 정부가 MDGs의 달성을 위해 보다 적극적인 활동을 할 것을 요구하는 캠페인 또한 진행하였다.

국제기구도 빈곤퇴치와 관련된 캠페인에 동참하고 있는데, 대표적인 예는 UN의 '밀레니엄 캠페인'(Millennium Campaign)이다. 2002년 UNDP의 마크 맬럭 브라운은 MDGs 달성을 위해 국가적 차원의 정치적 활동에 대한 필요성을 인식하고 캠페인 활동을 계획하였다. UN 차원에서 진행된 최초의 국제적 인식 제고 캠페인이었던 '밀레니엄 캠페인'은 빈곤 정책의 지지자들과 MDGs의 이행을 위한 옹호활동에 초점을 두었다. 밀레니엄 캠페인 중 가장 잘 알려진 캠페인은 'Stand Up Against Poverty' 활동이다. 이는 전 세계의 다양한 공간, 예를 들어 학교, 정부청사 앞, 직장 등에 있는 참가자들이 빈곤과 불평등 퇴치 그리고 MDGs를 지지한다는 표현으로써 10월 16일부터 17일, 특정 시간에 동시에 참여하는 캠페인이다. 지금까지 논의하였던 다양한 캠페인을 통해 많은 국가와 시민사회가 참여함으로써 MDGs에 대한 인식 제고에 힘썼는데, 이는 특히 세계의 빈곤 문제에 대해 특별한 관심을 두지 않았던 청년, 지방 지자체, 종교단체 등 폭넓은 주체의 참여를 유도하였다는 점에서 큰 의의를 지닌다. 이와 같은 인식 제고 활동의 참여는 인식의 변화를 보여주는데, 이는 피네모어와 시킨스 모델에서 언급한 국제규범의 내재화 과정을 반영한다고 볼 수 있다.

MDGs의 형성과 확산 그리고 이를 수용하는 과정을 보면 국제규범의 내재화 단계까지 도달한 것처럼 보인다. 하지만 MDGs가 목표 달성에 성공적이지 못했다는 평가는 MDGs 내재화 과정에서 내재화를 저해하는 요인이 있었고, 결과적으로는 완전한 규범의 내재화 단계까지 도달하지 못했다는 것을 의미한다. 다시 말해 국제규범으로서 MDGs의 형성과 확산은 성공적으로 이루어졌고, 공여국 정부, 국제기구뿐 아니라 민간기업, 지역사회, 학교, NGO 등 다양한 분야에서 목표 달성을 위한 상호 노력을 지속하였다는 점에서 내재화 과정의 의미가 발견되기도 하나 실제 내재화 단계에서 많은 문제점을 발견할 수 있다는 것이다. MDGs가 국제규범 생애주기의 가장 중요한 단계인 내재화 단계까지 이르지 못한 근본적인 원인은 규범 형성 단계에서 규범 주창자들의 뚜렷한 목표가 있었음에도 불구하고 구체적 재원 마련에 대한 합의 및 이행 방법에 대한 논의가 활발하게 이루어지지 않았기 때문이다. 또한 회의론자들은 대표적인 MDGs의 한계로 MDGs 목표가 주 대상인 수여국에 대한 논의가 차별적으로 이루어지지 않은 채 "one size fits all"의 방식으로 설정된 점을 지적한다. 뿐만 아니라 MDGs 형성 단계에서 다양한 행위자가 참여하였지만 이들은 대부분 국제기구, 주요 공여국 등으로 한정되어 있고 수원국, 신흥 공여국, NGOs, 학계 등은 논의에서 배제되어 있음을 알 수 있다. 이는 자연스럽게 확산 단계에서도 폭넓은 행위자의 이해관계를 수렴하는 과정 없이 주요 공여국과 국제기구를 중심으로 확산되었음을 반증한다. 결과적으로 불균형한 형태의 규범 형성이 국제규범으로 내재화되는 데 큰 걸림돌로 작용하게 되었다는 평가를 받는다.

그럼에도 불구하고 MDGs는 국제개발협력 분야에서의 최상위 규범으로 성공적으로 자리 잡았는데, 그 원인은 구체적인 목표 달성 시한이 정해져 있었으며 명확하고 정량화할 수 있는 목표를 제시한 데 있다. 또한 기존의 국제 선언이 대부분 고위급 회담의 결과인 것에 반해 새천년 정상회의는 UN 회원국이 만장일치로 합의함으로써 이전에는 없었던 정치적 정당성 또는 합법성이 확보되었다. 이 외에도 앞서 언급하였던 것처럼 빈곤 문제에 대한 다각적인 논의가 UN 회의 등 국제회의의 중심 주제로 등장한 점, OECD DAC 회원국 등 양자 원조기관의 원조 패턴이 기존의 지정학적 중심에서 빈곤 중심 어젠다로 변화하였다는 점 등은 MDGs 가 국제개발협력 분야에서 국제규범으로 자리 잡았음을 보여주는 증거이다(김은미 외 2012, 13-17; 손혁상 외 2014; 조이슬·김희강 2016; 조한슬 외 2017, 10-14; Fukuda-Parr and Hulme 2009, 3-21; Government of the United Kingdom 2015; Hulme 2017).

III MDGs의 규범 생애주기에서 주요 행위자의 역할

규범 생애주기에서 주요 행위자의 역할은 다음과 같이 요약할 수 있다. 주요 행위자는 규범 출현 단계에서 조직적 기반을 갖춘 규범 주창자이며, 이들의 역할은 국제사회가 행동과 규칙 등에 대해 새롭게 관심을 갖기 시작한 어젠다를 사회 구성원이 수용할 수 있도록 설득하는 것이다. 따라서 규범 주창자들은 사회 내에서 가치 있는 방향으로 나아가기 위한 강한 신념을 가진 활동가들이 주를 이룬다. 다수의 행위자가 이를 수용하면 규범 확산 단계로 이어지게 되는데, 이때 주요 행위자는 새로운 규범 이행의 필요성을 인식하여 해당 규범을 습득하고 수용한 국가, 국제기구, 네트워크 등이다. 이와 같이 국제적 커뮤니티에 의해 규범이 확산되는 과정에서 주요 행위자는 규범의 사회화를 소상한다. 그리고 마지막 단계인 규범의 내재화 단계에서 주요 행위자는 법, 전문가, 관료 등으로, 이 단계에서 주요 행위자의 역할은 규범을 정책이나 법률에 도입하여 내부화하고 규범을 통해 사회 구성원의 행동이 변화하는 데 기여하는 것이다(Finnemore and Sikkink 1998, 897, 902, 904-905).

이를 MDGs에 대입해보면, MDGs 형성 단계에서 대표적인 규범 주창자는 짐 그랜트이다. 당시 UNICEF 사무총장 짐 그랜트는 1990년 세계아동정상회담을 개최하는데, 이는 상당한 반대에도 불구하고 전례 없이 많은 국가(159개국)와 각국 정상 또는 고위 인사 등의 폭넓은 참여를 이끌어 내며 모범적인 세계정상회담으로 주목받는다. 이후 그랜트는 UNICEF 본부와 현지 사무소를 조직적 플랫폼으로 삼아 본 정상회담에서 제시된 영유아 및 모성 사망률, 아동 영양실조, 문맹, 보건 및 가족계획을 위한 기본 서비스 이용, 교육, 물, 위생 등과 관련된 목표를 행동 동원(action mobilization)에 활용하였다. 또한 그는 아동 빈곤과 관련된 문제를 해결하기 위한 재정적 지원 및 이행 계획에 대해 각 국가 지도부를 설득하는 데 많은 노력을 기울였다. 그랜트의 부단한 노력은 UN 체제에 소속되어 있는 추진력 있는 활동가에게 더 효과적인 회의 구성, 정량적인 목표의 필요성 등에 대한 영감을 불어넣었다. 대표적으로 이러한 영향을 받은 사람 중 하나는 가족계획 프로그램(family planning programs)을 옹호하고 발전시키는 데 평생을 바친 파키스탄 출신 의사 나피스 사딕이다. UNFPA의 사무총재와 1994년 열린 인구개발회의 사무총장으로서 나피스 사딕은 중요하지만 논란의 여지가 있는 문제를 의제에 포함시키기 위해 수많은 외교전을 벌였다. 특히 사딕은 여성 임파워먼트(empowerment), 출산과 관련된 질병, 심지어 낙태와 같이 사망의 원인이 명확한 어젠다에 대해 목소리를 높였는데, 이러한 모성보건 문제를 최종적으로 선언에 포함시키기 위해 바티칸과 보수 국가들을 설득하였다. 이와 같은 사덕의 활동은 여성 인권과 관련된 문제를 빈곤 문제와 직접적으로 연관시켜 여성의 빈곤 문제를 가시화하였고, 전통적으로 부분화된 문제로 인식되었던 여성 인권문제를 국제 빈곤 문제의 중심에 두어 더 광범위한 문제로서 재해석되는 데 중요한 역할을 하였다. 이 외에도 다양한 분야의 국제기구와 정부 관료가 빈곤 문제를 국제규범으로 형성하고자 노력하였다. 대표적으로 OECD DAC는 1996년 경제·사회개발에 대한 가치를 포괄하는 국제개발 목표인 IDGs를 제시하는데, IDGs는 경제개발 관점에서 절대빈곤 감소와 관련된 목표를 포함하고 있다. OECD DAC은 IDGs를 통해 국제사회에 최초로 공동의 로드맵을 제시하였고 빈곤감소를 위한 공동의 노력을 촉구하였다는 점에서 긍정적인 평가를 받는다. IDGs의 등장 이후 몇몇 국가의 정부 관료는 국가 원조 프로그램을 빈곤 감축 목표로 집중하고자 국내외적으로 활발한 활동을 보였다. 대표적인 공여국인 영국, 네덜란드, 노르웨이, 독일의 개발협력 관련 부처 장관들[4]은 'Utstein group'이라는 조직을 결성하고 전략적으로 원조의 주목적을 인간개발과 빈곤감소에 집중하기 위해 IDGs를 활용하였다. 이 외에 짐 울펜슨(Jim Wolfensohn) 체

4 영국의 독립적 원조 부처인 국제개발부(Department for International Development)의 초대 장관을 역임하였던 클레어 쇼트(Clare Short), 네덜란드의 개발협력부 장관 에블린 허프켄스(Eveline Herfkens), 노르웨이 개발부 장관 힐데 존슨(Hilde Johnson), 독일 연방개발협력부 장관 하이데마리 비초렉졸(Heidemarie Wieczorek-Zeul).

제 하에 세계은행도 빈곤퇴치에 관련된 의제에 초점을 맞춘 정책을 시행하고자 하였다. 이와 같이 MDGs의 형성 단계에 다양한 조직 플랫폼에서 활동하였던 규범 주창자들은 다양한 동기를 가지고 빈곤 문제를 국제규범으로 공론화시키고자 노력하였고, 이들의 노력과 함께 MDGs가 등장하였다.

MDGs가 수립된 이후 UN은 MDGs를 국제규범으로 확산시키기 위해 적극적인 역할을 하였다. 빈곤감소를 위한 모니터링을 지속적으로 시행하였고, UN 총회, 국제회의 등에서 MDGs를 주요 의제로 상정하고 진행 상황 검토를 위한 UN 고위급 회의를 정기적으로 개최하였다. UN 체제 밖에서도 다자간 또는 양자간 원조기관에 의해 MDGs가 회의 주요 어젠다로 채택되며 MDGs의 확산은 계속적으로 진행되었다. 예를 들어, 2002년 열린 개발재원에 관한 회의(Monterrey Finance for Development Conference)에서 MDGs 실행을 위한 재정 마련 방안이 주요 의제로 다루어졌다. 또한 영국 총리 토니 블레어(Tony Blair)는 MDGs를 2005년 스코틀렌드 글렌이글스에서 열린 G-8 정상회담에서 활용하였는데, 본 회담에서 선진 공여국이 MDGs 실행에 기여해 줄 것을 강조하기도 하였다. 이 외에 밥 겔도프(Bob Geldof) 등과 같은 유명인사들도 주요 공여국을 대상으로 세계적 빈곤 문제에 대한 대중의 인식을 높이기 위한 노력에 동참하였다. 또 다른 한편으로는 국제기구가 주요 행위자로서 정책보고서, 문서 등의 수준에서 역할을 한 경우인데, 대표적으로 OECD와 세계은행은 PRSPs 등과 같은 문서에 MDGs 목표를 지속적으로 언급함으로써 규범의 확산을 촉진하였다. 이러한 일련의 과정을 통해 국제사회가 빈곤 문제에 대해 관심을 기울여야 하는 당위성을 부여하였고, MDGs가 빠르게 확산되는 데 중요한 역할을 하였다.

　MDGs의 확산에 따른 국제사회의 변화는 주요 공여국의 개발 정책 문서에서도 발견할 수 있다. 대표적인 예로 영국 정부는 보고서 'The UK's contribution to achieving the Millennium Development Goals'를 발표하고 MDGs를 국내 정책에 포함하고자 하는 의지를 드러냄으로서 정책적 우선순위를 밀성하였다. 2015년까지 영국의 MDGs 지원 실적을 보면 목표 8(파트너십 구축)과 관련된 분야에 31.4%를 지원하였고, 목표 1(절대빈곤 및 기아퇴치)에 26.8%, 목표 7(지속가능한 환경보장)에 12.7%를 지원하였음을 확인할 수 있다. 분야별 주요 실적을 보면, 목표 8의 활동에 해당되는 채무탕감에 가장 많은 지원액이 투입되었고, 목표 1의 활동에 해당되는 구호물자 지원과 일반예산 지원 관련 원조에 그 다음으로 많은 재원이 투입된 것을 확인할 수 있다. 이 외에도 공공정책 및 행정 관리 분야, 교육정책, 초등교육, 사회·복지 서비스, 보건정책, 생식 보건, HIV/AIDS 대책, 전염병 관리 등에도 많은 자원이 투입되었다. 지역별 지원 실적으로는 지역적 우선순위를 두었던 아프리카 지역에 전체 ODA의 41.1%가 지원되었는데, 이 중 사하라이남 아프리카는 전체 ODA 지원의 38.6%를 차지하고 있고, 취약국도 50.9%로 전체적인 ODA 지원이 정책에서 언급한 대로 시행되었음을 확인할 수 있다. 미국의 경우에는 환경 및 기후변화 대응을 위한 법률의 제정과 전염병, 모자보건, 위생, 교육 등을 정책의 우선순위로 설정하여 ODA 정책에 반영함으로써 MDGs를 국내적으로 내재화하기 위해 노력하였다. 미국의 지원 실적을 보면 목표별 ODA 지원 비중은 목표 1(절대빈곤 및 기아퇴치)이 29.9%로 가장 높았고, 목표 8(국제적 협력관계 구축)이 24.7%, 목표 6(HIV/AIDS 등 질병 퇴치)이 16.3%로 그 뒤를 이었다. 분야별 주요 실적을 보면 HIV/AIDS를 포함한 성병 퇴치에 가장 많은 재원이 투입되었으며, 긴급 구호물자 지원 및 식량원조, 초등교육, 사회·복지서비스, 가족계획 및 생식보건 등에도 많은 지원이 이루어졌음을 알 수 있다. 환경, 성평등, 산모보건 등에 대한 목표의 경우 지원 비중이 상대적으로 높은 비율을 차지하지는 못하였지만, 미국의 대외원조 지원액은 다른 공여국에 비해 매우 크기 때문에 절대적인 지원액은 다른 공여국과 비슷하거나 더 많이 투입되면서 미국은 대부분의 영역에서 MDGs 달성을 위한 정책적 우선순위를 달성하였음을 확인할 수 있다.

주요 공여국의 움직임은 다른 국가에도 큰 의미를 부여하였는데, 예를 들면 인도와 중국의 총리가 UN에 직접 각국의 MDG 보고서를 제출한 것을 들 수 있다. 또한 민간기업, 자치단체, 정부, 학교, NGOs 등도 MDGs의 내재화 과정에 기여하였는데, 대표적으로 밀레니엄 캠페인의 일환으로 2007년 진행되었던 'Stand Up Against Poverty'에 127개국의 약 4,370만 명이 동참하여 기네스 세계 신기록을 수립한 예를 들 수 있다. 이와 같이 시민사회와 국제기구는 MDGs에 대한 관심을 유도하고 빈곤퇴치라는 국제적인 목표 달성에 동참을 유도하기 위하여 다양한 활동과 캠페인을 진행하였는데, 실제로 많은 사회 구성원이 참여하여 빈곤감소라는 국제 목표의 실행과 감소에 관심을 기울였다. 사실상 이러한 사례들은 관료들과 관련 직업군에 있는 전문가를 통해 인식이 변화하고 MDGs가 하나의 '습관'이 되었음을 보여주고, 이는 핀모어와 시킨스 모델에서 언급한 국제규범의 내재화 과정을 반영한다고 볼 수 있다(김은미 외 2012, 13-17 ; 손혁상 외 2014 ; Fukuda-Parr and Hulme 2009, 3-21 ; Hulme 2017).

IV 국내 내재화 과정 분석

국제사회가 국제개발협력 분야의 국제규범으로서 MDGs를 채택하고, 주요 공여국도 이를 수용하고 각국의 정책에 반영하기 시작함에 따라 국내에서도 MDGs를 수용하고 목표 달성에 기여하고자 하는 움직임이 시작되었다. 국내 내재화 과정은 법, 정책 수립, 제도화 등을 수반한 정부 차원의 노력과 정책 대안 제시, 캠페인 등의 대표적인 활동을 전개한 시민사회의 노력으로 나누어 볼 수 있다.

먼저 정부 차원에서의 국내 내재화 과정은 2006년 수립된 국제개발협력 추진계획에서부터 시작된다. 한국 정부는 '2006년 국제개발협력 종합계획'을 통해 국제사회의 요구에 부응하여 개발도상국 내 절대빈곤층에 대한 지원을 확대하고자 하는 목표를 발표하였다. 이는 MDGs의 핵심 기조인 절대빈곤감소에 초점을 두고 있으며 중점 지역은 ASEAN 후발개도국과 서남아시아의 최빈국 등 아시아 지역과 아프리카 지역으로 특정하였는데, 특히 사하라이남 아프리카에 MDGs 달성 위주의 인도주의적 지원을 확대하고자 하는 내용이 포함되어 있다. 또한 본 계획에서 MDGs의 8대 목표를 아우르는 분야별 추진전략[5]도 함께 제시하였다. 이후 2007

년 수립된 'ODA 중기전략(안)(2008~2010)'에서 MDGs의 국제적 차원의 모니터링에 적극적으로 협조하면서 목표 달성을 위해 노력해야 함을 다시 한 번 강조하며, 이를 위해 2015년까지 국가 정책 차원에서의 ODA 규모의 확대의 필요성을 언급하였다. 또한 '2006년 국제개발협력 종합계획'에서 중점 협력국 선정 기준으로 MDGs 달성과 같은 국제적 개발목표 고려, 다자개발기구와의 협력 강화를 통한 개도국의 MDGs 달성에 기여 등을 추가적인 항목으로 제시하여 국가개발전략 차원에서 MDGs 목표 달성에 기여하기 위한 강한 의지를 보였다. 이후에도 2015년까지 '2011년-2015년 분야별 국제개발협력 기본계획', '국제개발협력 종합시행계획' 등의 국가 전략 문서를 통해 MDGs와 연관된 정책을 수립하여 국내에서 내재화를 이룩하기 위해 적극적으로 노력하였음을 보여준다. 우리나라의 MDGs 정책은 다음과 같이 요약할 수 있다. ① 2015년까지 국제규범으로서 MDGs 달성을 위해 노력, ② 아시아와 아프리카(특히 사하라이남 아프리카) 지역에서 MDGs 달성을 위한 원조 확대, ③ MDGs 달성을 고려한 중점 협력국 선정 및 지원, ④ 사회 인프라 지원 강화를 위한 유사 원조를 통해 MDGs 달성 기여, ⑤ 다자협력을 통해 MDGs 달성 기여이다. 앞서 살펴보았던 영국, 미국 등 주요 공여국과 같이 한국 정부도 MDGs만을 위한 별도의 정책을 제시하지는 않았으나, 2006년 이후부터 정책 문서에 MDGs

5   MDGs 목표와 연관성을 지니는 자세한 분야별 추진전략은 다음과 같다. ① 개도국의 농업생산성, 농가소득 증대 등을 통한 절대빈곤감소 및 기아퇴치 지원(목표 1), ② 개도국에 대한 교육기회 확대, 문맹 퇴치 등 인적자원개발 지원(목표 2), ③ 빈곤·소외계층에 대한 식수개발 등 위생수준의 향상을 위한 기술 및 자금협력 (목표 7) 등.

달성에 대한 부분을 강조하며 개발 정책의 일부로서 인식하고자 하였다는 점은 긍정적으로 평가할 수 있다. 하지만 한국 정부가 어떻게 MDGs 달성에 기여하고자 하였는지에 대한 구체적인 정책이나 보고서 등에 대한 문서는 확인할 수 없고, 2014년부터는 연간 수립되는 원조정책에서조차 MDGs의 내용을 찾아볼 수 없는 점 등을 고려했을 때 구체적인 정책이나 실질적인 사업 추진으로는 실행되지 못한 것으로 판단된다.

다른 한편으로 대외무상협력사업 주관 기관인 한국국제협력단(KOICA)이 MDGs 달성 및 원조효과성 제고에 대한 우리나라의 노력을 가시화할 것을 촉구하기 위해 'KOICA 선진화 계획 2010-2015'를 발표하였다. 이후 MDGs를 반영한 분야별 중기전략을 구체화하기 위해 'KOICA 보건의료 전략 2011-2015'와 'KOICA 교육분야 지원전략 2011-2015'를 제시하였다. 보건의료 전략에서는 취약계층과 취약질병에 대한 지원 강화를 위해 모자보건, 전염병 예방과 관리 강화를 강조하고 있으며, 산전·산후 관리를 통한 모성사망률 감소, 예방접종을 통한 아동사망률 감소, 기초보건 및 의료 인프라 구축 등을 제시하였다. 교육 분야 지원전략에서는 MDGs 기초교육 보편화 달성이 어려운 국가는 교육 분야 MDGs 실행계획을 정형화하여 지원하고, 그 외의 국가는 초등교육의 질적 개선과 중등교육으로의 진학률 제고 등을 위한 지원을 추진할 것을 촉구하였다. 이후 매년 수립되는 KOICA 사업계획에 MDGs가 지속적으로 언급되었고, 국별 전략 수립 시에도 MDGs를 고려해야 함을 강조하였다. 이러한 정책적 집중은 수치로 확인할 수 있는데, 2000년부터 2015년 KOICA의 원조 총액 중 약 89%가

MDGs 달성 기여와 관련된 사업으로 지원되었음을 알 수 있다. MDGs 목표별 지원 비중에서는 목표 1(절대빈곤 및 기아퇴치)에 약 31.5%가 지원되었고, 목표 8(국제적 파트너십 구축)에 약 19.1%, 목표 7(지속가능한 환경보장)에 약 15.3%, 목표 4(아동사망률 감소)에 12.2%, 목표 2(보편적 초등교육 달성)에 약 8%, 목표 5(산모건강 증진)에 약 1.4%, 목표 6(질병퇴치)에 약 1.1%, 목표 3(성평등과 여성 자력화 촉진)에 0.3% 순으로 지원되었다. KOICA는 전반적으로 MDGs 달성을 위해 긍정적인 기여를 한 것으로 평가되는데, 특히 교육, 모자보건, 질병퇴치의 경우 다른 목표에 비해 상대적으로 정책 방향을 따라 MDGs 지원이 잘 이루어진 것으로 보인다. 이는 교육과 보건 분야에 대해 분야별 중기전략을 비롯한 분야별 정책에서 지속적으로 동일한 전략을 수립하였고, 기준치도 상대적으로 명확하게 설정되어 있어 실행 및 측정에 유리한 조건에 있었던 것이 이러한 결과에 영향을 미쳤을 것이라고 판단된다. 하지만 분야별/지역별 지원액 및 지원비율이 OECD DAC 평균에 미치지 못했다는 점에서 개신할 여지가 보인다(관계부처합동 2007; 국무조정실 2006; 조한슬 외 2017).

MDGs를 국내 문제로 인식하고 적극적으로 정책에 도입하고자 하였던 노력 이 외에도 한국 정부는 2010년 '국제개발협력기본법'을 제정함으로써 국제개발협력에 대한 기본적인 사항을 규정하여 국제개발협력정책을 효과적으로 달성하고 궁극적으로 국제개발협력을 통한 인류의 공동번영과 세계 평화증진에 기여하고자 하였다(제1조). 이를 위해 '국제개발협력기본법' 제3조에 국제개발협력의 기본정신과 목표를 명시하였는데 내용은 다음과 같다.

"국제개발협력은 개발도상국의 빈곤감소, 여성과 아동의 인권향상 및 성평등 실현, 지속가능발전 및 인도주의를 실현하고 협력대상국 과의 경제협력관계를 증진하며 국제사회의 평화와 번영을 추구하는 것을 기본정신으로 한다."

이러한 기본정신을 추구하기 위하여 5개의 목표를 제시하였 는데, 이 목표에 개발도상국의 빈곤감소 및 삶의 질 향상과 범지구 적 문제 해결에 대한 기여가 포함되어 있다. 제5조에는 이를 위한 국가 등의 책무를 제시하고 있는데, 여기에서 국가 등은 개발도상 국의 빈곤퇴치 및 지속가능한 발전을 위한 국제사회의 노력에 동 참하고 이를 위하여 적극적인 역할을 수행해야 함을 명기하였다.[6] '국제개발협력기본법'은 국제개발협력에 대한 기본적인 사항을 규 정하는 법령인 만큼 MDGs의 내용이 직접적으로 조항에 포함되어 있지는 않다. 하지만 기본정신 및 목표에 빈곤감소와 국제적으로 논의되어지는 문제 해결에 대한 기여 등을 명기한 국제개발협력 관련 법률을 제정함으로써 이전에 관심과 지원이 저조했던 범세계 적 개발이슈에 대한 체계적이고 전략적인 접근의 필요성과 중요성 을 인식하고자 하였고, 더불어 개발협력 정책의 법적 안정성 확보 와 원조효과성 증진 등을 통해 국제규범 달성에 기여하고자 하였 다는 데 의미가 있다. 또한 국제사회에 의해 주도적으로 형성된 국 제규범과 국제적으로 중요성을 갖는 범세계적 문제를 국내 문제로

---

6   국가법령정보센터 국제개발협력기본법 법률 제10919호, 2011년 일부 개정안 참 고. http://www.law.go.kr/법령/국제개발협력기본법/(10919,20110725) (검색 일: 2020.4.15.)

적극적으로 수용하고자 하는 노력의 일환으로서 긍정적으로 평가할 수 있다.

한편 시민사회도 MDGs 달성에 기여하기 위한 움직임을 보였다. 2005년 굿네이버스, 어린이재단, 지구촌나눔운동, 한국국제기아대책기구 등 국내 시민사회단체가 모여 우리 사회 전반에 MDGs의 중요성을 알리고 빈곤 등 지구촌 문제에 대한 시민의 관심과 참여를 높이기 위해 NGO 연대체인 '지구촌빈곤퇴치시민네트워크'를 결성하였는데, 캠페인 등과 같은 대표적인 시민사회 활동은 이를 중심으로 이루어졌다. 대표적으로 지구촌빈곤퇴치시민네트워크는 2005년부터 2016년까지 국제적 시민단체 연대체인 GCAP의 주관으로 진행되는 '화이트밴드 캠페인'을 국내에서 진행하였다. 국내에서는 2005년 6월 제1차 화이트밴드 캠페인이 출범하여 제14차에 이르기까지 매년 진행되었다. 첫 공식 캠페인에서는 패션디자이너 故 앙드레김, 산악인 엄홍길 등 유명인사와 대학생 단체 '모두가 MDG!'가 참여하여, 화이트밴드를 이용한 거리행사 등 다양한 프로그램을 진행하였는데, 이는 많은 시민의 호응을 얻었다. 이 외에도 지구촌빈곤퇴치시민네트워크는 교육을 받지 못하는 환경에 있는 빈곤 아동을 상기시키고자 랩핑 버스를 제작하여 홍보 및 교육을 실시한 희망나눔 스쿨버스 지방투어 캠페인, 'Stand Up, Speak Out!'과 'Stand Up, Take Action!' 캠페인, 화이트밴드 콘서트, '일어나 외치자! 지구촌 빈곤퇴치!'라는 메시지를 담은 화이트배너 걸기, 시민참여 빈곤 체험, 라디오 공익광고, 온라인 캠페인 등 다양한 활동을 통해 빈곤 문제에 대한 국민적인 관심의 제고와 MDGs 이행을 위한 자발적인 참여를 유도하기 위해 노력하였다.

또한 지구촌빈곤퇴치시민네트워크는 2010년부터 2011년까지 5차에 걸쳐 'MDGs 인식 제고 캠페인'을 전개하였는데, 이는 화이트밴드 캠페인과는 달리 한국 정부의 개발협력정책의 개선과 시민들에게 문제의식을 고취시키는 데 그 목적을 둔다. 제1차 MDGs 캠페인에서는 카드로 제작한 MDGs 8대 목표를 시민이 직접 골라 사진을 찍으면 현장에서 사진첩을 만들어 주었던 인증샷 캠페인과 198명의 전국 고등학교 학생회장·부회장이 MDGs 달성을 촉구하는 서명을 한 후 이를 G20 정상들에게 전달한 서명 캠페인을 진행하였다. 제2차 MDGs 캠페인은 전국 대학생 모의유엔회의 NGO 학생 대표가 주도하였는데, 그들은 스티커 설문조사, 화이트밴드 판매, UCC 영상 홍보 등을 통해 MDGs를 알리고 문제의식을 고취시키고자 노력하였다. 제5차 MDGs 캠페인은 아시아 6개국(말레이시아, 베트남, 스리랑카, 캄보디아, 태국, 필리핀)과 국내에서 동시에 진행되었는데, 이는 해당 6개국에 파견되어 있는 '라온아띠' 대학생 해외봉사단원을 중심으로 진행되었다. 본 캠페인에서는 각 지역의 상황에 맞춰 다양한 활동을 진행하였는데, 특히 자체적으로 캄보디아 수해 피해지역 빈곤층을 위한 모금 활동도 진행하였다.

지구촌빈곤퇴치시민네트워크는 캠페인 활동 이 외에도 우리 정부가 국제사회의 기대에 부응하고 국제규범을 수용하고 이행하는 과정에서 국제적 위상에 맞는 역할을 할 수 있도록 정책대안을 제시하였다. 먼저 2005년 두 차례에 걸친 정책토론회를 통해 국내 대외원조정책을 진단하고 MDGs 달성에 기여하기 위한 한국 시민단체의 역할을 모색함으로써 향후 정책대안을 제시하고자 하였다. 또한 2007년 대외원조기본법 제정을 위한 TFT 구성, 2009년 ODA 관련법 도입을 위한 제안서 제출 등의 정책 활동을 통해 국회의원들이 우리나라 개발협력정책에 대한 문제점을 인식하고 이를 해결하기 위한 정책대안을 마련할 수 있도록 도움을 주었고, 국제개발협력기본법 도입에 기여함으로써 정부 차원의 MDGs 달성 노력에 기여하였다(지구촌빈곤퇴치시민네트워크·경제정의실천시민연합 2017, 1, 41-145).

이와 같이 우리 정부와 시민사회는 국제규범으로서 MDGs를 적극적으로 수용하고 이를 달성하기 위해 적극 동참하고자 하였음을 알 수 있다. 정부 차원에서는 국제개발협력 관련 문서에서 지속적으로 MDGs 내용을 다루었고 정책화하여 국제규범을 수용하고 내부화하고자 하는 모습을 보였다. 더불어 국제개발협력기본법을 제정하여 공여국으로서 원조 효과성 증진과 원조 정책의 법적 안정성 확보를 위해 노력하였다. 정부의 노력과 함께 시민사회는 이를 뒷받침 할 수 있는 정책 제언을 위해 기여하고자 하였고, 빈곤 등과 같은 범세계적 문제와 국제규범으로서 MDGs에 대한 시민의 인식 제고를 위해 노력하였음을 알 수 있다. 하지만 MDGs가 국내의 상황에 어느 정도 적용되고 부합할 수 있는지에 대한 심층적인 연구가 부재하였고, 이를 관리할 부처가 명확하게 설정되지 않았다는 점에서 MDGs 국내 내재화 과정의 한계를 드러냈다.

V 맺음말

2차 세계대전 직후 마셜플랜으로 유럽의 경제 재건이 성공적으로 추진되면서, 국제사회는 이러한 경험을 신흥독립국에 적용하여 경제성장과 빈곤감소에 기여할 것을 기대하였다. 하지만 경제성장은 가속화된 반면에 전 세계적인 빈곤 문제는 해결되지 않았고 국가 간 양극화는 이전보다 더 심화되는 결과를 초래하게 된다. 이러한 상황에서 UN과 OECD DAC을 중심으로 빈곤퇴치와 관련한 논의가 다각적으로 이루어지게 되고, 긴 논의 끝에 국제개발협력 분야의 최초의 국제규범인 MDGs가 등장한다.

MDGs의 형성 과정에서는 다양한 분야의 행위자들이 빈곤 문제에 대해 국제적인 관심을 이끌어 내기 위해 노력하였음을 알 수 있다. 대표적으로 UNICEF 총재였던 짐 그랜트와 UNPFA 사무총장이었던 나피스 사딕은 추상적이고 거시적이었던 기존 논의를 구체화시키기 위해 국제적인 공감대를 형성하고 국제사회를 설득하는 데 중요한 역할을 하였다. 이러한 노력과 함께 빈곤퇴치를 핵심 기조로 한 밀레니엄 선언이 채택되었고, UN 사무총장실의 마이클 도일과 존 러기, UNDP의 마크 맬럭 브라운은 이 선언을 구체화된 목표와 지표로 설정하고 최상위 국제규범인 새천년개발목표로 전환시키는 데 규범의 티핑포인트의 주요 행위자로서 기여하였다. 2000년 MDGs 수립 이후, UN은 UN 총회, 회의 등에서 MDGs를 주요 의제로 상정하는 등 MDGs의 확산에 적극적인 역할을 하였고, 이 외에도 OECD와 세계은행, 영국 총리 토니 블레어, 밥 겔도프 등 다양한 행위자가 국제기구, NGOs 등이 이 새롭게 등장한 국제목표를 적극적으로 수용하게 함으로써 MDGs의 확산을 도왔다. 특히 MDGs의 확산 과정에서 두드러지는 특징은 새로운 조직적 플랫폼 구상 등 제도화를 수반하였다는 점이다.

MDGs의 확산과 함께 영국, 미국 등과 같은 주요 공여국은 MDGs를 수용하고 자국 기조에 맞춘 개발전략 및 정책 등을 통해 MDGs의 내재화를 가속화시켰다. 중앙정부뿐 아니라 지자체, NGOs 등에서도 MDGs 목표를 달성하기 위한 다각적인 움직임을 보이며 의식적인 측면에서의 내재화 과정을 보여주었다. 국제기구도 빈곤퇴치와 관련된 캠페인에 동참하여 세계적으로 폭넓은 주체의 참여를 유도함으로써 MDGs가 국제규범으로 내재화되는 데 중요한 역할을 하였다. 지금까지의 과정을 살펴보면 MDGs가 국제규범의 내재화 단계까지 도달한 것처럼 보인다. 하지만 국제규범으로서 MDGs의 형성과 확산 과정은 성공적이었던 반면에 실제 내재화 과정에서 구체적 재원 마련에 대한 합의 및 이행 방법에 대한 논의가 활발하게 이루어지지 않았던 점 등의 이유로 국제규범으로서 MDGs의 내재화는 성공적으로 이루어지지 않았다고 평가받는다.

국내 내재화 과정은 법, 정책 수립, 제도화 등을 수반한 정부 차원의 노력과 정책대안 제시, 캠페인 등을 수행한 시민사회의 노력으로 나누어 볼 수 있다. 먼저 정부 차원에서는 국제개발협력 관련한 문서에서 MDGs를 지속적으로 언급하고 정책화하여 국제규범을 적극적으로 수용하고 내재화하고자 하는 노력을 보였다. 또한 국제개발협력기본법의 제정을 통해 공여국으로서 원조 효과성 증진과 원조 정책의 법적 안정성을 확보하고자 하였다. 이러한 정부의 노력과 함께 시민사회는 이를 뒷받침할 수 있는 정책 제언과 함께 NGO 연대체인 지구촌빈곤퇴치시민네트워크 결성을 통해 MDGs를 알리고 시민의 관심과 참여를 촉진하기 위해 캠페인 등 다양한 활동을 추진하였다. 이와 같이 정부와 시민사회는 국제 규범으로서 MDGs를 적극적으로 수용하고 이를 달성하기 위한 노력을 하였음을 알 수 있다. 하지만 MDGs가 국내 상황에 어느 정도 적용되고 부합될 수 있는지에 대한 심층적인 연구가 부재하였고, 이를 전담하여 관리할 부처가 부재하는 등, MDG의 국내 내재화 단계에서 한계가 발견되었다.

MDGs의 달성 시한은 이미 종료가 되었고, 새로운 의제인 SDGs가 수립되어 2030년까지 목표 달성을 위해 국제기구와 공여국, 시민사회가 노력하고 있다. 앞서 간략하게 언급하였던 것과 같이 SDGs는 포괄적인 경제성장, 지속가능한 환경, 평화와 안보까지 다각적인 의제로 구성되어 있어 MDGs보다 더 포괄적이고 구체적인 목표를 제시하는 만큼 국내의 내재화 과정은 이전보다 더 심층적인 논의와 분석이 전제가 되어야 할 것이다. 우선 국내에 SDGs를 적용하기 위하여 우리나라 상황에 맞게 목표를 재해석하고 우선순위를 정확하게 선별하는 과정이 필요하다. 이러한 과정을 통해 우리 상황에 맞는 중기 전략과 이행 계획을 수립하는 것이 중요하며, 이 모든 과정에서 사회 구성원들과의 소통과 협업이 필수적이다. 또한 국민의 SDGs에 대한 접근성을 높이기 위한 다양한 활동을 진행하여 SDGs에 대한 인식을 제고하고 그들이 SDGs 달성 기여에 적극적으로 참여할 수 있는 플랫폼을 제공하는 것도 성공적으로 국내 내재화를 이룩하기 위한 필수적인 요소 중 하나이다.

참고문헌

강선주. 2015. "Post-2015 개발 아젠다의 이해: MDGs에서 SDGs로의 진화." 『외교』
    112: 94-105.
관계부처합동. 2007. "공적개발원조(ODA) 중기전략(안) (2008~2010)."
국무조정실. 2006. "2006년도 국제개발협력 추진계획(안)." 국무조정실: 세종.
권상철·박경환. 2017. "새천년개발목표(MDGs)에서 지속가능개발목표(SDGs)로의
    이행: 그 기회와 한계." 『한국지역지리학회지』 23(1).
김세원·강인수·김종일·임소영. 2015. "국제개발협력 패러다임 변화와 한국 산업
    ODA 정책방향." 연구보고서 2015-774.
김은미·김지현·김진경·이재은. 2012. "한국의 공적개발원조 추진방향."
    『국제개발협력지』 2012년 4호.
김태균·김보경·심예리. 2016. "국제개발 규범의 국내화 과정에 대한 연구: 지속가능
    발전목표(SDGs)와 한국의 국내이행 정책수립에 관하여." 『국제·지역연구』
    25(1).
손혁상·이진영·여원형. 2014. "국제개발 규범형성에 대한 구성주의적 접근: 새천년
    개발목표(MDGs)와 Post-2015 프레임워크 사례를 중심으로." 『국제정치논총』
    54(1).
임소진. 2012. "국제사회의 Post-2015 개발 프레임워크 수립동향 및 한국 ODA의
    기여방안." 『KOICA 개발정책포커스』 14.
조이슬·김희강. 2016. "발전규범으로서 유엔의 지속가능발전목표: Martha
    Nussbaum의 가능성이론을 중심으로." 『한국행정학보』 50(3).
조한슬·김아리·이인호. 2017. "KOICA의 MDGs 이행실적 및 시사점."
    한국국제협력단: 성남.
지구촌빈곤퇴치시민네트워크·경제정의실천시민연합. 2017. "지구촌빈곤퇴치
    시민네트워크 활동백서."

Albrow, Martin and Fiona Holland. 2008. "Democratizing Global Governance:
    Achieving Goals while Aspring to Free and Equal Communication." In
    Critical Mass: The Emergence of Global Civil Society, edited by James W.
    St.G., Andrew S. Thompson, 251-280. Wilfrid Laurier University Press:
    Waterloo.
Finnemore, Martha and Kathryn Sikkink. 1998. "International Norm Dynamics
    and Political Change." International Organization 52(4): 887-917.
Fukuda-Parr, Sakiko and David Hulme. 2009. "International Norm Dynamics
    and 'the End of Poverty': Understanding the Millennium Development
    Goals (MDGs)." Brooks World Poverty Institute Working Paper 96.
Hulme, David. 2017. "The Emergence and Spread of the Global Poverty Norm."

In *Millennium Development Goals: Ideas, Interests and Influence.* edited by Fukuda-Parr Sakkiko, 57-79. Routldege : Oxon and New York.

Government of the United Kingdom. 2005. "The UK's Contribution to Achieving the Millennium Development Goals." https://webarchive.nationalarchiv es.gov.uk/+/http:/www.dfid.gov.uk/pubs/files/uk-cont-mdg-report.pdf (검색일: 2020.04.17.)

OECD DAC. 1996. "Shaping the 21st Century : The Contribution of Development Co-operation." OECD DAC : Paris.

UN. 2015. "The Millennium Development Goals Report 2015." United Nations : New York.

UN Chronicle website. "The Millennium Campaign : Successes and Challenges in Mobilizing Support for the MDGs." https://www.un.org/en/chronicle/ article/millennium-campaign-successes-and-challenges-mobilizing-support-mdgs (검색일: 2020.04.16.)

〈웹사이트〉

GCAP website. https://gcap.global/ (검색일: 2020.04.16.)

ODA Korea. "ODA 개요 및 동향-국제사회 논의" http://www.odakorea.go.kr/ ODAPage_2018/cate01/L01_S05_01.jsp (검색일: 2020.04.05.)

UN Chronicle website. "The Millennium Campaign : Successes and Challenges in Mobilizing Support for the MDGs." https://www.un.org/en/chronicle/ article/millennium-campaign-successes-and-challenges-mobilizing-support-mdgs (검색일: 2020.04.16.)

필자 소개

손혁상 Sohn, Hyuk-Sang

경희대학교 공공대학원 교수
서울대학교 정치학과 졸업, 경희대학교 정치외교학과 정치학 박사

논저 "국제개발협력에서의 다자주의 위기에 대한 비판적 검토: 행위자와 규범의 제도화를 중심으로", "국제개발 규범형성에 대한 구성주의적 접근: 새천년개발목표(MDGs)와 Post 2015 프레임워크 사례를 중심으로", "프레이밍이론으로 본 국제개발협력의 '원조효과성'과 '개발효과성' 담론 경합에 관한 연구", "Do Different Implementing Partnerships Lead to Different Project Outcomes? Evidence from the World Bank Project-Level Evaluation Data", "Motivation for Aid Allocation and the Political Ideology: A Case Study of South Korea", "Evaluating Participation: Empirical Analysis of Recipient and Beneficiary Engagement with IFAD International Development Projects"

이메일 hsohn@khu.ac.kr

제2장

반부패 규범의 내재화 주기

— 출현, 성장, 제도화

Internalization cycle of anti-corruption norms: emergence,
growth, institutionalization

김유경 | 한국외국어대학교 정치외교학과 강사

---

* 이 장은 졸고(김유경 2007; 2008)를 이 특별호의 편집의도에 맞추어 대폭 수정하
고 한국 사례를 새로 보충하여 작성하였다.

반부패 규범이 국제적, 일국적 수준에서 내면화되는 과정을 생성 및 확산, 제도화라는 규범 주기의 측면에서 설명한다. 이 글은 세 부분으로 구성되어 있다. 첫째, 반부패 국제규범의 출현과 확산에 대해 살펴본다. 특히 반부패가 글로벌 의제로 다루어지고 반부패 국제규범을 성공적으로 창출, 제도화할 수 있었던 요인으로 글로벌 지식 네트워크의 역할에 주목하고자 한다. 둘째, 반부패 국제규범의 제도화와 이를 통한 글로벌 반부패 네트워크의 성격을 검토한다. 반부패 국제규범은 1997년 OECD의 '국제상거래에 있어 외국인 공직자에 대한 뇌물방지에 관한 협약'(Convention on Combating Bribery of Foreign Public Officials in International Business Transactions)으로 확실한 제도화 단계에 접어들었으며 2003년 체결된 '유엔 부패방지협약'(UN Convention against Corruption)으로 발전하였다. 반부패 규범의 제도화는 글로벌 반부패 네트워크의 형성을 이끌었고 경제적 범주의 반부패 규범과 건전한 거버넌스(good governance)를 결합시켰다. 셋째, 반부패 국제규범이 일국적 차원에서 어떻게 수용되는가를 한국의 부패방지법 입법화운동과 제도화 현황을 통해 설명한다. 한국은 반부패 국제규범의 확산에 상당한 영향을 받는 동시에 당시 대형 부패스캔들의 발생으로 시민사회 내 부패의 심각성에 대한 인식이 확산되고 있었으며, 반부패 규범의 필요성 자각과 성장이 시민단체들의 부패방지운동 특히 부패방지법 입법화운동을 통해 동시적으로 이루어졌다. 그러나 입법화 과정에서 시민사회의 요구는 제한적으로 수용되었다.

This article explains the process by which anti-corruption norms are internalized at the international and national level in terms of the norm cycle of creation, mature and institutionalization. This article has three parts. First, it analyzes the emergence and spread of international anti-corruption norms. In this article, I focuse on the role of the global knowledge network as a factor in which anti-corruption was treated as a global agenda and was able to successfully create and institutionalize international anti-corruption norms. Second, it examines the institutionalization of international anti-corruption norms and the global anti-corruption network. The international anti-corruption norms has entered a definite institutional stage with the OECD's Convention on Combating Bribery of Foreign Public Officials in International Business Transactions in 1997. It developed into the UN Convention against Corruption in 2003. The institutionalization of anti-corruption norms led to the formation of a global anti-corruption network and the later combined economic anti-corruption norms with good governance. Third, the national acceptance of international anti-corruption norms is explained through the case of Korea. Korea was significantly affected by the spread of international anti-corruption norms. At the same time, awareness of the seriousness of corruption in civil society was spreading due to the outbreak of large-scale corruption scandals at the time, and awareness of the need for anti-corruption norms and growth of norms were simultaneously achieved through the anti-corruption legislative movement of civic groups. However, in the legislative process, civil society's demands were limited.

KEYWORDS 반부패 anti-corruption, 규범주기 norm cycle, 규범 제도화 institutionalization of norms, 반부패 의제화 global agenda of anti-corruption, 글로벌 반부패 네트워크 global anti-corruption network, 부패방지 입법화운동 Anti-corruption legislative movement

I 서론

부패의 문제는 인류 역사에서 항상적이고 고질적인 병리현상으로 인식되어 왔다. 그럼에도 불구하고 반부패 국제규범은 1990년대 중반 이후에야 제도화 단계에 이를 수 있었다. 1997년 OECD의 '국제상거래에 있어 외국인 공직자에 대한 뇌물방지에 관한 협약(Convention on Combating Bribery of Foreign Public Officials in International Business Transactions, 이하 뇌물방지협약)'을 시작으로 반부패 국제규범이 제도화되기 시작했다. 반부패 국제규범은 OECD, WTO, 세계은행 등 기존 국제기구들이 앞장서서 선진국 중심의 반부패 국제 네트워크를 형성, 규범의 개척자 역할을 하며 출현하였다. 이 과정에서 서구 학자들을 중심으로 하는 인식공동체가 부패 개념을 재정의하고 부패의 부정적 영향에 대한 논의를 확산시키며 국제규범의 형성과 제도화를 촉진시켰다.

그렇다면 부패도, 부패를 척결하려는 노력도 전혀 새로울 것이 없는 상황에서 부패 문제는 어떻게 글로벌 의제가 되었는가? 또한 반부패를 위한 국제규범의 형성을 가능하게 한 조건은 무엇이며 반부패 국제규범은 어떠한 과정을 거쳐 제도화될 수 있었는가? 역사적, 사회문화적 맥락에 따라 다양하게 나타나는 부패행위와 이에 대한 기준들은 개별 국가들에서 어떻게 법적, 제도적으로 수용되며 반부패 규범의 내면화는 어떻게 진행되었는가?

특정 영역에서의 규범은 그 이슈에 대한 자각이 증가하면서 등장한다. 특정 규범의 필요성을 자각하는 규범의 개척자들이 조직적 기반을 갖고 제기된 문제에 대한 특정 정책 방향을 지지하면서 규범의 필요성을 설득하고 그들의 정책 방향에 대한 담론을 확산시킨다. 이 단계에서 결정적인 행위자 집단이 법과 정책적 기제들을 통해 그러한 규범을 수용하면 규범의 제도화 단계라고 할 수 있다. 만일 규범의 실행을 보장할 수 있고 심지어는 새롭게 수용된 규범의 가시성이 쇠퇴하더라도 그러한 규범을 유지할 수 있는 감시와 강제 기제가 만들어진다면 규범의 제도화를 넘어 규범이 내재화되었다고 말할 수 있다.[1] 반부패 규범이 내재화되는 과정 또한 크게 다르지 않다.

이 글은 부패 문제가 글로벌 의제로 설정되고 반부패 규범이 국제적, 일국적 수준에서 내면화되는 과정을 반부패 규범의 생성 및 확산, 제도화라는 규범 주기의 측면에서 설명하고자 한다. 이 글은 세 부분으로 구성되어 있다. 첫째, 반부패 국제규범의 출현과 확산에 대해 살펴본다. 특히 반부패 의제가 국제적으로 다루어지고 반부패 국제규범을 성공적으로 창출, 제도화할 수 있었던 요인으로 글로벌 지식 네트워크[2]의 역할에 주목하고자 한다. 둘째, 반부패 국제규범의 제도화와 이를 통한 글로벌 반부패 네트워크의 성격을 검토한다. 반부패 국제규범은 1997년 OECD의 뇌물방지

1   이 글에서는 피네모어(M. Finnemore)와 시킹크(K. Sikkink)가 제시한 규범 주기(norm life cycle)에 대한 설명을 중심으로 멕코이(J. Mccoy)와 헤켈(H. Heckel)의 규범 출현 단계에 따라 반부패 국제규범의 출현과 발전을 정리했다 (Finnemore and Sikkink 1998, 895-905 ; Maccoy and Heckel 2001, 65-90).
2   스톤(D. Stone)에 따르면, 지식 네트워크는 개별 학자들과 전문가들뿐만 아니라 기금재단, 연구기관, 독립적인 대학연구센터, 싱크탱크, 교수협의체 및 컨설턴트 기업 그리고 비정부기구와 압력단체를 포함하고 있다. 이들은 공유된 가치, 공통의 담론 및 정보와 서비스의 교환을 통해 집합적 관념을 공식화하고 규범을 조직화하는데, 정책 지향적이고 지식의 지구적 확산에 주도적 역할을 한다(Stone 2002, 127-133).

협약으로 확실한 제도화 단계에 접어들었으며 2003년 체결된 '유엔 부패방지협약(UN Convention against Corruption)'으로 발전하였다. 셋째, 반부패 국제규범이 일국적 차원에서 어떻게 수용되는가를 한국의 부패방지법 입법화운동과 제도화 현황을 통해 설명한다. 한국은 반부패 국제규범의 확산에 상당한 영향을 받는 동시에 당시 대형 부패스캔들의 발생으로 시민사회 내 부패의 심각성에 대한 인식이 확산되고 있었으며, 반부패 규범의 필요성 자각과 성장이 시민단체들의 부패방지운동 특히 부패방지법 입법화운동을 통해 동시적으로 이루어졌다. 입법화 과정에서 시민사회의 요구는 제한적으로 수용되었지만 꾸준한 제도적 보완을 통해 반부패 규범의 한국 내 내재화는 진행 중이라 할 수 있다.

II 반부패 국제규범의 발전과 지식 네트워크의 역할

1. 반부패 규범의 형성 조건: 부패 개념과 범주의 재설정

부패 문제에 관한 논의는 먼저 '무엇을 부패로 정의할 것인가'와 '부패는 어떤 행위들로 표출되는가'에 대한 합의를 필요로 한다. 물론 대부분은 부패를 '사적 이익을 위헤서 공적 권력을 남용하는 것'으로 정의한다. 그러나 이와 같은 정의는 무엇이 사적인 것이고 무엇이 공적인 것인가부터, 공적 영역에 부패를 한정시킨다는 지적까지 다양한 쟁점을 포함하고 있다. 부패행위는 그 유형과 수준에 있어 상당히 광범위한 범주를 가지고 있기 때문에 부패행위에 대한 명확한 정의와 기준을 제시하기 어렵다. 따라서 반부패 국제규범을 창출, 확산시키고 이를 레짐으로 제도화하는 데 있어서도 최소주의적 기준만을 제시할 수 있을 뿐이다. 이러한 부패의 속성 때문에 일탈적 행동에 대한 규제는 상당히 많은 제약을 가질 수밖에 없다. 부패행위, 즉 일탈적 행동을 규제할 수 있는 세부적이고 구체적인 기준을 만들기 어렵고 국가마다 부패행위를 처벌하기 위한 법률체계의 차이가 존재하기 때문에 결국 일탈적 행위에 대한 규제는 도덕적, 윤리적 차원에서 평판의 효과를 극대화하는 것에 상당 부분 의존하게 된다. 그러므로 반부패 국제규범은 다른 어느 국제규범보다도 강력하고 광범위한 동의가 뒷받침되어야 한다.

부패 문제는 누구나 부패행위를 저지를 수 있다는 점 때문에 양면적 성격을 갖는다. 즉, 어느 개인과 집단이든 반부패의 주체가 될 수 있는 동시에 반부패의 대상이 될 수도 있다. 부패를 저지르는 행위자 또한 광범위하기 때문에 과연 공적 영역과 사적 영역을 완전하게 분리하여 공적 영역만을 대상으로 부패를 한정할 수 있는가에 대한 논란이 발생할 수밖에 없다. 이는 반부패 국제규범에서 규제의 대상을 구체적으로 어떻게 설정하는가의 문제를 야기한다.

다른 한편으로 부패가 발생하는 주된 영역을 공적 영역으로 규정하고 정부의 투명성과 책임성을 강조하면서도 실제 반부패를 위한 법적, 행정적 조치의 책임 또한 정부에게 돌려질 수밖에 없는데, 규제의 대상이 규제를 실행해야 하는 문제를 어떻게 해결할 수 있는가에 대한 논란도 쉽게 해결되기 어렵다. 이와 같은 부패 이슈의 특성에 덧붙여 국가 간 관계에서는 서로에 대한 도덕적 우위성을 논하기 어렵다는 사실 또한 반부패 국제규범의 형성을 어렵게 했다고 볼 수 있다. 따라서 반부패 국제규범이 형성되기 위해서는 다양하게 정의되는 부패와 '부패한' 행위의 유형에 대한 합의가 전제되고 이를 정당화할 수 있는 지배적 담론이 우선적으로 형성, 확산되어야 할 필요가 있었다.

1980년대 들어 비효율적이고 부패한 국가에 대한 공격과 함께 시장화, 사유화, 경제적 자유화를 통한 개혁의 필요성이 강조되면서 부패 또한 경제적 관점에서 재정의되었다. 부패는 개별적인 공적 관료들의 지대추구행위이거나 주인-대리인 관계에서 나타나는 부정한 행위로 간주되었다. 부패의 문제는 원활한 시장 작동을 방해하고 자유롭고 공정한 국가 간 경제활동을 저해하는 것으로 재설정되었다. 따라서 부패 문제를 다루는 것에 있어서도 주로 어떠한 경제적 유인 때문에 부패가 발생하는가, 부패가 자유무역, 외국인 직접투자 등에 어떠한 악영향을 끼치는가를 중심으로 부패의 원인과 결과를 밝히는 데 초점이 맞춰졌다. 부패는 '사적 이익을 위한 공적 지위의 남용'으로 정의되었으며 역동적이고 복합적인 사회관계의 부정적 형태로서가 아니라 사적 이익을 추구하는 개별적인 공직자들의 반시장적 행위로 협소화되고 단순화되었다. 나아가 1990년대 국제적 차원에서의 부패 문제는 경제적 측면에서의 공정성-반뇌물과 정치적 측면에서의 투명성-거버넌스라는 맥락에서 강조되었는데 이는 부패와 반부패를 협소하게 규정하는 동시에 규제되어야 할 행위에 대한 구체적 합의를 가능하게 하면서 반부패 국제규범의 출현을 용이하게 하였다.

2. 반부패 국제규범의 출현과 확산

반부패 규범의 출현에 있어 흥미로운 질문 중 하나는 왜 1970년 대의 국제적 논의와 반부패 노력은 규범의 창출로 이어지지 못하고 1990년대에 들어서야 가능했는가? 하는 점일 것이다. 물론 1970년대와 1980년대에 부패 통제를 위한 국제적 노력이 아주 없었던 것은 아니다. 홍콩이 1971년 뇌물방지법령(Prevention of Bribery Ordinance)을 제정한 데 이어 1974년 '부패방지법을 위한 독립위원회'(Independent Commission against Corruption Ordinance, ICAC)를 창설한 이래 국제상거래에 있어서 뇌물 및 부패 문제에 대한 지역적, 국제적 관심이 고무되었다. UN 또한 1970년 중반부터 부패 문제의 해결을 위한 위원회와 운영팀을 조직하여 초국가적 뇌물과 관련된 동의안을 논의하고 제안했지만 총회에서 승인되지는 않았다. 국제상공회의소(International Chamber of Commerce, ICC)는 1977년에 뇌물과 공직을 남용한 부당취득에 관심을 보였고 기업 활동에 있어 자기규제를 위한 행동지침을 마련하기도 했으나 실제로 큰 효과를 거두지는 못했다. OECD도 미국의 지지 하에 1976년 '국제투자와 다국적기업에 대한 선언'(OECD Declaration on International Investment and Multinational Enterprises)을 통해 뇌물에 대한 용어를 포함시키고 다국적기업이 외국 정부의 공직자에게 뇌물이나 부당이득을 제공하는 것을 규제하고자 했으나 법적 구속력을 갖지 못하는 단순한 선언에 그치고 말았다(Glynn, Kobrin and Naím 1997, 15-16).

1970년대 부패 문제를 글로벌 억제화하고 반부패를 위한 국제규범을 지구적 차원으로 확산하고자 했던 노력들이 성공을 거두지 못했던 요인 중 하나는, 소수의 규범 개척자들이 갖는 활동의 한계와 취약한 기반조직으로 인해 다양한 이해관계를 가진 국제적 행위자들에게 부패에 대한 특정한 규범의 내용을 수용하도록 하는 데 실패했기 때문이라 볼 수 있다. 또한 냉전 상황에서의 안보 이슈가 갖는 정책적 우선권, 국내적 수준에서의 부패 문제에 집중한 이론적·학문적 연구경향, 제한적인 매체, 취약한 시민사회, 다수의 권위주의적 정부에서 뇌물이 성장을 촉진시킨다는 신념과 경제성장에 대한 우선적 관심 등도 이 시기 반부패 국제규범의 출현, 성장을 가로막는 장애요인들이었다고 할 수 있다.

그러나 1980년대 들어서면서 기업들의 불법적 정치자금 기부 및 뇌물 거래, 정치적 스캔들에 대한 폭로가 급증하고 1990년대 들어서는 단순한 폭로 규모에서의 증가가 아닌, 이에 대한 정보가 비단 한 국가 내에서뿐만 아니라 국제적 차원에서의 문제로 확대되는 경향이 나타났다. 또한 냉전의 종결과 함께 정치적으로 민주화가 확산되면서 민주적 가치들과 인권에 대한 규범이 수용되었다. 이들 신생 민주주의 국가들 내에서 보다 독립적인 사법권에 대한 보장과 더불어 언론의 자유가 확대되었으며 법치를 강화시킬 수 있는 새로운 기회들이 마련되었다. 시민사회는 확장되었고 정보화시대의 출현과 함께 정부의 책임성에 대한 시민사회의 감시 및 통제 수단의 확보가 훨씬 용이해졌다.

무엇보다도 1990년대 반부패에 대한 국제규범의 필요성이 광범위하게 제기될 수 있었던 가장 큰 요인은 경제적 지구화로 인한 환경적 변화라 볼 수 있다.

경제적 지구화의 여파 속에서 발생한 동아시아의 금융위기와 관련하여 부패 문제가 심각한 경제적 병폐로 부각되자 부패와 이의 통제에 대한 새로운 인식과 요구가 급증했다. 또한 정보혁명, 지식공동체의 증가, 초국가기업 등 새로운 행위자의 등장, 시공간의 압축으로 더욱 수월해지고 빈번해진 국제회의 등은 문제의 결과에 대한 새로운 경험적 지식을 축적하고 인식을 확산시킬 수 있는 기회를 촉진하였다.

특히, 부패에 대한 사회화 과정은 국제조직들과 국내 구성원들이 정부에게 보다 많은 책임성을 요구하는 계기가 되었으며 국가 또한 부패와 관련한 국제적 이미지로부터 자유롭지 못했기 때문에 반부패를 위한 협력 요구에 적극적으로 행동하게 되었다. 더 이상 정치적 스캔들이나 공직자의 부정부패를 관습적 차원에서 눈감아주지 않게 된 국내 구성원들의 인식 변화와 함께 책임성과 투명성에 대한 대내적 요구가 증가했고 반부패 규범의 필요성에 대한 자각도 높아졌다. 게다가 정보화혁명은 국가들 간 행위자들 사이의 의사소통을 강화했고 이는 부패 문제와 관련해서도 부패의 범위와 결과, 반부패를 위한 행동에 대한 정보의 공유를 가능하게 했다. 핵심적 행위자들 사이의 정보 및 상호작용의 사회적 과정은 1990년대 반부패 국제규범이 광범위하게 확산되고 정책으로 발전할 수 있었던 주요한 설명요인(Mccoy and Heckel 2001, 73)이며, 이 과정에서 부패 문제에 관련된 지식 네트워크는 다음 장에서 살펴보는 바와 같이 부패의 원인과 부정적 효과에 관한 공통의 인식 하에 반부패 규범의 학술적, 정책적 근거와 정당성을 제공해 주었다.

3. 국제 의제로서의 반부패와 지식 네트워크의 역할

1990년대 부패 및 반부패 국제규범의 내용을 결정짓고 확산시키는 데 결정적인 계기가 된 것은 부패에 관한 학문적 연구 성과들이 반부패를 위한 정책 의제화 노력과 결합되었다는 점이다.

기존의 규범 개척자들이 극히 소수였고 그들의 활동반경도 한계가 있었다면, 1990년대 이후부터는 부패 문제에 보다 적극적으로 개입하게 된 전문가들과 연구자들, 민간부문의 활동가들과 정부 관료들, 국제기구의 관료들이 규범 개척자로서의 역할을 담보하기에 이른 것이다. 그리고 이들은 새롭게 조직된 TI(Transparency International, 국제투명성기구)를 비롯해 기존 국제기구들의 보다 적극적인 지원에 따른 기반 조직의 확대를 통해 자신들의 부패 및 반부패 규범을 생산하고 공유할 수 있었다.

부패 문제에 대한 전문가 및 연구자들을 중심으로 하는 초기의 인식공동체는 주로 경제성장과 민주주의에 대한 부패의 부정적 효과를 주장하는 연구를 통해 글로벌 의제로서의 반부패에 대한 이론적 근거를 마련해 주었다. 부패의 영향에 대한 경험적 연구들은 성장과 투자에 대한 부패의 영향(Mauro 1995; 1997; Knack and Keefer 1995), 정부지출의 구성비에 대한 부패의 영향(Tanzi and Davoodi 1997; Mauro 1998), 외국인 직접투자의 배분에 대한 부패의 영향(Wei 1997)을 분석해서 부패의 효율성에 대한 함의를 설명하고자 했다. 이러한 연구들은 일반적으로 부패가 성장 및 투자를 감소시키고 공공투자에 대한 지출, 운영 및 유지를 왜곡하며, 부패 수준이 보다 낮은 국가로 외국인 직접투자를 이전하는 역할을 한다고 주장한다. 또한 부패가 경제의 불확실성과 비용을 증대시킴으로써 투자위험을 증가시키고 투자율을 크게 낮추며, 결과적으로 경제성장에 부정적 영향을 끼칠 수 있음을 밝히고 있다(Brunetti, Kisunko and Weder 1997).

따라서 1990년대 이후에는 국제규범의 출현 및 확산 단계라 할 수 있는 첫 번째 단계, 즉 규범 개척자들과 기반 조직에 의해 특정 이슈에 대한 인식이 증가하고 이에 대한 정보가 확산되었으며 전문가적 의견이 공유되는 단계가 성공적으로 이루어졌다고 볼 수 있다. 경제에 대한 부패의 부정적 영향, 경제적 지구화와 연관된 부패 문제를 중심으로 지구적 차원의 통합적 대응이 필요하다는 자각이 이루어졌으며, 이를 위해 가능한 정책들이 전문가들을 포함한 다양한 국제 행위자들의 협력에 의해 모색되기 시작한 것이다.

인식공동체가 형성되고 공통의 인식이 지배적 담론으로, 나아가 국제규범으로 관철되었다는 것은 "우리는 부패의 원인과 결과에 대한 타당한 이론적 이해를 가지고 있으며 경험적 연구를 통해서 이들 관계의 정도에 대한 인식을 얻기 시작했다. 합의는 부패가 심각한 문제이며 국제적 영역에서의 일부분이 그것을 억제할 정책적 수단을 취하기 시작했다는 것에서 나타나고 있다(Mauro 1998, 14)"는 머로(P. Mauro)의 언급에서도 드러난다.

1990년대 부패의 원인 및 효과에 대한 학계의 인식과 지표들의 마련은 부패 및 반부패 문제에 대한 자각과 의사소통 모두를 더욱 강화하는 다양한 지역적, 국제적 회의를 통해 활성화되었고 점차 특정한 내용과 방향성을 추구하는 지식 네트워크의 활동으로 이어졌다. 정치적·경제적 전문가들과 정부의 반부패기구 및 관련

시민단체, 국제기구의 관료들은 부패의 위험과 그에 대한 잠재적인 해결방안들에 대한 인식을 공유하기 시작했다.

반부패에 관한 지식 네트워크는 가장 대표적인 국제회의로 자리 잡은 국제반부패회의(International Anti-Corruption Conference, IACC)를 중심으로 형성, 작동했다고 볼 수 있다. IACC는 부패 및 반부패에 관한 생각과 정보를 공유하려는 목적으로 1983년 워싱턴에서 처음 개최되었고 이후 2년마다 한 번씩 개최되었다. IACC에는 정치가, 정부관료, 초국적기업의 대표들, 법관, 법률 및 회계 전문가, 기자, 연구자, 국제조직들의 관료, 언론, 비정부기구의 대표들을 망라하는 공적, 사적 영역의 활동가들이 주로 참석했다. IACC에서 논의되고 합의된 내용들은 TI가 사무국으로 결합한 이후인 1997년 페루 리마에서의 8차 회의를 통해 반부패 활동을 위한 일종의 지침으로 선언되며 1990년대 이후의 반부패 규범의 형성에 많은 영향을 주었다.

IACC의 중요한 선언 및 성명으로는 1997년 9월 7일부터 11일까지 페루의 리마에서 개최된 제8차 회의의 결과인 '리마선언', 1999년 10월 10일부터 15일 남아프리카공화국의 더반에서 열린 제9차 회의의 '더반서약', 2001년 10월 7일부터 11일 체코의 프라하에서 열린 제10차 회의의 '프라하 선언'이 있다. 이들은 부패에 대한 인식과 반부패 활동의 내용에서는 크게 달라진 바 없지만, 참여하는 국가 및 활동가의 수와 활동범주, 우선적인 관심의 주제에 있어 점차 포괄적인 내용을 포함하게 되었다.

먼저 국가 간 합의를 통해 공식적으로 발효된 협정 및 협약서들에 가장 중요하게 영향을 끼쳤다고 볼 수 있는 '리마선언'은 각

국가들 및 국제기구들의 관료, 학자 및 시민단체의 활동가들 약 1000여 명이 참석한 1997년 9월 리마회의에서 부패 문제의 심각성과 반부패 활동을 위한 국제적 활동을 촉구하는 내용으로 구성되어 있다.

이들은 부패가 왜 문제가 되며 이를 해결하기 위해서 전제가 되어야 하는 것이 무엇인지에 대해 다음과 같이 주장하고 있다.

"부패는 다음과 같이 확신된다. 부패는 모든 사회의 도덕적 구조를 침식하며, 빈민과 약자의 사회적 경제적 권리를 해치며, 민주주의를 침해하며, 모든 문명화된 사회의 토대가 되는 법치를 전복하여 발전을 지연시키며, 그리고 사회, 특히 빈민을, 그리고 자유와 열린 경쟁의 이익을 부인한다." 따라서 "부패와 싸우는 것은 모든 사회를 통틀어 모든 사람의 본분이다. 그러한 싸움은 모든 사회에서 윤리적인 가치들의 방어와 강화를 포함한다.

정부, 시민사회 및 민간부문 사이에 형성된 연합은 중요하며 그러한 연합에 참여하려는 의지는 부패의 제거에 대한 개별 정부의 의무에 대한 진정한 검증이다…전통적으로 국가에 의해 수행되는 활동이 더욱 큰 역할을 한다는 가정 때문에, 확대된 사유와 및 탈규제와 함께 민간부문 내에서의 반부패 캠페인이 지속되어야만 한다…고 믿는다."

'리마선언'에 나타난 부패에 대한 인식과 반부패를 위한 행동의 전제는 1999년 10월 남아프리카 더반에서 개최되어 135개국의 정부관료와 시민사회의 활동가, 학자들 및 전문가들, 국제기구 및 원조기관들의 관료 약 1,600명에 의해 공표된 '더반서약'에서도 그대로 나타난다. '리마선언'과 '더반서약'의 부패에 대한 인식과 반부패를 위한 행동의 전제는 크게 세 가지로 설명될 수 있다. 첫 번째로 부패는 본 회의에 참석한 반부패 이슈 관련 전문가들에 의해 사회악으로 소개되고 지구적 차원에서 속히 해결되어야 할 심각하면서도 우선적인 문제로 제기되고 있음을 알 수 있다. 두 번째로 부패의 부정적 효과가 빈곤, 경제발전, 민주주의에 대해 단선적이고 일면적인 차원에서 연계되어 있으며 부패와 한 사회의 정치경제적 구조가 갖는 복합적이고 상호의존적인 관계는 배제되어 있음을 알 수 있다. 이는 부패 및 반부패 이슈를 경제발전과 정치적 민주주의라는 의제 내에 위치시키는 것이다. 세 번째로 반부패 활동에 있어 정부, 시민사회 및 민간부문의 협력을 요구하고 있으며 특히, 시민사회의 역할을 핵심적인 것으로 강조하고 있다.

한편, '리마선언'에서는 상술한 내용과 같은 부패에 대한 인식을 기초로 반부패 활동을 위한 국제적, 지역적 수준에서의 20개의 행동원칙과 국가적 지방적 수준에서의 18개 행동원칙을 구체적으로 제시했다. 특히 국제적, 지역적 수준에서의 행동들에 대해 '리마선언'은 시민사회를 지원하고 조직하는 국제기구들의 파트너십을 강조하고 있다.

"국제기구들은 시민사회가 건전한 거버넌스의 발전을 촉진시키는 데 있어 해야만 하는 보다 완전하게 창조적인 역할을 지원해야만 하며, 이러한 목적을 위한 파트너십에 있어 그들과 함께 일해야만 한다. 그들은 지구화의 긍정적인 측면을 강조하기 위해서 그리고 그것의 부정

적인 요소들을 억제하기 위해서 함께 일해야 한다."〈리마선언, 1항〉

III 반부패 국제규범의 제도화와 글로벌 반부패 네트워크

1. 반부패 국제규범의 제도화

국제적 규범 출현의 첫 번째 단계는 1997년 OECD의 뇌물거래방지협약의 체결을 통해, 1970년대에는 결코 도달하지 못했던 두 번째 단계, 즉 규범의 성숙단계(norm cascade) 또는 제도화 단계로 발전하게 되었다.

이들이 심각한 문제로 부각시킨 부패행위는 실상 리마선언과 더반선언을 통해 표명된 부패 문제에 대한 인식과 동일한 맥락이라고 볼 수 있다. 나아가 부패 문제를 거버넌스와 연계함으로써 국제적 문제로서의 부패에 대한 국제적, 일국적 대응의 정당성을 확보했음을 알 수 있다.

… 부패에 관한 지구적 관심은 최근에 강화되고 있다. 부패가 발전을 침해한다는 증가하는 증거가 존재한다. 부패는 또한 국내 저축과 대외 원조가 다수의 개도국에서 사용되는 효과성을 저해하며, 바꾸어 말하면 외국의 지원을 위한 토대를 침해한다…. (World Bank 1997a)

… 건전한 거버넌스(good governance)에 대한 부패한 행위의 해로운

효과는 잘 알려져 있고 모든 나라들에 적용된다. 그것은 정부의 정책 결정 과정을 전복시키고 필요한 자원의 부적합한 지출과 낭비를 유도하면서 발전을 왜곡하며 정부의 정당성을 침해한다. 한 나라의 경제적·정치적 상황이 무엇이든지, 부패의 영향은 매우 심각할 수 있다. 부패로부터 자유로운 공공정책의 수행을 위해 유리한 환경을 창출하는 건전한 거버넌스의 정책들은 활발하게 촉진될 필요가 있다…. (OECD 1996)

반부패 국제규범의 제도화 과정은 국제기구 및 조직들이 반부패 국제규범의 제도화를 추동하는 실질적인 행위자로 나섰다는 점에서 특징적이다. OECD, World Bank, TI와 같은 국제기구들은 다양한 보고서 및 정책 성명서(OECD 1996; 1997; World Bank 1997a; 1997b; TI 1997)에서 부패가 지구적 규모로 증가하고 있기 때문에 지구적 규모에서의 정책적 대응이 필요함을 강조했다. 이는 '반부패'가 갖는 윤리적·규범적 성격 탓도 있지만, 무엇보다도 심지어 가상 강력하게 반부패를 위한 국가 간 공조 체세를 주장하는 미국마저도 부패 문제에서 도덕적 우위성을 자신할 수 없었기 때문이기도 하다.

반부패 규범의 국제적 제도화를 이루는 데 주도적 역할을 한 국제기구로 OECD를 들 수 있다.[3] 1989년 미국은 OECD에서 사

---

3   1989년부터 1994년에 이르는 기간 동안 OECD에 의해 추동된 반부패 규범을 제도화하기 위한 국제적 기제들의 발전은, 그러한 노력이 사실상 자신들의 기업공동체에 대한 이익 때문이라는 회의적 사고에도 불구하고 주목할 만하다. 1970년대 선진국과 개도국에서 보여 왔던 부패에 관한 국내적 관점이나 국제적 수준에서의 공통된 정책적 기준 마련에 대한 소극적 태도가 이 시기를 거치면서 변화를

업상의 거래에서 외국인 공직자에 대한 뇌물 공여를 막기 위한 새로운 발의를 했다. 이는 결국 1994년 OECD의 각료들이 회원국들에게 외국인 공직자에 대한 뇌물을 방지하고 척결할 수 있는 효과적인 방법을 취하도록 요구하는 공식적인 권고, 즉 '국제상거래에 있어 뇌물에 관한 권고'(The Recommendation on Bribery in International Transaction)에 동의하는 것으로 이어졌다. 1994년의 권고안은 선진국들이 부패에 반대하여 구체적인 방안을 취할 것을 약속하고 보다 상세하게 특별한 수단을 논의함으로써, 그리고 국내적 차원에서 만들어진 내용들을 서로 평가함으로써 더 나은 방안들을 발전시키는 데 동의한 첫 번째의 국제적인 텍스트이기 때문에 중요하다고 볼 수 있다. 1994년의 권고안은 반뇌물에 대한 국제적 규범을 제도화 단계로 이끄는 계기가 되었고 1997년 개정되었다.

이어 1996년에 OECD의 각료들은 '외국인 공직자에 대한 뇌물의 세액공제 금지에 관한 권고'(The Recommendation on the Tax Deductibility of Bribes to Foreign Public Officials)에 합의했다. 이는 회원국들에게 조세정책을 제고하고 뇌물 공여를 기업비용으로 여겨 세금으로 공제하는 국내법의 조항을 없앨 것을 요구하고 있다. 이는 국제상거래에 있어 뇌물거래를 가능하게 하는 법적 장

보였기 때문이다. 이는 이 연구에서 살펴보았듯이 1970년대와 1990년대의 세계 정치, 경제적 환경이 변화했기 때문이기도 하지만, 반부패 국제규범을 제도적 기제에 의해 더욱 공고히 하려는 주도적 행위자들의 형성과 역할 또한 중요하다는 것을 알 수 있다. 물론 반부패 국제규범의 제도화 과정은 국내법의 직접적인 조정을 요구하기 때문에 여전히 회의적이고 소극적인 국가들이 존재한다. 그러나 그들 또한 부패 자체의 부정적 속성 때문에 반부패 규범의 제도화에 대해 적극적으로 반대하는 것을 난처하게 생각할 수밖에 없다.

치와 기업 문화를 제한함으로써 반뇌물 이슈에 있어 기본적인 제도적 조건을 마련하려는 것이라 볼 수 있다.

반뇌물 이슈에 있어서의 국제규범이 확실하게 제도적 장치를 마련한 것은 OECD의 '국제상거래에 있어 외국인 공직자에 대한 뇌물방지에 관한 협약', 즉 '뇌물방지협약'이다. 이는 OECD의 1994년 권고안이 기초가 되어 1997년 7월 제1차 협약제정 협상회의와 10월 제2차 협상회의를 거쳐, 1997년 12월 각료회의에서 29개 회원국들과 5개의 비회원국들에 의해 서명되고 1999년 2월 발효되었다. '뇌물방지협약'은 참가국들에게 반뇌물에 대한 국제규범에 따라 행동할 것을 요구하는 구속력을 가진 제도적 조치이다.

국제적 반부패 논의에서 주도적 역할을 했다는 점 이외에도, OECD의 논의는 여타 기구에서의 논의와 달리 국제상거래에서 제공되는 뇌물에 대해 직접적으로 형사처벌하는 것에 초점을 맞추고 있다. 따라서 회원국들의 국내법 조항에 대한 적극적인 조정을 필요로 하며 이에 대한 구속력을 가지고 있다는 점에서 반부패 국제규범의 제도화에 상당한 의미를 갖는다.

반뇌물과 함께 반부패 국제규범의 중요한 부분을 차지하는 범주인 공적 영역에 대한 규범의 제도화는 WTO에 의해 도입되었다. WTO는 도쿄라운드에서 처음으로 논의되기 시작한 '정부조달에 관한 협정'을 더욱 확대, 발전시켜 1996년 1월 '정부조달에 관한 협정'(The Agreement on Government Procurement)을 발효시켰다. 이는 정부조달에 관련된 법령이나 규제 및 관행을 더욱 투명하게 하고 정부조달 과정에서 외국 기업에 대한 차별행위를 막자는 취지를 갖는다. 더욱이 대략 GDP의 15% 정도를 차지하고 있다고 여겨지는 정부조달 부문에 대해 참가국의 국내법, 규제조치 및 조달절차 및 관행을 본 협정의 기준에 맞추어 조정해야 하기 때문에 파급력이나 구속력에 있어서 OECD의 '뇌물방지협약'에 비교할 수 있다.

OECD나 WTO에 의해 주도된 제도적 기제처럼 참가국에 대한 직접적인 구속력은 없지만 아마 가장 광범위하고 실질적인 효과를 갖는 것은 World Bank와 IMF에 의한 제도적 기제들일 것이다. 이들은 개도국에 대해서 발전을 반부패와 연계하여 사회 전반적인 부분에 걸쳐 적용될 수 있는 제도적 개혁들을 요구하고, 이를 위한 제도적 장치로 대부조건의 기준을 제시함으로써, 암묵적이면서도 명확한 구속력을 가지고 반부패 국제규범의 내용들을 관철시키고 있다. 특히 World Bank의 반부패를 위한 국가지원 프로그램의 내용들과 함께 IMF의 '특별통계기준'(Special Data Dissemination Standard, SDDS)과 '일반통계기준'(General Data Dissemination Standard, GDDS)[4]은 반부패와 관련한 규준의 표준화를 보여준다.

한편 1990년대 부패에 대한 국제적 관심의 확대는 민간부문에서 TI의 설립 및 활동,[5] 이들에 의해 제시된 부패인지지수

---

4   '특별통계기준'과 '일반통계기준'은 경제적 지구화의 맥락에서 국가 간 투자의 기초자료라 할 수 있는 한 나라의 경제 통계에 대한 표준적 기준을 마련하고자 제시된 것이다. '특별통계기준'은 금융시장 참여가 활발한 국가들을 대상으로 하고 있지만 '일반통계기준'은 IMF의 모든 회원국에게 적용된다. '특별통계기준'은 1996년부터, '일반통계기준'은 1997년부터 적용되었다. (http://dsbb.imf.org/Applications/web/overview/)

5   1993년 반부패 전문기구의 가치를 걸고 설립된 TI는 부패를 '사적 이익을 위한 위임된 권력의 오용'(Pope 2000, 1)으로, 즉 개별적이고 경제적인 견지에서 이해하

(Corruption Perceptions Index, CPI)의 활용에 힘입은 바 크다. TI는 부패지수의 개발 및 선전, 반부패 캠페인을 통한 시민사회의 참여 촉구, 부패의 원인과 영향에 대한 지속적인 자료 구축 및 발간을 중심으로 활동해왔다. 무엇보다도 TI가 중점적으로 추진하고 있는 전략은 부패의 척결 및 방지를 위한 실질적인 제도적 환경을 구축하는 것이다. 각국의 공무원이나 정치인이 얼마나 부패를 조장하는지에 대한 인식을 나타내는 부패지수(부패인지지수: CPI)는 부패 문제에 대한 관심을 불러일으키기 위해 독일의 괴팅겐대학교와 함께 1995년부터 매년 발표하고 있다. TI의 부패지수는 일반적인 대표성을 획득하며 반부패 국제규범에 대한 기준을 표준화하는 데 큰 영향을 미쳤으며 TI의 반부패 활동은 글로벌 반부패 네트워크를 작동시키는 데 중추적인 역할을 수행했다.

2. 글로벌 반부패 네트워크

반부패 국제규범의 제도화 과정이 갖는 또 다른 특징은 국제적 논의 과정 자체가 제도화의 과정으로 나타났다는 점이다. 국제적, 지역적 조직들을 중심으로 한 국제적 논의 과정은 각종 연차회의와 결과보고를 통해 서로 공유되고 지속적으로 중복, 확산되며 반부패 국제규범을 제도화했다. 이들이 서로 쟁점화하는 영역은 다양하게 나타났지만 실상 이들 활동의 중복성과 상호 협력의 과정은 반부패에 관한 특정한 제도적 시스템을 구축하면서 반부패 국제

고 있다. TI는 국가 활동의 책임성을 확장하고 국제적, 국가적 부패의 극복을 목적으로 하는 공익적인 국제비정부기구로 본부는 독일의 베를린에 있다.

레짐의 창출을 추동하는 실질적인 역할을 했다고 볼 수 있다.

〈표 2-1〉은 1990년대 이후 반부패 국제규범의 제도화 과정에서 나타난 국제기구의 활동 및 국제적 논의의 내용과 결과를 보여주고 있다.

〈그림 2-1〉은 국제조직들의 상호 협력관계가 어떤 양상을 보이며 하나의 제도적 시스템으로 발전하는지를 보여주고 있다. 부패의 부정적 효과에 대한 인식공동체의 지배적 담론, 그리고 이에 기반한 반부패 국제규범의 내용은 OECD, OAS, World Bank와 IMF, EU, UN, WTO뿐만 아니라 다자간 및 쌍무적 원조기관들, 펀드기관들, INTERPOL과 세계관세기구(WCO), 국제상공회의소(ICC), 회계사 및 감사관 국제협회까지 포괄하는 지식 네트워크의 상호연계성을 통해 지구적 차원에서 내면화, 제도화될 수 있었다. 또한 뇌물 및 뇌물에 대한 세액공제 금지, 건전한 거버넌스와 발전 프로그램의 실행을 위한 효과적이고 엄격한 대부정책, 관세 시스템의 개선, 투명한 회계 및 감사 시스템 도입, 정부조달의 투명성, 행정적·기술적 지원, 기업의 자율적 규제에 대한 감시 등의 정책들은 1990년대 이후의 반부패 국제 레짐의 핵심적인 내용으로 자리 잡게 되었다. 그리고 글로벌 반부패 네트워크에서 강조하는 반부패의 내용들은 개별 국가들에게 건전한 거버넌스를 위한 정책적 차원에서 수용해야 하는 기준이 되었다.

글로벌 반부패 네트워크의 특징은 반부패 국제규범의 확산과 제도화 과정이 수평적-수직적 확산의 중첩으로 나타났다는 점이다. 즉, 한편으로는 미국과 인식공동체(주류)의 지배적 담론이 OECD, WTO 및 IMF 등의 다른 주도적 국가들과 국제기구들로

표 2-1. 반부패 규범의 제도화를 위한 국제기구들의 활동

기구명		중점 활동 영역	주요 협약 및 권고안
경제협력개발기구(OECD)	국제투자 및 다국적기업 위원회(CIME)	국제상거래 뇌물 작업팀 운영	외국공무원에 대한 뇌물의 세액공제 금지와 형사처벌 원칙 합의 (리우회의, 1996.4) 국제상거래에 있어 외국인 공직자에 대한 뇌물방지협약 (1997.12 제정, 1999.2.15 발효)
	원조개발위원회(DAC)	자금감시 부패국 지원중단	
	자본이동과 보이지 않는 거래위원회(CMIT)	자본자유화 돈세탁 문제	
	행정개혁위원회(PUMA)	행정개혁, 규제완화, 민영화	
	재정위원회(CFA)	탈세방지 및 세정개선	
	금융시장위원회(CFM)	회계투명화, 부채관리	
	경쟁법과 경쟁정책위원회(CCLP)	국제적 경쟁규칙 확립	
	기업지배구조 개혁가이드라인	기업지배구조 개선안 권고	
국제통화기금(IMF)		부패로 인한 금융시장 왜곡감시	부패국에 대한 자금지원 중단에 관한 가이드라인
자금세탁방지금융대책기구(FATF)		금융범죄감시 공조, 자금세탁 방지 금융관련 국제협력	40개권고안(1990)
세계무역기구(WTO)	정부조달투명성에 관한 작업팀(WGTGP)	뇌물로 인한 해외기업차별감시	정부조달협정 (1996.1.1 발효)
세계은행(World Bank)		개도국의 건전한 거버넌스 구축과 반부패 노력 지원, 기업투명성 제고 지원	기업지배구조 개혁을 위한 OECD-IBRD 공동선언 (1999)
아시아개발은행(ADB)과 OECD 연차회의		아시아와 태평양 지역 국가의 공조	Action Plan 채택(2001)
국제연합(UN)	불법적 뇌물방지 국제협정 위원회(CIAIP)	반부패에 대한 국제협력	국제상거래에서의 부패와 뇌물에 관한 선언(1996.2) 초국경적 조직범죄방지에 관한 협약(2003.9) 반부패협약(2003.10)
	국제무역법위원회(UNCITRAL)		
국제투명성위원회(TI)		부패지수(CPI/BPI) 발표	국가청렴시스템 제시
반부패세계회의(GP)		사정당국 간 공조	헤이그선언(2001)
국제반부패회의(IACC)		반부패에 대한 이론적·기술적 지원	리마선언(1997), 더반서약(1999) 프라하선언(2001)
미주기구(OAS)		미주지역 내 사법공조, 범인인도, 불법적 재산증가 감시	범미주반부패협약(1996)
유럽연합(EU)		유럽 내 공무원에 대한 뇌물금지와 부패제재 노력	경제적 이익을 보호하기 위한 협약
유럽평의회(EC)		압력에 의한 부정거래와 민간의 뇌물을 모두 포함	범죄수익의 자금세탁수색과 몰수에 관한 협약(1990)
국제상공회의소(ICC)		국제상거래에 있어 기업들의 윤리규범 제고	국제상거래에 있어 금품강요와 뇌물과 싸우기 위한 행동규약(1996)

출처: 박종수. "국제협력을 통한 효과적인 부패방지." 『부패방지와 신뢰정부구축』 2003년도 세미나 발표논문집(한국행정학회, 2003), p. 208에서 수정 보완.

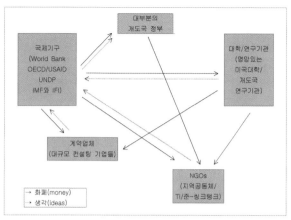

그림 2-1. 글로벌 반부패 네트워크

출처: Bryane Michael. 2004. "Explaining Organizational Change in International Development: The role of Complexity on Anti-corruption work." *Journal of International Development* Vol. 16. p. 1077을 수정함.

수평적인 확산을 이끌었고, 다른 한편으로는 부패를 주로 개발도상국들이나 저개발국가들에 만연한 문제로 인식하는 지식 네트워크를 통해, 그리고 국제기구들의 '건전한 거버넌스' 담론을 통해 반부패 국제규범의 수용을 관철시키는 수직적 확산이 거의 동시에 이루어졌다는 것이다.

IV 국제 반부패 규범의 한국 내 수용

1. 반부패 입법화운동과 반부패 규범의 성장

한국에서 반부패 규범의 등장은 경실련, 참여연대, 반부패국민연대 등 시민단체의 반부패추방운동에 의해 추동되었다.

1995년 11월 경실련, 공명선거실천시민운동협의회 등 58개 시민단체로 구성된 부패추방 범국민운동본부 추진위원회는 '부패추방을 위한 시민대토론회'를 갖고 부정부패 추방을 위한 범국민운동을 벌이기 시작했다(이종수 2011, 225). 1996년 1월에는 경실련, 참여연대, 민변, 민교협, 민주노총, 환경연합 등 대표적 시민단체 8개가 부패추방운동을 전담하는 '맑은사회만들기본부'를 발족하여 "부정부패방지 입법과제에 관한 대토론회"를 시작으로 부패방지 기본법 제정의 필요성과 입법 방향에 대한 광범위한 사회적 합의를 이끌어 내고자 노력했다. 1999년에는 '부패추방을 위한 시민연대'가 결성되어 본격적인 부패추방운동을 전개하면서 부패방지법의 입법화를 강력히 추진했다. 이들 단체들은 한국 사회의 사회구조적 부패행위가 심각하다는 것을 강조하며 부정부패의 사회적 요인을 제거하기 위해서는 종합적 부패방지정책이 필요하고 그 정책의 효과적인 수행을 위해서는 「부패방지법」이라는 종합법이 제정되어야 한다고 보았다(이은영 1999, 368).

시민단체들은 입법청원과 국회의원 개개인을 대상으로 한 민담, 서명운동은 물론 기자회견, 성명서 발표, 사이버 공동행동, 집회와 시위, 소송 등 다양한 활동을 통해 부패방지법 제정운동을 주도적으로 이끌어 갔다(이종수 2011, 225). 이에 더해 1996년 미주기구, 1997년 OECD의 반부패협약 체결에 의한 국제적 반부패 규범의 성장 또한 시민단체들의 반부패운동 확산에 긍정적인 영향을 주었다. 이들의 부패추방운동은 그동안 부패행위를 개인의 도덕성 문제로 치부해오던 인식을 변화시키는 계기가 되었다. 또한 그동안 정권의 권력 기반을 공고히 하기 위한 사정 활동의 형태로 추진되어 온 정치권의 부패방지활동 방향의 전환점이 되었다.

시민단체들의 반부패운동 연대가 반부패 규범의 기반조직이 되어 규범 출현과 성장을 주도한 것이다. 특히 시민단체들의 부패 방지법 법안제정운동은 관련 내용의 대토론회 및 국회의원들 개개 인에 대한 입법화 약속을 받는 과정에서 사회적 합의는 물론 중요 한 국가 행위자들에게 수용되는 단계를 거치면서 규범의 성장 단 계를 주도적으로 이끌었다.

한편, 시민사회의 부패방지법 제정운동은 제도정치권 내에 영 향을 미쳤으나 국회의원 및 정부 공직자들의 소극적 대응으로 인 해 부패방지법 제정이 이루어지지 못했다. 부패방지법 제정운동에 힘입어 1997년 대선에 출마한 각 정당 후보들이 부패방지법 제정 을 주요 내용으로 하는 공약을 내세웠고 여당이던 새정치국민회의 는 반부패기본법을, 야당이던 한나라당은 부정부패방지법안을 마 련하였다. 그러나 이들 법안의 내용은 특별검사 설치가 빠져 있는 등 시민단체들의 부패방지법안과 비교하여 제한적이었고 이나마 도 15대 국회의 임기만료로 국회 법사위에서 계류된 채 자동 폐기 되었다.

2000년 4월 총선을 맞아 당시 여야 3당은 모두 부패방지법의 제정을 공약으로 내걸었고 총선 이후 개최된 여야 영수회담에서도 부패방지법 제정에 합의했다(이종수 2011, 226). 이에 2000년 9월 38개의 시민단체들은 '부패방지 입법 시민연대'를 결성하여 「부패 방지법 시민사회단체공동안」을 마련하고 16대 국회에 부패방지법 과 자금세탁방지법을 입법청원했다. 부패방지연대의 공동안은 다 음과 같다.

첫째, 공동안은 종합적 기본법을 지향하고 있다. 이는 기존의 개별법들로는 효과적인 부패추방장치가 될 수 없다는 전제 아래 개별법들을 통합하여 새로운 부패방지제도들을 확립한다는 입장을 반영한 것이다. 둘째, 시민연대의 공동안에는 공직자윤리와 관련하여 청렴의무, 업무외 취업제한, 업무외 소득제한, 이해관계로부터의 제척, 금지된 선물 등의 처리절차, 부정공직자의 취업제한 등 공직자의 행동규범을 규정하고 있다. 셋째, 독립적 기구로서 부패방지위원회를 설치할 것과 부정부패 방지를 위한 제도개선과 부정부패 근절을 위한 기능에 관한 내용을 규정하고 있다. 넷째, 특별검사제의 신설을 규정하고 있다. 국회는 정치적 사건, 권력형 비리 및 고위공직자와 관련된 비리사건 중 조사할 필요가 있을 경우에는 본회의 의결로 특별검사의 임명을 요청할 수 있도록 규정하고 있다. 또한 특별검사의 수사 활동에 필요한 사항을 규정하고 있다. 다섯째, 공익정보제공자 보호제도를 도입하여 내부고발자를 법적, 제도적으로 보호할 근거를 마련하고자 했다. 부패행위의 특성 중 하나는 은폐적 속성이 있어 외부에서 인지하기 어렵고 대부분 내부고발자에 의해 드러나는 경우가 많기 때문에 내부고발자에 대한 보호가 중요하다. 그러나 한국의 경우 내부고발자 신상에 대한 비밀 유지 및 보호 장치가 취약하며 사회적 인식 또한 조직에 대한 배신자로 간주하여 공식적, 비공식으로 불이익이 가해지는 것이 현실이다. 공동안은 부패행위의 적발과 엄정한 처벌에 앞서 부패행위 특히 조직적, 구조적인 부패행위를 폭로하고 견제할 수 있는 내부고발자의 중요성에 대한 사회적 인식, 법적 보호장치 마련의 필요성을 반영했다. 마지막으로 국유재산 절취, 직무유기죄,

비밀누설죄 등 부패행위 처벌을 규정하고 있다.

부패방지연대의 공동안은 부정부패행위에 대한 처벌을 강화하는 엄벌주의적 입장을 반영하고 있다. 한국의 경우 뇌물 규정이 불분명해서 금액의 규모를 둘러싼 떡값 논란이 발생하고 뇌물을 받은 사람에 대한 처벌은 수용하지만 뇌물을 준 사람은 크게 문제 삼지 않는 관행이 있어 왔다. 따라서 정경유착 등 구조적으로 지속되는 부패행위를 방지하기 위해서는 뇌물에 대한 명확한 규정과 함께 뇌물을 받는 사람과 준 사람 모두에 대한 처벌을 강화할 필요가 있음을 지적하고 있다.[6]

부패방지연대는 「자금세탁방지법」과 「공무원범죄에관한몰수특례법」을 「부패방지법(안)」과는 별도로 제정해야 한다고 보고 이들 법안도 입법청원하였다. 특히 돈세탁은 음성적으로 조성된 범죄수익을 합법적인 자금으로 전환하는 모든 과정이며 따라서 이에 대한 규제가 필요한데 지금까지 돈세탁금지 규정이 존재하지 않았다. 이에 부패방지연대는 「자금세탁방지법(안)」의 제정을 통해 차명거래를 이용한 자금세탁 적발 시 자금주와 금융거래자 모두를 처벌할 수 있는 근거 규정을 마련하고자 하였다.[7]

제도정치권 내에서도 여당인 새천년민주당이 2000년 11월 25일 반부패기본법안을 다시 발의하였고 한나라당도 12월 16일 부

---

6   부패방지 입법 시민연대, 「부패방지법(안)」. http://www.peoplepower21.org/Petition/1068013 참조.

7   이 법(안)에서는 불법자금의 세탁행위를 금융거래를 이용한 공무원의 뇌물수수·불법정치자금수수·조세, 관세포탈범죄·밀수·조직범죄 등과 관련된 불법자금의 출처·취득, 처분 및 귀속에 관한 사항을 은닉하거나 가장하는 행위로 규정하고 있으며 이에 대한 신고 및 처벌 등을 규정하고 있다. 부패방지 입법 시민연대, 「자금세탁방지법(안)」. http://www.peoplepower21.org/Petition/1068013 참조.

정부패방지법안을 다시 국회에 제출하였다. 법제사법위원회는 심의 과정에서 두 당의 법안 대신 법제사법위원회의 통합 대안을 제안하기로 하고 일부 의원이 제출한 2개의 수정안과 함께 표결에 부쳐 법제사법위원회의 대안을 2001년 6월 28일 최종적으로 본회의에서 통과시켰다. 이는 부패방지법 제정운동이 전개된 지 6년 만이었다(이종수 2011, 226). 시민단체들의 부패방지 제정운동을 통해 성장, 확산된 반부패 규범이 한국에서도 제도화 단계에 이르게 된 것이다.

2. 반부패 규범의 제한적 제도화

1) 부패방지위원회 및 국가청렴위원회

부패방지위원회는 2001년 제정된 부패방지법에 근거하여 2002년 1월 설치되었고 2005년 국가청렴위원회로 개편되었다. 부패방지위원회는 ① 공공기관의 부패방지를 위한 시책 및 제도개선 사항의 수립, 권고 ② 공공기관의 부패방지시책 추진상황에 대한 실태조사, 평가 ③ 부패방지 교육, 홍보계획의 수립, 시행 ④ 비영리 민간단체의 부패방지활동 지원 ⑤ 부패방지 등과 관련한 국제협력 ⑥ 부패행위에 대한 신고의 접수 등 ⑦ 신고자의 보호 및 보상 ⑧ 그 외 부패방지를 위하여 대통령이 위원회에 부의하는 사항의 업무를 수행하는 부패방지전담기구로서 대통령 산하에 설치되었다(이종수 2011, 228). 부패방지위원회는 노무현 대통령 주재로 감사원장, 부패방지위원장, 법무장관, 행정자치부장관, 국방부장관, 국무조정실장, 재정경제부장관, 공정거래위원회 위원장, 정부혁신지

방분권위원회 위원장, 국세청장, 경찰청장 등 부패방지 관련 기관 장들이 참석하는 '반부패관계기관협의회'를 주기적으로 개최하는 등 국가 차원의 부패방지정책 방향과 부패 현안문제들에 대한 대책을 협의하고 부패방지법에 의해 부여된 업무를 수행하며 반부패 인프라를 구축하는 데 상당한 역할을 수행했다.

2005년 7월 부패방지위원회는 국가청렴위원회로 개편, 새롭게 발족되었다. 국가청렴위원회는 부패방지위원회와 비교하여 다음과 같은 차이를 갖는다. 첫째, 정책 목표와 기능에 있어 국가청렴위원회는 부패방지위원회의 설치 목적인 부패방지에 필요한 법령, 제도 증의 개선과 정책의 수립, 시행에 더하여 국가청렴도의 향상에 관한 업무 수행이라는 정책과 기능의 확대를 가져왔다 (2005년 개정안 2장 10조). 둘째, 기존의 직접적인 부패행위 외에 부패행위의 은폐를 강요, 권고, 제의, 유인하는 간접적 행위도 부패행위로 규정하면서 부패행위의 개념을 확장시켰다(1장 2조 다목 신설). 셋째, 부패행위신고자에 대한 신분보장과 신변보호 관련 조항을 개정하여 보호조치를 강화하고(32조와 33조), 불이익추정조항을 신설함으로써(32조의 2) 부패행위신고로 인한 불이익에 대해 위원회에 원상회복 또는 시정 조치를 요구할 수 있도록 하였다. 넷째, 위원회가 필요하다고 인정하는 경우 기존 제도의 개선을 권고하는 것뿐만 아니라, 법령 등에 대한 부패유발요인을 분석, 검토하여 그 법령 등의 소관 기관의 장에게 개선에 필요한 사항을 권고할 수 있는 조항을 신설(20조의 2)하여 부패행위의 사전적 조치가 가능하게끔 하였다.[8]

그러나 2001년 부패방지법이 갖는 한계는 부패빙지위원회 및 국가청렴위원회의 기능과 활동에도 제약이 되었다. 첫째, 시민단체의 요구안에 포함되었던 공직자윤리 관련 조항들이 부패방지법에서 제외되었기 때문에 반부패 전담기구로서 부패방지위원회는 공직자 윤리를 통합적으로 관리하는 데 어려움을 가지고 있었다. 둘째, 고위공직자비리수사처 설치와 특검제 도입이 무산됨으로써 부패방지위원회가 권력형 부패의 방지에 실질적으로 아무런 영향을 미치지 못하는 결과를 가져왔다. 셋째, 내부고발자에 대한 보호 및 보상제도가 미비했을 뿐만 아니라 부패신고를 받는 부패방지위원회에 조사권이 부여되지 않았기 때문에 보호자를 보호할 수 있는 실질적인 권한이 부족했다.

2) 국민권익위원회

불완전한 법안과 반부패전담기구의 권한에도 불구하고 부패방지위원회와 국가청렴위원회는 한국에서 반부패 규범이 내재화될 수 있는 제도적 인프라 구축에 기여했다. 그러나 이명박 정부에 들어서 반부패 규범의 제도화 수준은 크게 후퇴하게 되었다. 2008년 2월 이명박 정부는 국가청렴위원회를 폐지하고 「부패방지 및 국민권익위원회의 설치와 운영에 관한 법률(이하 부패방지권익위법)」에 의거하여 국민권익위원회를 신설, 부패방지를 동 위원회의 소관업무로 통합하였다. 국민권익위원회는 기존 부패방지위원회 및 국가청렴위원회가 대통령 소속 국가기관이고 부패방지전담기구였던 것에 반해, 고충민원의 조사와 처리 업무를 함께 수행하는 복합기

---

8   2005년 7월 21일 개정된 「부패방지법」 참조. http://www.law.go.kr/lsInfoP.
     do?lsiSeq=70236#0000

능기구이다. 또한 국무총리 소속 기관으로 바뀌어 그 기능이나 직제에 있어 독립성과 전문성이 크게 훼손되었다.

부패방지에 대한 이명박 정부의 소극적 자세는 시민단체들의 반발을 불러왔을 뿐만 아니라 대표적인 반부패국제NGO인 국제투명성기구의 우려와 더불어 독립적인 부패방지기구의 설치를 규정하고 있는 유엔반부패협약 5조와 6조 의무사항을 위반하는 것으로 대외적인 비판을 받았다. 국제투명성기구가 2009년에 발표한 Global Corruption Barometer에 따르면 정부의 반부패 정책에 대한 국민의 신뢰도는 이명박 정부 들어 크게 하락했고[9] 부패인식지수 또한 악화되었다.[10]

3) 공익신고자보호법과 부정청탁 및 금품 등 수수의 금지에 관한 법률

내부고발자 보호는 제한적이지만 2001년 부패방지법에 의해 규정되어 왔다. 그러나 이는 공공 분야에 한정되어 민간 분야 신고자에 대해서는 보호의 수준이 미비하고 암묵적으로 이루어지는 유무형의 불이익에 대해 취약하다고 지적되어왔다. 내부고발자에 대한 보다 강력한 보호와 더불어 공익신고에 대한 인식 개선과 확대를 보장하기 위한 법안의 필요성이 강조되었고 이에 따라 2011년 3월 「공익신고자 보호법」이 별도로 제정되었다. 「공익신고자 보호법」은 공익침해행위를 국민건강과 안전, 환경, 소비자 이익, 공정한 경쟁 및 이에 준하는 공공의 이익을 침해하는 행위로 규정하고

---

9   https://www.transparency.org/en/gcb/global/global-corruption-barome
     ter-2009
10   https://www.transparency.org/en/cpi/2009

이를 신고한 사람을 보호하고 지원하기 위한 법적 근거를 따로 마련했다는 것에서 의미를 찾을 수 있다.

한편, 반부패 규범은 시민사회 내에서 빠르게 성장, 확산되면서 제도화되었지만 규범의 내재화 수준은 매우 더딘 양상을 보였다. 이는 부정부패를 체감하는 데 가장 직접적인 영향을 미치는 대규모 부패스캔들, 고위공직자의 뇌물수수, 정경유착에 의한 비리에 따른 공직자의 청렴성에 대한 국민의 불신이 지속되는 이유가 되었다. 따라서 보다 강력한 제도적 장치가 요구되었고 2011년 6월 국민권익위원장이었던 김영란 전 대법관의 제안으로 「부정청탁 및 금품 등 수수의 금지에 관한 법률(이하 부정청탁금지법)」이 입안되었다. 2013년 8월 정부안이 국회에 제출되었고 2015년 3월 국회 본회의를 통과하여 2015년 3월 27일에 제정된 「부정청탁금지법」은 1년 6개월간의 유예기간을 거쳐 2016년 9월 28일부터 시행되었다.

동 법의 제정에 대한 반발도 컸는데 특기할 것은 부패방지법의 입법화에 적극적으로 참여했던 언론의 반발이 두드러졌다는 점이다. 언론은 경기침체와 경직적 인간관계로 인한 미풍양속의 지해 등을 내세우며 이 법의 시행에 부정적인 기사를 쏟아냈는데 이 법이 적용되는 대상에 언론사가 포함되어 있기 때문이라는 인식이 다수였다.[11]

11   김영란법으로 널리 알려졌으나 국민권익위원회에서는 부정청탁금지법 또는 청탁금지법으로 줄여서 부르고 있으며 이 법의 적용 대상 기관은 헌법기관·중앙행정기관·지방자치단체·시도교육청·공직유관단체 등 모든 공공기관, 각급 학교, 사립학교법에 따른 학교법인, 언론사이다. 이때 동 법에서 규정한 언론이란 방송사업자·신문사업자·잡지 등 정기간행물사업자, 뉴스 통신사업자 및 인터넷신문사

부정청탁금지법은 공직자가 직무와 관련하여 처벌을 받는 부정청탁의 유형을 15가지로 나누어 규정하고 있다. 공개적으로 공직자에게 특정행위를 요구하거나 정당과 시민단체 등이 공익 목적으로 의견을 제안 및 건의하는 등의 예외사유 또한 규정하고 있다.

부정청탁금지법의 제정은 부패방지법에서 미비했던 공직자 윤리와 이에 대한 관리체계를 강화하고 이해충돌 방지를 반부패 규범의 영역으로 포함시켜 제도화하려는 시도였다. 그러나 우선 대상이 되는 고위공직자와 언론사의 강력한 반발로 인해 입법 과정에서 이해충돌 방지조항[12]은 포함되지 않는다는 한계를 갖게 되었다.

V 결론

1970년대에는 성공하지 못했던 반부패 국제규범의 형성과 이의 제도적 수용이 1990년대 성공할 수 있었던 것은, 부패의 부정적 효과를 시장의 효율적 작동에 대한 장애의 극복, 효율적 경제성장

업자를 말한다(부정청탁금지법 제2조 12호). 적용 대상 기관 종사자 중 직무 관련성이나 대가성에 상관없이 100만 원을 넘는 금품 또는 향응을 받으면 형사처벌을 받게 된다. 또한 일반 국민들 중 공직자(배우자 포함)에게 부정청탁을 하거나 수수금지 금품 등을 제공한 자도 형사처벌을 받는다.

12　이해충돌은 '공직자들에 공적으로 부여된 직무수행상의 의무와 사인으로서의 개인의 사적 이해의 충돌'로 이해할 수 있다. 공직자의 이해충돌은 이로 인해 발생할 수 있는 부패행위 때문에 주인으로서의 국민이 대리인으로서 기대하는 공직자의 역할에 대한 신뢰성을 잃게 할 수 있다는 점에서 대의민주주의체제의 근간을 침해하는 중요한 문제이나.

이라는 글로벌 의제에 연계함으로써 부패 이슈를 부각시키고 이를 경제적 지구화 및 자유민주주의의 확산과 결합하여 정책 의제화한 지식 네트워크의 활동에 힘입은 바 크다고 볼 수 있다. 부패와 반부패에 관한 지식 네트워크의 활동이 회의, 세미나, 연구보고서의 공유 등을 통해 부패 및 반부패에 관한 특정한 범주를 구성하고 국제적 문제로 공론화하는 방향성에 지대한 영향을 미쳤다. 결국 부패 이슈가 글로벌 의제로 설정되고 반부패에 대한 국제규범이 제도화, 내면화되어 레짐까지 발전할 수 있었던 것은 지구화라는 환경적 조건에 특정한 방향으로 부패 문제를 접합시키려 한 지배적 담론의 형성 및 작동과 무관하지 않다. 이러한 맥락에서 반부패 국제규범은 국제적 규범으로서 '출현'한 것이 아니라, 주도적인 인식공동체에 의해 형성된 지배적 담론에 의해 국제적 규범으로서 '생산'된 것이라 볼 수 있다. 그리고 반부패에 대한 지배적 담론의 내용과 이후 제도화를 추동한 것은 OECD와 EU 등의 선진국 중심의 기존 국제기구들이었다.

부패 이슈가 가지고 있는 고유의 이슈적 속성이 반영될 수밖에 없다는 점에서 반부패 국제규범의 일국적 수용은 일정 정도의 한계를 보인다. 부패행위는 은폐의 속성을 가지고 있기 때문에 적발하기도 어렵지만, 너무도 다양한 영역에서 다양한 형태로 발생할 수 있다. 또 문화적, 관념적 차이 때문에 어떤 것은 부패이고 어떤 것은 부패가 아니라고 판단되는 정도가 다양하고 이를 제재할 수 있는 법률도 각양각색일 수 있다. 부패행위를 다루기 어렵게 만드는 특징들은 그대로 반부패 이슈에 반영된다. 어떤 부패와 싸울 것이며, 이를 위해 다양한 문화적·법적·행정적 차이를 누가, 어떻게 조정할 것인가? 따라서 반부패 이슈영역은 행위를 규정하는 인식과 규준, 이를 수용하는 행위자의 문제가 다른 어떤 이슈보다도 훨씬 복잡하고 민감하게 작용한다. 즉, 부패를 어떤 영역에서 그리고 어떠한 관점에서 인식하는가 하는 문제가 중요할 수밖에 없고 이는 일정 정도 부패에 대한 인식의 수렴과 지배적 담론의 내용에 따라 결정된다고 볼 수 있다.

반부패 국제규범의 성장과 제도화 과정에서 나타난 이러한 특성은 한국의 경우에도 많은 영향을 미쳤다. 동시에 한국에서 반부패 규범의 내재화는 반부패 국제규범의 성장 및 내재화 과정과 유사하면서도 몇 가지 측면에서 차이를 보인다.

첫째, 반부패 국제규범의 창출과 성장은 대학, 연구소 등을 중심으로 하는 지식 네트워크와 국제조직의 전문가 및 관료들이라는 플랫폼을 통해 이루어졌으나 한국의 경우는 활동가들을 중심으로 하는 시민단체의 연대와 언론의 참여에 의해 주도되었다는 점을 들 수 있다. 한국의 지식 네트워크는 부패방지법 제정운동 과정에서 시민단체들에 의한 공청회 등을 통해 적극 참여했으나 법안이 제정되기까지의 전 과정을 일관적으로 주도한 것은 시민단체들이었다.

둘째, 핵심 플랫폼과 주도적 행위자들의 차이는 부패행위의 범주에 대해서도 차이를 가져오는 요인이 되었다. 국제적으로 반부패 규범이 창출, 성장할 수 있었던 것은 불법과 합법에 걸친 광범위한 부패행위를 경제 영역과 관련 있는 범주로 제한하여 규정함으로써 가능했다. 그리고 지식 네트워크는 측정 가능한 한도 내에서의 나양한 연구결과로 재설징된 부패행위 및 반부패 규범의 이론적, 정책적 근거를 제공했다. 그러나 한국의 경우 시민단체들의 부패행위에 대한 인식은 경제적인 범주뿐만 아니라 윤리적인 부분까지 포괄하고 있으며 종합법과 별도의 법으로 포괄적인 부패행위를 규제하고자 하였다.

셋째, 정치인들의 소극적 반발과 함께 검찰, 감사원 등 기존 사정기관 및 관료들의 반발이 상당히 컸다는 점이다. 국회의원들은 시민단체와 언론에 의해 주도된 여론에 떠밀려 부패방지법의 제정을 공약으로 내세우긴 했으나 법 제정의 필요성을 부정하지 않았을 뿐 음성적 로비 또는 법안 상정을 미루는 소극적 태도를 통해 반부패 규범의 제도화를 지연시켰다. 검찰, 감사원, 법무부는 법 제정 자체를 반대하는 강한 비토세력(veto player)으로 기능하면서 제도정치 영역 내의 '강고한 반입법동맹'을 형성하였다(홍일표 2006, 142).[13] 이들의 반발로 인해 시민단체의 최종 요구안에 포함되어 있었던 공직자윤리 관련 조항, 고위공직자비리조사처와 특별검사제 관련 조항과 부패방지위원회의 조사권 관련 규정이 결국 2001년 제정된 부패방지법안에서는 모두 제외되었다. 따라서 한국의 반부패 규범이 내재화되는 과정은 제한적이고 불충분할 수밖에 없었다.

13 법무부는 고위공직자비리수사처 신설과 특검제 도입에 대해 헌법이 보장한 검찰의 기소독점주의와 수사권 일원화 원칙을 해칠 수 있다는 이유를 들어 반대했다. 또한 부패방지를 위한 제도 개선을 민간인으로 구성된 부패방지위원회가 총괄하는 것에 대해서는 다른 행정기관의 자율성을 침해할 수 있고 기능이 중복될 수 있으며 전문성이 부족할 수 있다는 이유를 들어 반대했다. 감사원은 반부특별위원회를 설치했을 때 집행기구적 성격을 갖는 감사원 상부기구가 될 수 있다는 우려 때문에 강하게 반발하였다(홍일표 2006, 142, 149).

참고문헌

김유경. 2007. "형성요인과 추진전략에 따른 반부패 국제 레짐 성격 연구:
    신자유주의적 헤게모니의 제도화에 대한 비판을 중심으로." 한국외국어대학교
    박사학위 논문.
_____. 2008. "반부패 국제규범의 발전과 지식 네트워크." 『글로벌 정치연구』 1(1):
    101-126. 한국외국어대학교 글로벌정치연구소.
이은영. 1999. "부패방지법과 시민운동." 정성진 외. 『한국의 부패와 반부패정책』
    한국연구재단 연구과제보고서. https://www.krm.or.kr/krmts/search/
    detailview/pdfViewer.html (검색일: 2020. 9. 8.)
이종수. 2011. "한국의 국가적 반부패 시스템의 진화 과정과 성과에 대한 고찰."
    『한국행정사학지』 29: 221-249.
허일태. 2015. "한국에서의 부패방지에 관한 대책." 『형사정책연구』 26(3): 157-185.
홍일표. 2006. "부패방지법 제정운동의 사례를 통해 살펴본 한국 시민입법운동의
    동학(dynamics)." 『법과 사회』 31: 135-163.

Adler, Emanuel and Peter M. Haas. 1992. "Conclusion: Epistemic communities,
    world order, and the creation of a reflective research program," in
    Haas, Peter M. (ed.), "Knowledge, Power, and International Policy
    Coordination." special issue of *International Organization* 46: 367-390.
Brunetti, A., G. Kisunko and B. Weder. 1997. "Credibility of Rules and
    Economic Growth-Evidence from a World Wide Private Sector Survey."
    Background paper for the World Development Report 1997. Washington
    DC.: The World Bank.
Cox, Robert W. and Timothy J. Sinclair. *Approaches to World Order*.
    Cambridge: Cambridge University Press.
Doig, A. 1998. "Dealing with Corruption: The Next Steps." *Crime, Law & Social
    Change* 29: 99-112.
Elliot, Kimberly A. (ed.) 1997. *Corruption and the Global Economy*.
    Washington, DC.: Institute for International Economics.
Finnemore, M. and K. Sikkink. 1998. "International Norm Dynamics and
    Political Change." *International Organization* 52(4).
Glynn, P., S. Kobrin and Moises Naim. 1997. "The Globalization of Corruption."
    in Elliot, Kimberly A. (ed.), *Corruption and the Global Economy*.
    Washington, DC.: Institute for International Economics.
Goudie, A. W. and D. Stasavage. 1998. "A framework for the analysis for
    corruption." *Crime, Law & Social Change* 29: 113-159.
Gupta, S., H. Davoodi and R. Alonso-Terme. 2002. "Does Corruption Affect

Income Inequality and Poverty?" *Economics of Governance* 3: 23-45.

Haas, Peter M. 1992. "Introduction: Epistemic Communities and International Policy Coordination." in Haas, Peter M. (ed.), "Knowledge, Power, and International Policy Coordination." special issue of *International Organization* 46: 1-35.

Hindess, B. 2004. "International anti-corruption as a program of normalisation." (http://apseg.anu.edu.au/research/res_corrupt.php)

Knack, S. and P. Keefer, 1995. "Institutions and Economic Performance: Cross-Country Tests Using Alternative Institutional Measures." *Economics and Politics* 7(3): 207-227.

Maccoy, Jennifer L. and Heather Heckel. 2001. "The Emergence of a Global Anticorruption Norm." *International Politics* 38: 65-90.

Marquette, Heather. 2001. "Corruption, democracy and the World Bank." *Crime, Law & Social Change* 36: 395-407.

Mauro, P. 1995. "Corruption and Growth." *Quarterly Journal of Economics* 90.

_____. 1997. "The Effects of Corruption on Growth, Investment, and Government Expenditure: A Cross-Country Analysis." in Elliot Kimberly A. (ed.) *Corruption and the Global Economy*. Washington. D.C.: Institute for International Economics.

_____. 1998. "Corruption: Causes, Consequences, and Agenda for Further Research." *Finance&Development* 35(1): 11-14.

Michael, Bryane. 2004. "Explaining Organizational Change in International Development: The Role of Complexity in Anti-Corruption Work." *Journal of International Development* 16.

OECD. 1996. OECD Working Papers: OECD Symposium on Corruption and Good Governance. Washington, D.C.: OECD.

_____. 1997. Convention on Combating Bribery of Foreign Public Officials in international Business Transactions and Related Documents. http://www.oecd.org/daf/anti-bribery/ConvCombatBribery_ENG.pdf

Pope, Jeremy. 2000. *The TI Source Book*. Berlin: Transparency International.

Puchala, Donald J. and Raymond F. Hopkins. "International regimes: lesson from inductive analysis." in Krasner, Stephen D. (ed.) *International Regimes*. Ithaca: Cornell University Press, 1983.

_____. 1997. "The Political Economy of Corruption." in Elliot, Kimberly A. ed., *Corruption and the Global Economy*. Washington, DC.: Institute for International Economics, 31-60.

Stone, Diane. 2002. "Knowledge networks and Policy expertise on the Global polity." in Ougaard, Morten and Richard Higgott (eds.), *Towards a Global Polity*. London: Routledge, 125-144.

Transparency International. 2004. *Global Corruption Report 2004*. London:
    Pluto Press.
Transparency International, Jeremy Pope (2eds.). 1997. *National integrity
    systems: the TI source book*. Berlin: Transparency International.
Tanzi, V. and H. Davoodi. 1997. "Corruption, Public Investment, and Growth."
    International Monetary Fund Working Paper 97/139.
UNDP. 2005. *Anti-corruption: Final version*. (http://www.undp.org).
Wang, Hongying and James N. Rosenau. 2001. "Transparency International and
    Corruption as an Issue of Global governance." *Global Governance* 7(1):
    25-49.
Warren, Mark E. 2004. "What Dose Corruption Mean in a Democracy?"
    American Journal of Political Science 48(2): 328-343.
Wei, S. J. 1997. "Why is Corruption So Much More Taxing Than Tax?
    Arbitrariness Kills." NBER Working Paper 6255. http://www.nber.org/
    papers/w6255
Williams, James W. and Margaret E. Beare. 1999. "The business of bribery:
    Globalization, economic liberalization, and the problem of corruption."
    Crime, Law & Social Change 32: 115-146.
World Bank. 1997a. Helping Countries Combat Corruption: The Role of the
    World Bank. (http://www.worldbank.org)
_____. 1997b. "Reducing Corruption." World Bank Policy and Research
    Bulletin. (http:// www.worldbank.org)
_____. 2000. Helping Countries Combat Corruption: Progress at the World
    Bank since 1997. Washington, D.C.: World Bank.

필자 소개

김유경 Kim You Kyoung

한국외국어대학교 정치외교학과 강사
한국외국어대학교 스페인어과 졸업, 정치학 박사

논저 "신자유주의 경제개혁과 마약과의 전쟁: 멕시코 사례를 중심으로", 『라틴아메리카의 부패 현황과 정책적 시사점』(공저), "초국가적 조직범죄의 연계성과 다차원적 안보 위협"

이메일 paela@hanmail.net

제3장

대인지뢰금지 규범의 생애주기

The Life Cycle of the Anti-Personnel Landmine Ban Norm

조동준 | 서울대학교 정치외교학부 교수

1990

년대 대인지뢰금지 담론의 규범화는 인도적 군축운동에서 기념비적 사건이다. 냉전 이후 군축운동에 우호적인 환경이 조성된 가운데, 평소 대인지뢰에 관심을 가진 일부 활동 단체를 통하여 대인지뢰가 인도적 피해를 초래하는 무기로 의제화되었다. 대인지뢰를 금지하는 의제는 곧이어 진보 성향의 정치인과 유명인의 참여로 새로운 담론으로 분화되었고, 이후 인간안보를 중시하는 국가들의 주도로 국제협약이 체결되었다. 이처럼 새로운 대인지뢰금지 담론의 형성에서 국제법으로 발전하는 데 불과 7년이 걸렸다.

한국에서도 대인지뢰금지 규범은 일부 내화되었다. 남북 대치로 인한 특수상황으로 한국 정부가 대인지뢰를 포기하지 않지만, 후방지역의 대인지뢰 제거, 대인지뢰의 수출입 금지, 기존 대인지뢰의 탐지 가능성 향상, 국제적으로 허용된 신형 대인지뢰 생산 등이 이미 이루어졌다. 한국 내 대인지뢰금지운동단체는 대인지뢰의 인도적 문제를 부각하는 의제화로 담론 경쟁에서 승리한 후, 정치권과의 협업을 통하여 대인지뢰 피해자에 대한 보상을 입법화하였다. 이 과정에서 진보정권의 집권이 우호적 환경이었다.

The success of the anti-personnel landmine norm in the 1990s is a monumental achievement in history of international humanitarian disarmament movements. While the end of the Cold War served as a window of opportunity for disarmament movements, a group of activists successfully framed anti-personnel landmines as a weapon against humanity rather than for national security. They elicited resonances from politicians and progressive celebrities and cooperated with countries that were favorable to human security issues to make the Ottawa Convention to ban anti-personnel landmines. It took only 7 years from the emergence of the anti-personnel landmine discourse to the Ottawa Convention. The anti-personnel landmine norm has been de facto internalized into the Republic of Korea, though the country has not ratified the Ottawa Convention due to the stand-off between the two Koreas. The country has cleared landmines in the rear areas, put moratorium on the international transaction of landmines since 1994, inserted metal pieces into the landmines wartime uses for easier detection, and produced smart-landmines that would self-destruct, if deployed. After successfully framing landmines as an anti-humanitarian weapon, the Korea Campaign to Ban Landmines, a network of non-governmental organizations which have interests in landmine issues, has cooperated with politicians to provide compensations to landmine victims. Progressive parties in power served as a favorable condition for the Korean anti-landmine movement.

KEY WORDS 대인지뢰 anti-personnel landmines, 규범 생애주기 norm life cycle, 의 제화 framing, 오타와 지뢰금지협약 Ottawa Convention to Ban Landmines, 한국대 인지뢰대책회의 Korea Campaign to Ban Landmines

I 들어가며

1990년대 대인지뢰금지 규범은 매우 빠른 시간 안에 국제법으로 발전했다. 과거 군축운동이 일반적인 군비 축소 또는 핵무기와 같이 대중의 관심이 집중된 공격용 대량살상 무기를 중심으로 이루어진 데 비하여, 대인지뢰금지운동은 방어무기인 지뢰가 인간안보를 위협하는 요인임을 부각시켰다. 1991년에 개시된 이 운동은 방어용 군사무기로서 지뢰의 효용성을 부정하고 지뢰 피해의 실상을 사람들에게 시각적으로 생생하게 전하며 대중의 이목을 집중시켰다. 이와 같은 일련의 과정 속에서 1996년 대인지뢰금지협약(Convention on the Prohibition of the Use, Stockpiling, Production and Transfer of Anti-Personnel Mines and on their Destruction, 이하 오타와 협약)의 발판이 마련되었고, 대인지뢰금지 담론이 새로운 국제규범으로 도약하였다(Banerjee and Muggah 2002, 43-46; Rutherford 2000, 79-110; Wexler 2003, 576-578).

한편 한국은 안보 목적상의 이유로 대인지뢰를 여전히 매설·보유·생산하고 있으며 아직 대인지뢰금지협약에 가입하지 않았다. 휴전선 근처에 매설된 대인지뢰가 북한군의 남침을 막는 방어기제이기 때문이다. 한국은 대인지뢰를 포기하지는 않지만, 대인지뢰금지 규범을 부분적으로 수용하고 있다. 요컨대 대인지뢰가 인도적 문제를 야기한다는 사실을 인정하고 대인지뢰의 수출입 금지, 국내외 대인지뢰 피해자의 구호, 매설되었던 대인지뢰의 부분적 제거를 통하여 금지 규범에 동참하고 있다.

본문은 국제규범의 생애주기 관점에서 대인지뢰금지 규범

을 세 측면에서 검토한다. 첫째, 대인지뢰금지 규범의 출현을 검토한다. 대인지뢰금지운동은 인간안보를 위협하는 대인지뢰의 부정적 속성을 부각시키고 우호 세력을 결집시킴으로써 새로운 담론을 생성하였다. 둘째, 대인지뢰금지 담론이 국제적인 규범으로 도약하는 과정을 검토한다. 대인지뢰금지운동은 전통적인 국가 간 외교 경로가 아닌 군축운동을 지지하는 동류국가(like-minded country) 간의 협업을 통하여 국제규범을 도출하였다. 일련의 과정에서는 캐나다가 중요한 역할을 담당하였다. 셋째, 대인지뢰금지 규범이 한국에서 확산되어 정착되는 과정을 검토한다. 대인지뢰금지 규범을 지지하는 사회단체 중심의 한국대인지뢰대책회의가 결집되어 피해자 구호와 지뢰 피해 문제에 대한 사회적 인식이 제고되었다. 이러한 내화 과정에는 대인지뢰금지운동을 주도한 사회세력과 그들과 이해관계를 공유하는 정치세력의 협업이 중요한 역할을 하였다.

II 대인지뢰의 양면성과 대인지뢰금지 담론의 출현[1]

대인지뢰는 군사적 측면에서 유용한 수단으로, 20세기에 전장에서 사용되었다. 하지만 대인지뢰는 전투원에게 불필요한 고통을 주고, 민간인과 전투원을 구별하지 못하며, 설치 후 반영구적 피해를 주는 비인도성을 가진다. 대인지뢰의 불가피한 사용을 옹호하는

1 　이 절은 졸고(조동준 2019, 29-34; 조동준 2011, 27-57)를 일부 수정하여 작성되었다.

국가와 사회세력은 대인지뢰의 군사적 유용성에 초점을 맞추는 반면, 대인지뢰를 금지하려는 국가와 사회세력은 대인지뢰의 비인도성에 주목한다.

1. 대인지뢰의 두 얼굴: 효과적 무기 vs. 비인도적 무기

대인지뢰는 저비용으로 방어와 공격을 하는 데 유용하다. 첫째, 대인지뢰는 네 가지 측면에서 유용한 방어용 무기이다. (1) 대인지뢰를 설치하면 최소 병력으로 특정 지점과 시설을 쉽게 방어할 수 있다. 지뢰가 매설되어 있다는 경고만으로 초병 없이 침입자를 방지할 수 있으므로 지뢰를 매설하는 최소 인력만 있으면 특정 지점과 시설을 방어할 수 있다. (2) 대인지뢰는 적이 공격할 수 있는 공간을 축소시킨다. 공격 세력은 방어용 지뢰지대를 피할 수밖에 없기 때문에 이들의 진격로는 좁아지게 된다. 그리하여 함정 또는 특정 지점으로 유도하면 공격 세력에게 역습을 가할 수 있다. (3) 대인지뢰는 공격 세력의 피해를 증가시킨다. 공격 세력은 지뢰의 폭발로 인한 피해를 입는 동시에 지뢰지대를 피하기 위하여 전술적으로 불리한 지역에서 전투를 벌이기 때문에 더 많은 인명피해를 보게 된다. (4) 대인지뢰는 보병의 진격을 저지한다. 또한 대전차지뢰 주변에 매설된 대인지뢰는 대전차지뢰를 제거하는 데 시간을 소요하도록 하여 기계화 부대의 진격을 늦춘다.

　둘째, 대인지뢰는 효과적인 공격용 무기이다. 퇴각하는 적의 후방에 또는 적의 주둔지에 대인지뢰를 살포하게 되면 적의 퇴각 속도를 늦추어 적을 섬멸할 수 있다. 대인지뢰는 대포, 헬리콥터,

비행기 등을 통하여 살포될 수 있는데, 대인지뢰를 살포하는 기술은 계속하여 발전하고 있다. 지뢰 살포기를 통하여 지뢰를 뿌려놓은 지역은 효과적으로 통제될 수 있다. 대인지뢰의 살포와 공격을 결합시키는 전술은 의지만 있으면 얼마든지 실행 가능하다. 실제로 1970년대 초반에 미군은 베트남에서, 1980년대에 구소련군은 아프가니스탄에서 대인지뢰를 살포하는 작전을 펼쳤다.

반면, 대인지뢰가 비인도주의적 무기라는 입장은 두 가지로 요약될 수 있다. 첫째, 대인지뢰는 '불필요한 고통'을 준다는 입장이다. 전쟁법에서는 비례성 원칙에 따라 전투 목적에 비하여 "과도한 상해" 또는 전투 목적에 적절하지 않을 만큼 "불필요한 고통"을 초래하는 무기를 불법화한다[전시 민간인 보호에 관한 제네바 협약(1949) 제35조]. 대인지뢰의 파괴력은 통상적으로 대인지뢰에 접촉하는 신체 일부분만을 절단하거나 그 부위에만 영구적 상해를 남긴다는 것이다. 다리의 끝 부분이 주로 대인지뢰와 접촉하여 절단되거나 영구적으로 손상되기 때문에 대인지뢰는 '발목지뢰'로 불린다. 이처럼 전투원의 신체 일부분만을 손상시켜 전투원의 전투 능력을 무력화시킨다는 점에서 대인지뢰는 효과적인 무기이지만 생존한 전투원에게 '불필요한 고통'을 영구적으로 남긴다. 따라서 대인지뢰는 전투 목적에 비하여 상해 수단이 과도하다고 평가될 수 있다.

둘째, 대인지뢰는 민간인과 전투원을 구별하지 못한다. 전쟁법에서는 차별성 원칙에 따라 민간인과 전투원에게 무차별적인 상해를 입히는 무기를 불법화한다[전시 민간인 보호에 관한 제네바 협약(1949) 제51조]. 대인지뢰의 매설 당시 전황이 긴박한 경우에는 지뢰 매설 지점이 체계적으로 기록되지 않는다. 매설 이후에 지뢰지대가 효과적으로 통제되지 않으면 대인지뢰는 전투원과 민간인에게 무차별적 피해를 초래한다. 지뢰 피해 통계를 보면 민간인 피해가 전체 피해의 70%를 차지할 정도로 대인지뢰는 사실상 민간인에게 더 자주 피해를 초래한다. 심지어 대인지뢰가 민간인을 대상으로 의도적으로 사용되기도 한다.

2. 대인지뢰금지 담론의 출현

대인지뢰금지 담론의 출현은 두 단계로 나눌 수 있다. 첫째, 대인지뢰의 부정적 측면을 드러내는 '의제화'(framing) 단계다. 냉전 종식 이후에 반(反)대인지뢰단체는 대인지뢰의 비인도성에 초점을 맞추는 의제화를 진행하였다. 1991년 국제인권감시단(Human Rights Watch)의 아시아 지부와 '인권을 위한 의사회'(Physicians for Human Rights)는 캄보디아에서 대인지뢰가 민간인에게 초래한 피해 사례를 처음으로 보고하였다. 이 보고서는 1970년 베트남전이 캄보디아로 확대된 이후부터 1990년까지 무장세력이 경쟁적으로 다양한 지뢰를 매설하였고, 캄보디아에서 1991년 매월 지뢰 피해로 인한 절단 수술이 300~600회 시술되며, 236명 가운데 한 명꼴로 지뢰 피해로 인한 신체 손실을 입고 있는 현실을 알렸다(Physicians for Human Rights 1991, 34-62). 이후 반대인지뢰단체는 대인지뢰를 "폭력 행위"의 지속, "치명적 유산", "적" 등으로 표현하였다(Arms Project of Human Right Watch and Physicians for Human Rights 1993). 이처럼 대인지뢰를 둘러싼 담론 경쟁은 규범 출현의 초기 단계에서 발생하였다.

1992년 국제대인지뢰금지운동(International Campaign to Ban Landmines, ICBL)의 형성은 대인지뢰금지 담론을 초국가적 연결 망과 결부하는 데 결정적 역할을 담당하였다. ICBL을 형성한 6개 비정부기구는 1991년까지는 지뢰 피해자 구호와 지뢰 제거를 위하여 개별적으로 활동하였다.[2] 1991년 캄보디아의 지뢰 피해 현장을 직접 목격한 바비 뮬러(Bobby Muller, '미국 베트남전 참전 재단'의 대표)는 당시 지뢰 관련 쟁점 영역에 직접 또는 간접으로 관여했던 주요 비정부기구를 모아 ICBL을 만들었다(Sigal 2006, 1-3). 당시 각자 상이한 쟁점에 관여하고 상이한 목표를 추구하던 6개 비정부기구는 대인지뢰의 금지를 공동 목표로 설정하면서 인간안보에 우호적인 비정부기구와 주요 인사를 우군으로 끌어들였다. 그결과 불과 5년 사이에 120개 비정부기구가 ICBL에 가입하였다

---

2   ICBL은 6개 비정부기구가 모여 창립되었다. (1) 프랑스에 기반을 둔 '국제장애 인기구'(Handicap International, 1982년 창립)는 대인지뢰 피해자의 치료와 재활에 초점을 맞추었고, (2) 영국에 기반을 둔 '지뢰자문그룹'(Mines Advisory Group, 1989년 창립)은 지뢰 제거에 필요한 조언을 제공하였다. (3) 독일에 기반을 둔 '국제의학협회'(Medico International, 1968년 창립)는 분쟁지역의 주민에게 의료 지원을 진행하면서 지뢰 피해자의 치료에 관여하였다. (4) 미국에 기반을 둔 '인권을 위한 의사회'(Physicians for Human Rights, 1986년 창립)는 사회적으로 박해를 받는 의료인을 옹호하고 고문을 방지하며 대량박해를 기록하는 역할을 수행하였다. (5) '인권감시단'(Human Rights Watch, 1988년 창립)은 '미주인권감시단'(Americas Watch, 1981년 창립), '아시인권감시단'(Asia Watch, 1985년 창립), '아프리카인권감시단'(Africa Watch, 1988 창립), '중동인권감시 단'(Middle East Watch, 1989년 창립)의 연결망으로, 국가와 무장단체의 인권 침해를 감시하는 활동을 하면서 지뢰 문제에 관심을 가졌다. (6) 마지막으로 '미국 베트남전 참전 재단'(Vietnam Veterans of America Foundation, 1980년 창립)은 미국의 베트남 참전 경험을 지구적 정의 구현으로 승화시키기 위한 목적으로 반전평화운동에 관여하였다.

(Rutherford 2011, 19-49; Sigal 2006, 3-6). ICBL은 개별 국가와 국제사회에서 대인지뢰의 불편한 현실을 드러내며 대인지뢰에 반대하는 담론을 확산시켰다.

둘째, 일부 유명인이 대인지뢰의 비인도성에 초점을 맞춘 반대인지뢰단체의 담론을 수용하는 '의제화 공명'(framing resonance) 단계이다. 1990년대 중반에 인도적 구호에 관여하던 국제기구, 진보적 성향의 정치인이 대인지뢰의 군사적 효과를 부정하고 대인지뢰의 비인도성에 초점을 맞추기 시작했다. 국제연합 사무총장 부트로스 부트로스 갈리(Boutros Boutros-Ghali), 미국 상원의원 패트릭 리히(Patrick Leahy)[3] 등이 대인지뢰의 비인도성에 동조했고 대인지뢰의 금지를 위하여 노력했다. 고(故) 다이애나(Diana) 영국 왕세자비, 누르(Noor) 요르단 왕비, 헤더 밀즈(Heather Mills), 폴 매카트니(Paul McCartney) 등 일부 유명인도 대인지뢰금지 담론에 적극적으로 동조했다(Lange 2002, 1-5).

1990년대 중반에 대인지뢰금지 담론은 대인지뢰를 효과적 무기로 보는 선동적 시각에 도전하는 강력한 대안으로 성장했다. 반대인지뢰단체는 선명한 영상으로 대인지뢰의 피해를 알렸고, '정치적 올바름'(political correctness)을 추구하는 일부 유명인과 정치인을 통하여 대중도 대인지뢰의 피해를 알게 되었다. 그리하여 대인지뢰가 더 이상 효과적인 무기가 아니라 비인도적 유산으로 인

---

3   리히 상원의원(버몬트주, 민주당)은 레이건 행정부와 이란 간 불법적 무기거래가 니카라과 콘트라 반군에 대한 지원으로 이어진 사건을 언론에 알릴 정도로 이란-콘트라 스캔들을 당파적으로 접근했다. 그는 니카라과를 방문하여 니카라과 반군 기지 주변에서 일어난 지뢰 피해를 알게 되었다. 니카라과에서 지뢰 피해를 인지한 경험은 이후 지뢰 피해자 구호 활동으로 이어졌다(Leahy 2004, 9-10).

식되기 시작하였다. 반대인지뢰단체가 만든 담론이 국가안보를 중시하던 사회집단이 만들어낸 생각의 영향력을 약화시키기 시작한 것이다.

1990년대 중반에 대인지뢰를 금지하려는 사회세력은 이미 일부 국가에서 대인지뢰금지 담론을 규범 수준으로 격상시켰다. 국제연합총회(United Nations General Assembly)는 회원국이 대인지뢰의 수출을 중단하라는 결의안을 만들었다(UNGA Resolution 48/75K, 1993. 12. 16). 1995년 초반을 기준으로, 오스트리아, 벨기에, 캐나다, 독일, 아일랜드, 멕시코, 노르웨이, 필리핀, 남아프리카공화국, 스위스 정부가 대인지뢰금지 담론을 수용하였다. 이들 국가는 대인지뢰금지를 국제규범으로 격상시키려는 활동을 벌이기 시작하였다. 1996년 중반에는 44개 정부가 대인지뢰금지를 수용하겠다는 의사를 추가적으로 밝혔다. 대인지뢰금지를 수용하지 않겠다는 입장을 가진 국가 중 일부도 대인지뢰의 수출입을 한시적으로 중단하겠다는 의사를 밝혔다(UN Secretary-General Annan 1996, 3-6). 대인지뢰금지 담론이 국제규범으로 전환되는 임계점을 넘은 것이다.

III 대인지뢰금지 담론의 성문화

본 절에서는 대인지뢰금지 담론이 국제규범으로 성장하는 현상을 기술한다. 대인지뢰금지운동은 '특정 재래식 무기 금지협약' (Convention on Prohibitions or Restrictions on the Use of Certain

Conventional Weapons Which May Be Deemed to Be Excessively Injurious or to Have Indiscriminate Effects, 이하 CCW)을 기반으로 국제합의를 모색하였지만, CCW 협약국 중 일부의 반대로 어렵게 되자 독자적 협약을 만들기로 하였다.[4]

1. CCW에서 독자 협약으로

대인지뢰금지를 추진하던 사회세력은 캐나다 정부의 후원으로 CCW 협약 당사국을 설득하는 데 집중하였다. CCW 협약 발효 10년 후에 협약 당사국이 평가회의를 요구할 수 있다는 제8조 3항에 따라 캐나다를 포함한 29개 협약 당사국은 대인지뢰 쟁점이 CCW 평가회의에서 논의되어야 한다고 요구하였다. 이에 따라 CCW 평가회의가 세 번에 걸쳐 진행되었다(본회의 1995. 9. 25~1995. 10. 13; 1차 후속회의 1996. 1. 15~1996. 1. 16; 2차 후속회의 1996. 4. 22~1996. 5. 3). 1995년에 검토회의가 시작되었을 때 캐나다를 포함한 10개국이 대인지뢰의 선년 금지를 촉구하였던 반면에, 강내국을 포함한 다수 국가는 대인지뢰의 규제만을 원했다. 이들 10개국은 CCW 협약의 평가회의에서 대인지뢰의 금지를 후원하는 비정부기구와 국제기구가 CCW 당사국의 대표를 만나는 기회를 확

4   CCW는 전쟁 목적에 비하여 과도한 상해를 초래하거나 민간인에게도 피해를 끼치는 무기를 금지하거나 규제하기 위한 국가 합의이다. 이 협약은 X-ray로 탐지 불가능한 파편무기 사용 금지(제1의정서, 1983년 발효), 지뢰 및 부비트랩 사용 금지(제2의정서, 1983년 발효, 1996년 개정), 화염무기 사용 금지(제3의정서, 1983년 발표), 실명(失明) 레이저무기 사용 금지(제4의정서, 1996년 발표), 전쟁 후 잔유 폭발물 처리(2003년 발효) 등 5개 의정서로 구성된다.

대하였다. 이러한 노력은 대인지뢰금지를 선호하는 국가의 숫자 증가로 이어져 1996년 5월에 총 34개국이 대인지뢰금지에 찬성하는 의사를 밝혔다. 이때까지 캐나다는 대인지뢰금지를 옹호하는 비정부기구와 함께 CCW 회원국을 설득하는 데 초점을 맞추었다.

CCW 평가회의에서 대인지뢰금지운동은 제한적 성공을 거두었다. 2차 후속회의에서 지뢰 쟁점이 논의되어 제2의정서의 개정으로 이어졌다. 이에 따라 탐지 불가능한 지뢰의 사용이 금지되었고, 설치 후 자폭 기능을 갖는 지뢰의 사용을 엄격히 제한하였으며, 기존 대인지뢰의 사용을 9년으로 한정하였고, 지뢰 및 관련 기술의 이전이 금지되었다. 하지만, 대인지뢰금지운동이 추구하던 대인지뢰의 전면금지는 이끌어내지 못하였다.

CCW 평가회의는 대인지뢰금지 담론이 규범으로 변화하는 과정에서 임계점이었다. 대인지뢰금지를 수용하겠다는 의사를 밝힌 국가는 34개국까지 늘어났다. 또한 대인지뢰의 전면금지를 수용하지 못하였지만 엄격한 제한이 필요하다는 입장을 가진 국가가 더 많았다. 이처럼 대인지뢰금지 담론은 대인지뢰 옹호론과의 경쟁에서 승리하고 있었다. 한편 CCW 평가회의는 대인지뢰금지 담론이 느슨한 규범을 넘어 성문화된 국제법으로 격상하는 길을 막은 장애물이었다. 협약 당사국이 만장일치로 협약을 개정하려는 움직임 때문에 대인지뢰금지를 선호하는 CCW 협약 비당사국의 입장이 반영되기 어려웠던 것이다. 즉, CCW 평가회의에서 대인지뢰의 규제에 초점을 맞추는 강대국의 반대를 극복하기 어려운 상황이었다.

1996년 3월 대인지뢰금지운동은 CCW 협약 당사국이 대인지뢰금지 담론을 수용하도록 설득하기보다는 일부 국가와 협업하여 대인지뢰금지협약을 독자적으로 창출하는 방향으로 선회하였다. 강대국이 대인지뢰의 규제까지만 수용할 의사를 분명히 하자, 캐나다를 포함한 10개국은 비정부기구가 규범 창출에서 중요한 역할을 담당할 수 있는 환경을 마련하기로 합의하였다. 1996년 10월에는 캐나다 오타와에서 대인지뢰금지에 동조하는 비정부기구와 국가가 함께 모여 대인지뢰금지를 위한 국제전략회의(International Strategy Conference Towards a Global Ban on Anti-personnel Mines)를 열자고 제안하였다(Short 1999, 482-483; Sigal 2006, 96-101). 이것이 오타와 프로세스의 시작이었다. 이로써 대인지뢰금지운동의 무게중심이 국가 중심의 전통적 외교에서 비국가 행위자에 초점을 맞추는 공공외교로 옮겨갔다.

　1996년 10월 오타와에서 열린 대인지뢰금지를 위한 국제전략회의는 공공외교의 전형이다. 대인지뢰금지를 옹호하는 50개국이 대표를 파견하였고, 입장 표명을 유보했던 24개국이 참관단을 파견하였으며, 국제적십자사와 국제연합아동기금과 같은 국제기구는 물론 수많은 비정부기구가 관계자를 파견하였다. 이 회의에 참가한 국가의 대표와 비국가기구의 대표는 CCW 협약과 별도로 협약을 체결하기로 결정하였다. 오타와 회합 이후로는 비엔나 회합(1997. 2. 12~14), 본 회합(1997. 4. 5~24), 브뤼셀 회합(1997. 6. 24~27)을 거치며 협약의 초안이 수정되었다. 이 회합에 참여한 국가와 비정부기구는 캐나다 외교부의 주도 아래 의견 조율을 거친 후, 1996년 12월 20일 ICBL의 이름으로 협약 초안을 제출하였다. 이후 협약 초안을 모체로 삼아 협상이 진행되어, 오슬로 회합(1997. 9. 1~19)에서 협약의 초안이 확정되었다.

2. 대인지뢰금지 규범의 성문화

1997년 12월 오타와 회합(1997. 12. 3~4)은 대인지뢰금지운동의 권능화 과정에서 분기점이었다. 대인지뢰금지운동은 1997년 9월 오슬로 회합을 통하여 도출한 협약 초안을 각국 외교부와 관련 비정부기구에 발송하였고, 1997년 12월 오타와 회합에 초청하였다. 총 150개국이 대표단을 파견하였고, 이 가운데 121개국이 회합 첫날 서명을 마쳤다.[5] 1997년 연말까지 3개국이 추가적으로 서명을 마쳐 총 서명국이 124개국으로 늘었다. 협약에 유보조항을 달고 가입하려는 국가의 요구를 수용하지 않을 만큼, 대인지뢰금지운동은 이미 임계점을 넘은 상황이었다.

1998년 9월 16일 버키나파소의 오타와 협약 비준은 대인지뢰금지 담론 권능화 과정의 이정표였다. '40번째 비준 후 6개월 경과'가 오타와 협약 발효조건인데(협약 제17조 1항), 버키나파소가 40번째 비준국이 되었기 때문이다. 대인지뢰금지운동은 협약의 발효조건을 매우 낮게 설정함으로써 외형상 협약의 권능화를 조속히 이루려고 하였다. 협약이 발효 조건을 구비한 이후에도 비준 또는 가입국이 늘어나 2000년 말에는 국제사회의 절반 이상이 대인지뢰금지협약을 준수하게 되었다.

2019년 말 기준으로 대인지뢰금지협약을 비준 또는 가입한 국가는 총 164개국이다.[6] 반면, 국제연합 안전보장이사회 상임이

---

5   그 가운데 캐나다, 아일랜드, 모리셔스는 사전 비준을 받았기 때문에, 서명과 비준을 동시에 마쳤다.
6   협약이 발효된 후 32개국이 서명 절차 없이 가입하였다.

표 3-1. 오타와 협약 비준/서명의 추이

연도	비준		서명	
	신규	누적	신규	누적
1997	3	3	124	124
1998	55	58	8	132
1999	32	90	2	134
2000	19	109		
2001	13	122		
2002	8	130		
2003	11	141		
2004	3	144		
2005	4	148		
2006	4	152		
2007	4	156		
2011	2	158		
2012	3	161		
2014	1	162		
2017	2	164		
2018	0	164		
2019	0	164		

자료: ICBL 2020.

사국 중에서 미국, 러시아, 중국이 가입하지 않았고, 중앙아시아 5
개국(아르메니아, 아제르바이잔, 조지아, 키르기스스탄, 우즈베키스탄),
중동 9개국(바레인, 이집트, 이스라엘, 레바논, 리비아, 모로코, 사우디
아라비아, 시리아, 아랍에미리트연합), 아시아 11개국(인도, 이란, 북한,
한국, 라오스, 몽골, 미얀마, 네팔, 파키스탄, 싱가포르, 베트남), 기타 3
개국(쿠바, 미크로네시아, 통가) 등 총 32개국이 협약에 서명하지 않
았다. 추가적으로 마셜제도는 서명을 하였지만, 아직 비준 절차를
마치지 못하였다. 대인지뢰금지운동은 이들 33개국을 다양한 방
식으로 압박하고 설득하고자 했지만, 이들은 국가안보를 명분으로

명시적 입장을 제시하지 않았다.

오타와 협약은 비정부기구와 국가의 협업이 새로운 국제법을 생성한 세 번째 사례가 되었다.[7] 특정 쟁점에 대하여 의견을 공유하는 국가 집단이 회합을 주도하고 회합 중 합의된 사항을 협약으로 만드는 관행에 비하여, 대인지뢰금지운동의 권능화 과정은 비정부기구와 일부 국가 간의 협력으로 이루어졌다. 구체적으로는 대인지뢰금지운동이 협약의 초안을 제시하고 관련 외교부의 전문성과 교섭을 통하여 이루어졌다.[8]

IV 대인지뢰금지 규범의 한국 내 수용

한국에서 대인지뢰에 대한 의제화는 집권당의 이념 성향과 밀접하게 진행되었다. 이 절은 한국 정부가 대인지뢰를 의제화하고 대인지뢰금지 규범에 반응하는 양상을 정리한다.

---

7   비정부기구와 국가 간 협업이 국제법이 된 첫 사례는 1864년 1차 전쟁법 협약(Geneva Convention for the Amelioration of the Condition of the Wounded in Armies in the Field)이다. 국제적십자는 스위스 정부와 함께 전상자와 병자를 구호하는 협약 초안의 작성에 관여했다. 1995년 국제사법통일협회(UNDROIT)는 국제연합 교육과학문화기구의 후원 아래 '도난 또는 불법적으로 반출된 문화재 반환에 관한 유니드로와 협약'(UNDROIT Convention on Stolen or Illegally Exported Cultural Objects)을 주도했다.

8   엑스워시 캐나다 외교장관은 대인지뢰금지 규범을 확산시키기 위한 공간을 CCW 평가회의가 아니라 오타와 프로세스로 바꾼 일을 "우리는 미뉴엣(minuet)을 추지 않기로 했습니다. 사람들을 모아 회합을 열겠습니다."라고 표현하였다. 그는 보폭이 좁고 우아한 몸짓을 특징으로 하는 궁정 춤곡인 미뉴엣을 CCW 평가회의에 비유한 반면, 오타와 프로세스는 사람의 회합에 비유하였다(Noma 2005, 23).

1. 한국의 대인지뢰금지운동

1990년대 한국의 대인지뢰금지운동은 이질적 사회세력의 연합으로 출범하였다. 1996년부터 본격화된 대인지뢰 금지규범의 성문화 노력, 1997년 오타와 협약, 1997년 국제대인지뢰금지운동(International Campaign to Ban Landmines) 집행위원장(coordinator)인 조디 윌리엄스의 노벨 평화상 수상으로 국내에서 대인지뢰에 대한 관심이 커졌다. 당시 반전단체, 민주화추진단체, 환경단체, 소비자운동단체 등 여러 사회단체는 기존 활동에 대인지뢰금지 규범을 추가하였다. 대인지뢰의 비인도성에 집중하는 국제사회의 담론이 국내 일부 사회단체로부터 동조를 얻는 '의제화 공명'이 발생한 것이다.

대인지뢰금지운동에 동조하는 사회세력의 결집 과정에서 한국기독교사회문제연구원과 참여연대가 결정적 역할을 담당하였다. 한국기독교사회문제연구원과 참여연대가 추구하는 가치와 대인지뢰금지 규범이 부합하기 때문이었다. 두 단체는 국제사회의 대인지뢰금지 규범의 수입에 적극적이었고, 두 단체에는 국제사회에서 대인지뢰금지 규범의 성문화에 익숙한 활동가들이 있었다.[9] 두 단체는 이미 긴밀히 협력하던 우호 단체를 대인지뢰금지운동으로 끌어들였다. 두 단체로 인하여 과거 두 영역에서 따로 활동하던 비정부기구가 모이게 되었다.

한국기독교사회문제연구원은 기독교 사회단체를 끌어왔다.

---

9   초기 활동 조직의 탄생에 관해서는 Jo(2008, 89-90)를 참조.

한국교회여성연합회가 첫 접촉 대상이었는데, 한국교회여성연합회는 "민족의 아픔을 치유하는 사회적 선교활동과 교회갱신운동 그리고 국제적 연대활동을 하는 연합체"로 기독교의 사회참여와 평화운동에 적극적이다. 이후 통일협회, 기독시민사회연대, 지구촌나눔운동, 한국기독학생회총연맹으부터 지지를 확보했다. 또한, 기독교 인사들에 의하여 주도되던 경제정의실천연합도 기독교 연결망을 통해 참여하게 되었다.

참여연대는 인권/민주화 운동단체, 경제정의 관련 단체와 가장 밀접한 연계를 가진다. 1994년에 창립된 참여연대는 "국가권력을 감시하고, 구체적인 정책과 대체입법을 제시하며, 실천적인 시민행동을 통하여 자유와 정의, 인권과 복지가 바르게 실현되는 민주사회를 건설하는 것을 목적"으로 하는 단체다(참여연대 정관 제2조). 참여연대는 사회에서 소외된 사람들을 위한 '국민생활최저선확보운동'(1994년), '사법개혁운동'(1995년), '맑은사회만들기운동'(1996년), '작은권리찾기운동'(1997년), '소액주주운동'(1998년), '예산감시 정보공개운동'(1999년) 등 창립 초기 경제적 인권 문제에 집중하였다. 또한, 상대적으로 미약하였지만, 참여연대는 창립 초기부터 평화운동에 관심이 있었다. 이에 1997년부터는 참여연대는 '국내연대사업'의 일환으로 대인지뢰반대운동에 참여하기 시작하였다.

참여연대 연결망을 통하여 총 19개 단체가 대인지뢰금지운동에 합류했다. 이 단체들은 2개 인도주의 의료 단체(건강사회를 위한 치과의사회, 인도주의 실천 의사협의회), 7개 반전/통일운동 단체(문학예술청년공동체, 민주주의민족동일선국연합, 통일맞이, 우리민족서로돕기, 자주평화통일민족회의, 평화와 통일을 여는 사람들, 평화를 만드는 여성회), 9개 인권/민주화 단체(민변국제연대위원회, 열린사회연합, 인권운동사랑방, 장애우권익문제연구소, 전북 평화와 인권연대, 참여연대, 평화인권연대, 민주화를 위한 전국교수협의회, 한국유권자운동연합), 3개 환경운동단체(녹색소비자연대, 한국불교환경교육원, 환경운동연합)로 세분할 수 있다.[10]

하지만 한국대인지뢰대책회의의 결성 이후 내부 분화가 발생함에 따라, 대인지뢰활동이 급속하게 감소하였다. 특히 민주화로 인하여 전투적 반전운동과 평화운동단체 및 민주화운동단체 등이 동력을 잃게 되었다. 그 결과 참여연대에 속한 단체들이 대인지뢰 금지운동에서 멀어졌다. 반면, 대인지뢰금지 활동가와 기독교단체들이 본 운동에서 핵심적인 역할을 수행하게 되었다. 이에 2009년 7월 한국대인지뢰대책회의에 남은 활동가들은 대인지뢰금지운동에 전념하는 비정부단체로 사단법인 평화나눔회를 설립하였다.

요컨대 국내 대인지뢰금지운동의 활동은 세 가지로 구분될 수 있다. 첫째, 대인지뢰의 비인도적 측면을 부각하는 의제화 활동이다. 대책회의는 창립 초기부터 지뢰 피해자를 부각시키기 위하여 적극적인 활동을 벌였다. 조디 윌리엄스의 방한을 계기로 지뢰 피해자에게 의족 전달식을 기획하였고, 대인지뢰 교육용 자료를 제작·배포하였으며, 피해자 사진전과 만화전을 개최하고, 공영방송과 다큐멘터리 제작에 참여하였다. 이러한 활동을 통하여 대인지뢰의 비인도성을 부각시켰다.

---

10   반지뢰운동단체인 '한국지뢰문제연구소'도 지뢰 문제에 대한 전문성을 고려하여 초대되었다.

둘째, 한국에 산재한 지뢰지대와 지뢰 피해자를 확인하는 작업이다. 대책회의는 1998년 강원도 철원군 김화와 경기도 옹진군 백령도에서 피해실태를 조사하면서 총 27명의 지뢰 피해를 확인했다. 이후 추가 조사를 거쳐 1999년 3월 24일 대인지뢰 피해실태 보고서를 처음 발간하였다(한국대인지뢰대책회의 1999). 2001년 2월 21일 후방지역 대인지뢰 실태를 조사하는 사업이 시작되어, 7월 26일 후방지역의 36개 대인지뢰 매설지가 보고되었다(한국대인지뢰대책회의·녹색연합 2001). 2002년에는 미군기지 주변 대인지뢰 실태를 조사하였고, 2005년과 2006년에는 강원도 양구군에서 지뢰 피해 실태를 조사하여 보고하였다(한국대인지뢰대책회의 2003; 한국대인지뢰대책회의 2006). 대책회의의 활동으로 한국에서 대인지뢰 매설 현황과 피해 규모가 수집되었다.

셋째, 정치권과 협업하여 대인지뢰 피해자를 구호하는 활동이다. 대인지뢰금지운동에 동조하는 진보정권의 활동가들이 행정부와 입법부로 진출하면서, 한국대인지뢰금지운동이 정부 부처와 협업할 수 있는 환경이 마련되었다. 이들은 국방부로부터 피해자에 대한 의료 지원이 가능하도록 노력하였고, 피해자에 대한 보상 입법 활동에도 관여하였다.

2. 의제 공명화의 차이

국제사회에서 대인지뢰금지 담론이 국제규범으로 전환되던 시점에 김영삼 행정부는 남북한 대치상황 등 세 가지 이유에서 대인지뢰금지 규범을 준수할 수 없다는 입장을 표명하였다. 첫째, 한반도에서 대인지뢰가 북한의 도발을 억지하고 있다고 보았다. 개전 초기 기동전에서 지뢰는 북한군의 진군을 방해하고 북한군을 격퇴하는 데 기여하기 때문이다. 지뢰지대는 "기계화되고 중무장한 북한군의 진격을 막거나 늦추기" 위하여 "없어서는 안 되는 방어 기제"라고 주장하였다. 둘째, 대인지뢰가 민간인의 피해를 최소화하는 기제라고 보았다. 대인지뢰가 북한의 도발을 억지하고 제2의 한국전쟁의 발발로 인한 민간인 피해를 사전에 예방하는 효과를 가진다는 것이었다. 김영삼 정부는 만약 한국군이 대인지뢰를 사용하지 못하게 되어 제2의 한국전쟁이 발발한다면 "사망 전투원만 하루에 수천 명"이 될 것이라고 주장하였다. 셋째, 한국군이 대인지뢰의 사용을 효과적으로 통제하기 때문에 한국에서 민간인의 피해가 없다고 주장하였다(국방부 1997; Lee 1997).

한편, 김대중 행정부는 2001년부터 안보이익을 침해하지 않는 범위 내에서 대인지뢰를 금지하는 국제사회의 인도주의적 노력에 동참할 의사를 밝힘으로써 대인지뢰의 양면성을 인정하였다.[11] 즉, 남북대치 상황에서 지뢰가 가지는 전쟁 억제 효과를 인정하면서도 대인지뢰의 비인도적 효과도 부정하지 않았다. 김대중 행정부는 당시 진행되던 후방 지뢰제거를 적극적으로 홍보하였다. 당

---

11 김대중 행정부는 출범 초기 대인지뢰금지 규범과 관련하여 특별한 조치를 취하지 않았다. 김대중 대통령은 "인권 대통령"으로 불릴 만큼 인권에 많은 관심을 가졌지만, 보수 자민련과 지역연합을 통한 공조를 모색해야 할 만큼 국내 지지기반이 취약하였다. 김대중 대통령의 당선이 확정된 시점에서 국민회의의 의석은 78석이었고, 연정 상대자였던 자민련의 의석은 43석이었다. 반면, 2000년 4월 13일 제16대 총선에서 당시 집권당인 새천년민주당의 성공(지역구 96석과 전국구 19석 확보, 전국 득표율 36%) 이후 여러 사회 쟁점에서 김대중 행정부의 진보적 성향이 두각을 보였다(동아일보 특별취재단 2003).

시 국방일보에도 대인지뢰가 국가안보에 미치는 영향보다는 대인
지뢰로 인한 피해가 더 부각되었으며, 지뢰제거 문제가 2000년 '군
10대 뉴스'에 선정되기도 했다(국방일보 2001). 나아가 2001년 남
북정상회담 이후에는 휴전선 일대에 매설된 지뢰를 남북교류를 가
로막는 장애물로 표현하기도 하였다.

　　노무현 행정부 이후 한국 정부와 국방부는 대인지뢰의 성격을
정확하게 정의하지 않는다. 대인지뢰와 관련된 국방일보 기사를
보면, 안보효과와 비인도성이 모호하게 혼재되었다. 아래 인용문
은 한국에서 대인지뢰금지 규범과 대인지뢰의 사용에 대한 통제가
혼재된 양상을 잘 보여주고 있다.

"지뢰제거와 자료축적 등 지뢰에 대한 전반적인 교육과 연구를 담당
할 지뢰전문센터가 군 최초로 설립된다. ⋯ '지뢰교육 및 연구센터'
는 앞으로 인도주의적 지뢰제거와 관련한 전문연구와 자료축적, 특
수조건하 지뢰설치 방법 연구와 교육 참고자료 작성 등의 활동을 수
행할 예정이다. 또 지뢰제거 방법에 대한 교리연구와 관련 법규 검
토, 교육훈련 계획수립·시행, 감독 업무를 하게 됨으로써 국내 최고
권위의 지뢰 연구 전문센터로서의 역할이 기대된다"(이주형 2008).[12]

　　정리하면, 대인지뢰금지운동 초기 한국 정부는 대인지뢰가 북
한의 남침을 억제하는 긍정적 효과를 지닌다는 점에 주목하며 대

12　지뢰전문센터는 이명박 행정부의 출범 이후 공식 설치되었지만, 노무현 정부 시
　　기에 구상되었다. 따라서 위 기사는 노무현 정부 시기의 담론을 반영한다고 해석
　　할 수 있다.

인지뢰가 야기하는 인도적 위협을 묵인하였다. 한편, 김대중 정부 이후 한국은 대인지뢰의 비인도성을 인정하면서 대인지뢰가 가지는 국가안보적 효과와 조화시키려고 하였다.

3. 대인지뢰금지 규범의 부분적 수용

대인지뢰금지 규범의 권능화 이후 한국 정부는 대인지뢰금지 규범이 강조하는 지뢰의 비인도성에 대하여 원칙적으로 동의하지만, 남북분단의 특수적 환경으로 인하여 (1) 휴전선 일대에 매설된 지뢰를 제거하지 못하고, (2) 예비전시물자로 보관된 지뢰를 폐기하지 못하고, (3) 지뢰의 연구와 생산을 포기하지 못하고 있다. 대인지뢰금지협약이 정하는 핵심 기준을 충족하지 못하고 있다.

한국 정부는 대인지뢰금지협약에 공식적으로 가입하지 않지만, 대인지뢰금지 규범을 여러 측면에서 수용한다. 첫째, 한국은 대인지뢰의 거래금지에 참여하고 있다. 1995년 김영삼 행정부부터 한국은 대인지뢰의 수출입을 매년 유예하였고 2004년에는 대인지뢰 수출입이 무기한 유예되었다. 이로써 한국이 대인지뢰의 수출입에 관여하지 못하게 되었다. 대인지뢰금지협약이 규정하지 않는 클레이모아 지뢰(claymore mines)의 수출도 금지한다(김성수 2001).

둘째, 한국 정부는 오타와 협약이 금지하지 않는 자폭형 대인지뢰를 개발하고 있으며 이를 운용하는 교리를 발전시켰다. 예컨대 한국은 2000년부터 트럭적재함에서 자폭형 지뢰를 살포하는 K형 지뢰살포기를 도입하였고 155mm 포탄에 들어가는 살포식 대인지뢰와 여행 가방처럼 생긴 상자 안에 지뢰를 보관하였다가 무선으로 적 전차를 감지하여 파괴하는 차세대 살포지뢰 등을 개발하고 있다(양낙규 2012; 이정훈 2006). 또한, 예비전시물자로 보관되어온 전통적 지뢰에 탐지 가능한 금속을 삽입하는 작업을 하였다. 이처럼 한국 정부는 국제협약에 위배되지 않는 범위에서 자폭형 지뢰를 개발하고 전통적 지뢰의 금속 삽입을 통하여 지뢰의 효능을 감소시키는 데 동참하였다.

셋째, 대인지뢰의 제거 작업과 대인지뢰 피해자를 구제하기 위한 자금이 마련되었다. 국방부는 2000년부터 비무장지대에 매설된 지뢰를 제거하여 남북교류를 위한 도로와 부지를 확보하였다. 나아가 후방지역에 매설된 지뢰를 제거하는 중·장기 계획(2002-2006)을 수립하여 2003년부터 지뢰를 제거하기 시작했다. 2003년에 13,000여 발, 2004년에 8,800여 발, 2005년에 8,500여 발, 2006년에 7,800여 발, 2007년에 2,200여 발, 2008년에 1,400여 발, 2009년에 1,300여 발을 제거해, 총 43,000여 발의 지뢰가 제거되었다. 한편 국방부의 이러한 노력에도 불구하고 여전히 3,021발의 지뢰는 발견되지 못한 상황이며, 돌아오는 2021년 10월까지 지뢰제거 작업이 마무리될 예정이다(국방부 2019).

넷째, 한국 정부는 지뢰 피해의 책임을 적극적으로 인정하였다. 지뢰 피해의 책임이 피해자에게 귀속되었던 기존의 판결과 달리 2002년 10월 17일 서울지법 민사부는 강화도 석모도에서 유실된 지뢰로 피해를 입은 원고 이모씨에 대한 국가의 손해배상 책임을 인정하였다(서울지법 제13민사부 2002가합30287, 2002. 10. 17).[13] 이 판결 후 한국 정부가 지뢰 피해자에게 잘못이 있음을 증명해야

표 3-2. 한국의 대인지뢰 제거와 대인지뢰 제거를 위한 지원 (지뢰지대 단위: 만 m²)[14]

연도	제거된 지뢰	제거된 지뢰지대	기여금
1999	n.a.	n.a.	$300,000
2000	6,200 (1999년에 제거된 지뢰 포함)	10	$430,000
2001	4,700 (DMZ에서 제거된 지뢰 포함)	5	$150,000
2002	6,019 (DMZ에서 제거된 지뢰 포함)	7	$100,000
2003	13,000	17	$1,500,000
2004	8,800	9	$3,150,000
2005	8,500	7	$1,050,000
2006	7,800	8	$50,000
2007	2,200	14	$1,000,000
2008	1,400	7	n.a.
2009	약 1,300	n.a.	n.a.

할 부담을 가지게 되었다.

다섯째, 지뢰피해자 지원에 관한 특별법(법률 제12790호, 2014. 10. 15. 제정; 시행 2015. 4. 16.)이 제정되었다. 대인지뢰금지운동

13 서울지법은 "군은 우리나라나 북한 혹은 제3국 등 어느 주체가 설치한 것인지 여부에 관계없이 예견 및 회피 가능한 범위 내에서 국민의 안전에 치명적으로 위험한 지뢰 등 군용 폭발물로 인한 재난을 예방·방지함으로써 국민의 생명과 신체의 안전을 보호 할 직무상 의무가 있다"라고 판시한 후, 군은 폭발물 탐색작업을 소홀히 하였기 때문에 직무상 의무를 위반한 과실이 있으며, 사고 지역에 대한 경고 표시 설치 등 위험성 홍보를 충분히 하지 않은 과실이 있다고 보았다. 이러한 판결 이후 한국 사법부는 지뢰 피해를 인정하였다.

14 국제연합 산하 기금 중 대인지뢰의 제거와 연관된 기금은, 대인지뢰 제거 원조신탁기금(The Voluntary Trust Fund for Assistance in Mine Action, 1994년 국제연합 사무총장 발의로 성립), 국제연합개발계획의 지뢰기금(UN Development Programme Thematic Trust Fund for Crisis Prevention and Recovery), 국제연합개발단 이라크 기금(UN Development Group Iraq Trust Fund) 등이 있다.

은 2000년 10월 11일 김형오 의원, 박세환 의원, 김성호 의원, 강창희 의원이 주도한 "대인지뢰의 제거 및 피해보상 등에 관한 법률안"의 초안 작성에 참가한 이후에도 여러 차례 의원발의에 참여하였다. 아울러 지뢰가 매설된 지역구를 대표하는 국회의원은 자신의 사회경제적 이념과 무관하게 대인지뢰금지운동에 동조하는 경향을 보였다. 의원입법은 여러 시행착오를 거쳐 2014년에 '지뢰피해자 지원에 관한 특별법'(법률 제12790호, 2014. 10. 15. 제정)으로 제정되었고 시한은 두 차례 연장되었다.

V 맺음말

대인지뢰금지운동은 냉전 이후 군축운동에 우호적인 환경이 조성된 시기에 인도적 군축활동가들에 의하여 시작되었다. 대인지뢰 피해의 참혹함이 캄보디아에서의 평화유지활동 중에 공개되었고, 인도적 군축활동가들은 대인지뢰의 피해 문제를 국제사회에서 의제화시켰다. 이후 대인지뢰금지 담론은 권능화 과정을 거쳐 국제규범이 되었다. 본 절에서는 대인지뢰금지 규범의 출현 단계의 특징과 한국 내 규범의 내화 과정을 다시 요약한다.

1. 규범 생성에서 정치 환경과 운동의 상호작용

정치 환경은 비정부기구의 활동 범위를 정하는 기회(opportunity)의 중요한 요인으로 규정할 수 있다. 대인지뢰금지 규범에 우호적인 정치 환경에서는 대인지뢰의 비인도적 측면을 부각하기 쉽고 반대인지뢰단체의 활동도 상대적으로 자유로울 수 있다. 반면, 대인지뢰금지 규범에 우호적이지 않은 정치 환경에서는 대인지뢰의 안보효과가 부각되며 반대인지뢰의 활동이 위축된다. 이처럼 정치 환경이 대인지뢰에 대한 의제화와 반대인지뢰단체의 활동에 영향을 미치기 때문에, 정치 환경은 "특정 행동이 물리적, 기술적, 또는 지적으로 실현될 수 있는 가능성"으로 규정되는 기회 개념에 부합한다(Siverson and Starr 1990, 48).

냉전의 종식으로 대인지뢰금지운동에 우호적인 환경이 마련되었다. 냉전 시기에도 지뢰로 인한 비인도적 피해가 속출하였지만, 당시에는 큰 주목을 받지 못하였다. 예컨대 1970년대 캄보디아에서 발생한 대량학살 사건(Killing Fields)이 세계적으로 의제화되었던 데 비해, 동시기에 캄보디아에서 대인지뢰로 발생한 인도적 재앙은 알려지지 않았다. 당시에는 대인지뢰로 인한 인명 피해가 국가 안보의 '부수적 피해' 또는 '필요악'으로 수용되었기 때문이다. 그러나 냉전의 종식으로 그러한 인도적 피해가 정당화 될 수 있는 환경이 사라지게 되었다.

인도적 군축운동이 지뢰를 국제사회의 의제로 만들었다. 지뢰가 안보에 기여하는 측면을 의제에서 빼고, 지뢰가 유발하는 참상을 부각했다. 이로써 지뢰가 인도적 참상과 연결되게 되었다. 지뢰에 대한 새로운 의제화에 성공한 대인지뢰금지운동은 상이한 목적으로 지뢰제거에 관심을 가진 여러 사회세력을 하나로 연결함으로써 외연을 넓히고 우호세력을 확대하는 데 성공했다. 유명인의 지지를 매개로 지뢰문제가 대중에게도 전해졌다.

대인지뢰금지운동이 지뢰금지 담론을 국제규범으로 만드는 과정에서 일부 동류국가와의 협업이 중요한 역할을 담당했다. 캐나다와 노르웨이가 대인지뢰금지운동을 외교정책의 의제로 수용했는데, 양국 집권당의 사회경제적 지향과 연결된다. 양국은 지뢰금지에 우호적인 국가를 확대하고, 국제사회에서 기존 군축 논의의 장인 CCW를 우회하여, 독자적 국제협약을 추진했다.

2. 국내 수용 과정에서 정치 환경과 운동의 상호작용

한국에서 대인지뢰의 의제화와 금지운동의 전개는 당대의 국내정치적 상황과 밀접한 관계를 가진다. 1997-98년 보수 성향의 김영삼 행정부에서 중도·진보 성향의 김대중 행정부로의 정권 교체는 대인지뢰의 의제화에 중요한 영향을 미쳤다. 김영삼 행정부에서는 대인지뢰가 북한의 남침을 억제하는 방어무기로 간주되었던 반면에 김대중 행정부에서는 대인지뢰가 민간인에게 위협이 되는 무기로 묘사되기 시작하였다. 이러한 부정적 인식은 노무현 행정부에 들어 더욱 확대되었다. 결국 안보적인 이유로 대인지뢰가 야기하는 인도적 피해를 더 이상 묵인할 수 없게 된 것이다.

대인지뢰금지운동은 김영삼 대통령 재임기 정부와 대립각을 세웠다. 국가안보에 대한 고려 때문에 '대인지뢰철폐' 대신에 '대인지뢰대책'으로 용어상 수위를 낮추었지만, 대인지뢰 영역에서 한국 정부가 감추고 싶은 정보를 드러냈다. 반면, 진보정권과는 우호적 관계를 형성하였다. 정치인과 협업을 통한 입법화 활동, 행정부에 참여한 평화운동 활동가를 매개로 정부 기관과의 협업 등이 이루어졌다. 국내 담론 경쟁에서 승리한 대인지뢰금지운동은 지뢰가 매설된 지역구를 대표하는 보수 성향의 국회의원과 협업하여 지뢰 피해자 구호를 위한 입법 활동에 관여하게 되었다. 보수 정권에서 지뢰 피해자 구호를 위한 법안이 마련된 현상은 대인지뢰금지 규범이 한국에서 정착했다는 징후로 해석될 수 있다.

참고문헌

국방부. 1997. "대인지뢰 전면금지 국제추세와 우리의 입장."『국방소식』, 9월 10일.
_____. 2019. "후방지역 지뢰 3년 앞당겨 '21년 10월까지 제거." 국방부 보도자료
　　　(2019. 10. 16)
국방일보. 2001. "국방일보 선정 2001 軍 10大 뉴스."『국방일보』, 12월 28일.
김성수. 2001. "바이든 반대로 한화 지뢰수출 포기."『국방소식』, 6월 5일.
동아일보 특별취재단. 2003. "秘話 국민의 정부 1부: 권력의 흥망 ⑧DJP나눠먹기
　　　組閣."『동아일보』, 2월 20일.
사단법인 평화나눔회. 2019. "연혁." http://www.psakorea.org/main/page.
　　　html?pid=134 (검색일: 2020. 7. 31).
양낙규. 2012. "한화, 재래식 대인지뢰 대체할 원격운용통제탄 개발."『아시아경제』,
　　　11월 27일.
이정훈. 2006. "지뢰제거 DMZ, 인민군 남침루트가 될 것인가?"『신동아』, 10월호.
이주형. 2008. "지뢰 제거 이렇게 하세요."『국방일보』, 4월 1일.
조동준. 2011. "정치 환경의 변화와 대인지뢰금지 규범의 확산: 대인지뢰에 대한
　　　의제화(framing)와 한국대인지뢰대책회의의 활동을 중심으로."『평화학연구』
　　　12(1): 27-57.
_____. 2019. "국제규범과 공공외교." 김상배 외.『지구화 시대의 공공외교』, 295-
　　　326. 서울: 사회평론아카데미.
한국대인지뢰대책회의. 1999.『지뢰피해의 현주소』. 서울: 한국대인지뢰대책회의.
_____. 2003.『주한미군의 한반도 내 대인지뢰 매설과 그 피해현황』. 서울:
　　　한국대인지뢰대책회의.
_____. 2006.『강원도 내 민간인 지뢰피해자 실태조사 보고서』. 서울:
　　　한국대인지뢰대책회의.
한국대인지뢰대책회의·녹색연합. 2001.『한국지뢰실태조사보고서: 후방 36개
　　　대인지뢰 매설지역 실태 보고서』. 서울: 한국대인지뢰대책회의.

Arms Project of Human Right Watch and Physicians for Human Rights. 1993.
　　　Landmines: A Deadly Legacy. New York, NY: Human Right Watch.
Banerjee, Dipankar, and Robert Muggah. 2002. *Small Arms and Human
　　　Insecurity: Reviewing Participatory Research in South Asia*. Colombo, Sri
　　　Lanka: Regional Center for Strategic Studies.
International Campaign to Ban Landmines. "Treaty Stautus." International
　　　Campaign to Ban Landmines. http://www.icbl.org/en-gb/the-treaty/
　　　treaty-status.aspx (검색일: 2020. 7. 31).
Jo, Dong-Joon. 2008. "Bringing International Anti-Landmine Norms into
　　　Domestic Politics: Korea Campaign to Ban Landmines as a Humble but

Effective Intermediary." *Review of Korean Studies* 11(3): 81-95.

Lange, Jenny. 2002. "Celebrities and Landmines." *Journal of Conventional Weapons Destruction* 6(1): 1-5.

Leahy, Patrick J. 2004. "The Leahy War Victims Fund." *U.S. Foreign Policy Agenda* 9(1): 9-10.

Lee, Seung Joo. 1997. "The Position Paper-Republic of Korea." Convention on the Prohibition of the Use, Stockpiling, Production and Transfer of Anti-Personnel Mines and on Their Destruction. Oslo, September.

Noma, Emiko. ed. 2005. "Distinguished Lecture Series, The Honorable Lloyd Axworthy." Joan B. Kroc Institute for Peace & Justice https:// digital.sandiego.edu/cgi/viewcontent.cgi?referer=https://www.google.com/&httpsredir=1&article=1023&context=lecture_series (검색일: 2020. 7. 31.)

Physicians for Human Rights. 1991. *Landmines in Cambodia: The Coward's War*. New York, NY: Human Right Watch.

Rutherford, Kenneth R. 2010. "The Evolving Arms Control Agenda: Implications of the Role of NGOs in Banning Antipersonnel Landmines." *World Politics* 53(1): 74-114.

_____. 2011. *The International Movement to Ban Landmines*. Santa Barbara, CA: Praeger.

Short, Nicola. 1999. "The Role of NGOs in the Ottawa Process to Ban Landmines." *International Negotiation* 4: 481-500.

Sigal, Leon V. 2006. *Negotiating Minefields: the Landmine Ban in American Politics*. New York: Routledge.

Siverson, Randolph M. and Harvey Starr. 1990. "Opportunity, Willingness and the Diffusion of Conflict." *American Political Science Review* 84(1): 47-67.

UN Secretary-General Annan, Kofi. 1996. "Moratorium on the Export of Anti-Personnel Landmines, Report of the Secretary-General." UNGA A/51/313, 28 August 1996. https://digitallibrary.un.org/record/222032 (검색일: 2020. 7. 31.)

Wexler, Lesley. 2003. "The International Deployment of Shame, Second-Best Responses, and Norm Entrepreneurship: The Campaign to Landmines and the Landmines Ban Treaty." *Arizona Journal of International and Comparative Law* 20(3): 561-606.

필자 소개

조동준 Jo, Dong-Joon

서울대학교 정치외교학부 교수
서울대학교 외교학과 졸업, 펜실베이니아주립대학교 정치학 박사

논저 "코로나-19와 지구화의 변화", "신호이론으로 분석한 2013년 한반도 위기",
"Bargaining, Nuclear Proliferation, and Inter-state Dispute"

이메일 dxj124@snu.ac.kr

제4장

양심적 병역거부권 인정의 국제규범화

The Recognition of the Right to Conscientious Objection to Military Service: A Case of Norm Development

유영수 | 북한대학원대학교 조교수

양심적 병역거부권 인정의 국제규범화 사례가 규범 연구에서 독특한 점은, 첫째로 다른 규범에 비해 매우 오랜 연원을 가진 사상과 운동이 존재해 왔다는 점, 둘째로 규범의 형성 과정도 상당히 오랜 시간에 걸쳐 진행되었다는 점이다. 양심적 병역거부권 인정에 국제질서의 변동과 국내 사회의 변화가 중요했던 것도 이 두 가지 점과 관련되는데, 사상, 운동, 규범화가 오랜 기간에 걸쳐 진행되며, 두 차례의 세계대전, 68운동, 베트남전 반대 시위, 탈냉전 등으로 이어진 나라 안팎의 변화된 상황에서 행위자들의 행동이 새로운 전기를 맞고 새로운 힘을 얻었기 때문이다.

이러한 역사적 맥락 속에서 양심적 병역거부권 인정 규범의 국내적 지지 확대와 국경을 가로지르는 확산이 동시에 일어나 국제사회에서 규범 주창자와 지지 집단이 넓어지고 강화되는 등 규범화를 이끄는 세력이 확대되는 결과를 가져왔다. 양심적 병역거부는 소수의 특정 집단이 신념으로 삼고 행동으로 옮기는 가치에서 서구 지역의 시민사회와 초국적 옹호 네트워크가 옹호하는 가치가 되었고, 마침내 국가들이 존중하고 보호해야 하는 국제 인권규범으로 확립되었다. 다시 말해, 비주류가 요구하던 가치에서 주류가 지지하는 가치가 되었다. 서구 국가들을 중심으로 국제 인권규범으로 확립된 이후에는 비서구 지역으로 확산되는 과정을 밟게 되는데, 비서구 국가 정부와 비정부 행위자들의 규범 수용에 영향을 주었다. 한국의 사례를 통해 볼 수 있듯이, 비주류 종교 집단 및 시민단체들이 확립된 국제규범을 앞세워 초국적 옹호 네트워크 및 국내 인권 옹호 집단과 연계해 활동을 벌였고, 정부와 사회도 국제규범에 대한 인식이 강해졌으며, 그 결과로 규범이 수용되고 내재화가 이루어지고 있다.

The recognition of the right to conscientious objection to military service as a case of norm development provides a good story of how a norm is created, spread, and internalized gradually for three quarters of a century, rather a long time period compared to other cases, not to mention that the ideas and social movements advocating for conscientious objection to military service have existed for, let's say, nearly two millennia. Major upheavals and changes in the international order as well as domestic politics in countries, such as the two World Wars, the '68 movement, Anti-Vietnam War protests, and the end of the Cold War, were crucial to the recognition of the right to conscientious objection to military service because the efforts of individuals and groups to promote the ideas, movements, and norm development reached new heights under changed circumstances.

Under the historical circumstances, the spread of recognition of the right to conscientious objection to military service took place at both domestic and international levels and resulted in expansion and strengthening of supportive groups as well as norm entrepreneurs. Conscientious objection to military service, which used to be a belief of minor religious groups, became a value supported by Western civil society and transnational advocacy networks and finally was established as a universal human right to be respected and protected by states. The mainstream society in Western countries came to recognize and support the right to conscientious objection to military service. As soon as the right to conscientious objection was recognized and established as a human right in the international society led by Western countries, it has been spread to non-Western countries, influencing both governments and non-governmental actors: as shown in the case of Korea, religious minority and civil society groups, in alliance with transnational advocacy networks, have pushed their government to abide by the international human rights norm of conscientious objection to military service; the government and society have had a stronger awareness of the norm, which led to the recognition and internalization of the norm.

KEYWORDS 양심적 병역거부권 right to conscientious objection to military service, 국제 인권규범 international human rights norm, 국제인권기구 international human rights organization 초국적 옹호 네트워크 transnational advocacy networks, 대체복무제 alternative civilian service

I 들어가며

양심적 병역거부는 개인의 자유와 국가에 대한 시민의 의무가 정면으로 충돌하는 문제로 인식되어 왔다(Lippman 1990, 31-32).[1] 일찍이 1929년에 미국 연방대법원은 나라를 지키기 위해 무기를 들지 않겠다는 한 평화주의자의 귀화 신청에 대해 "정부가 시민에게 필요하다면 병역을 부과할 수 있다"며 거부를 결정했다.[2] 70여년 뒤인 2004년에도 대한민국 헌법재판소는 병역법 제88조 제1항 제1호의 위헌법률심판 제청에 대해, 비록 대체복무제 입법을 포함해 "국가안보라는 공익의 실현을 확보하면서도 병역거부자의 양심을 보호할 수 있는 대안이 있는지" 검토할 것을 권고했음에도 불구하고, 병역거부자 처벌의 합헌 결정을 내렸다.[3] 이렇듯 양심적 병역거부가 단지 이상주의적인 사상을 넘어 모두가 인정하고 보호해야 하는 인권으로 정의된 국제규범으로 자리 잡고, 나아가 규범이 국내에 수용되기까지 인권과 시민의 의무의 충돌을 이론적으로 해

---

1   Lippman은 근본권리로서의 인권과 시민의 의무 혹은 국가안보의 충돌에 관해 유럽의회 보고서 및 토론 그리고 미국 연방대법원 판결문을 다양하게 인용하고 있다.

2   United States v. Schwimmer 279 U.S. 644 (1929).

3   헌법재판소 2004. 8. 26. 선고 2002헌가1 전원재판부 결정. 헌법재판소는 병역법 제88조 제1항 제1호 합헌 결정의 근거로 양심의 자유가 "단지 국가에 대하여 가능하면 개인의 양심을 고려하고 보호할 것을 요구하는 권리일 뿐, 양심상의 이유로 법적 의무의 이행을 거부하거나 법적 의무를 대신하는 대체의무의 제공을 요구할 수 있는 권리가 아니다"라고 밝히는 한편, 병역법에 대해서는 "국가의 존립과 모든 자유의 전제조건인 '국가 안보'라는 대단히 중요한 공익으로서, 이러한 중대한 법익이 문제되는 경우에는 개인의 자유를 최대한으로 보장하기 위하여 국가 안보를 저해할 수 있는 무리한 입법적 실험을 할 것을 요구할 수 없다"고 판시했다.

소하고 또한 경우에 따라서는 인권과 국가 안보의 충돌을 실제적으로 해결해야 하는 난관이 존재하고 있었다.

양심적 병역거부권 인정의 국제규범화의 과정에는 이러한 인권과 시민의 의무, 인권과 안보의 이론적·실제적 문제를 놓고 이해당사자들과 다양한 행위자들이 벌인 논쟁과 활동이 중요하다. 특히 서로 다른 입장을 가진 세력들의 팽팽한 대립이 한쪽으로 기울게 되는 데 영향을 준 국제적, 국내적 상황이 그러한 논쟁과 활동을 통해 양심적 병역거부권의 인정이 확산되고 수용되는 맥락이 된다. 두 차례의 세계대전, 탈식민주의, 68운동, 탈냉전 등 국제질서의 변동, 세계인권선언 성립 이후 국제 인권규범과 인권보호체제의 성장과 발전, 그리고 이 모든 일과 연관된 각국의 국내 사회 변화가 인권과 시민의 의무, 인권과 안보 문제에 관한 국내적, 국제적 인식과 태도 변화를 낳았고 그리하여 양심적 병역거부권이 인권으로 받아들여지는 데 큰 영향을 주었다.

규범 연구에서 양심적 병역거부권 인정의 국제규범화 사례가 독특한 점은 첫째로 다른 규범에 비해 매우 오랜 연원을 가진 사상과 운동이 존재해 왔다는 점과 둘째로 규범의 형성 과정도 상당히 오랜 시간에 걸쳐 진행되었다는 점이다. 양심적 병역거부권 인정에 국제질서의 변동과 국내 사회의 변화가 중요했던 것도 이 두 가지 점과 관련되는데, 사상, 운동, 규범화가 오랜 기간에 걸쳐 진행되며 변화된 상황에서 행위자들의 행동이 새로운 전기를 맞고 새로운 힘을 얻었기 때문이었다. 이 점을 고려할 때 역사적인 맥락이 매우 강조될 것이다. 이러한 두 가지 독특한 점 외에도 양심적 병역거부권 인정의 국제규범화가 우리의 관심을 끄는 이유는 국제사회에서 양심적 병역거부권 인정의 규범이 확립된 후 국내 사회의 내재화가 진행된 나라들 가운데 특별히 한국에서 국내 행위자들 간에 그리고 국제사회와 국내 사회의 역동적 상호작용이 벌어졌다는 데 있다. 따라서 1990년대 이후 규범의 확산과 내재화와 관련해 한국 사례를 다룰 것이다.

이 장에서는 양심적 병역거부 문제의 중심에 놓인 인권과 시민적 의무, 인권과 안보 문제 그리고 규범화의 맥락이 된 국제질서의 변동과 국내 사회의 변화에 초점을 두어 양심적 병역거부권 인정 문제를 살펴보는 동시에, 이번 공동 연구가 규범의 성공을 설명하기 위해 초점을 맞추는 두 가지 요인, 첫째, 규범 주창자, 규범의 국제 확산 및 국내적 내재화에 역할을 하는 행위자들의 지위와 성격이 어떠한가, 둘째, 규범의 내용이 누구의 행동을 규율하는가의 요인을 양심적 병역거부권 인정의 국제규범화 사례를 통해 살펴본다. 특히, 국제규범의 생애주기 이론에서 제시하는 생성, 확산, 내재화의 각 과정에서 이 두 가지 요인이 어떠한 모습을 보이는지 나누어 검토한다.

II 국제규범화 이전의 양심적 병역거부

1. 기독교 사상과 양심적 병역거부

역사적으로 양심적 병역거부는 서구의 기독교 평화주의 전통에 연원을 두었고 중세는 물론 근·현대에 이르리서도 다양한 기독교 교파의 운동으로 전개되었다.[4] 그러나 기독교 평화주의 전통에서는 종교적인 가르침에 충실하려는 급진적인 생각과 함께 현실주의적인 평화에 대한 생각이 공존했다. 이 가운데 서구 역사에서 주류적인 생각은 후자에 속하는 것으로서 합법적 권위에 의해 세워진 정당한 목적을 위한 최후의 수단으로의 전쟁 개념을 상정했다. 아우구스티누스(Augustine)에서 시작되어 토마스 아퀴나스(Thomas Aquinas)에서 체계화된 이 정전론 사상은 종교개혁을 주도한 주류 개신교로도 이어졌고, 로마의 보편적 제국질서에서 근대적 주권질서로 넘어오면서 이성적, 계약적 사회의 관점에서도 정당화되는 전쟁권(Jus ad Bellum)의 개념으로 발전했다(Tsagourias and White 2013, 5-10). 이러한 정전론 사상은 현대의 집단안보이론과 인도적 개입 논의에 이어질 정도로 전쟁과 평화의 사상의 근간이 되고 있다.[5]

정당한 목적을 위한 전쟁 개념을 수용하는 기독교 및 서구 사회의 주류와 달리 급진적인 평화주의를 내세우는 다양한 기독교 교파가 존재했다. 평화에 대한 기독교의 가르침을 완전하게 따르려는 중세의 수도원적 전통이 존재했을 뿐 아니라, 종교개혁 이후에는 다양한 교파들이 정전론을 부정하고 독자적인 평화주의 운동을 전개하기 시작했다. 우리말로 재침례파라고 부르는 아나뱁티

---

4   기독교적 평화주의에 대한 아래의 설명은 모스코스와 체임버스(Moskos and Chambers 1993, 9-12)를 참조했다. 종교적 평화주의를 비롯해 서구 평화주의에 대한 보다 자세한 설명은 Johnson(2017)의 전반부를 참조할 수 있는데, 이 책은 서구의 평화주의를 정전론(正戰論)의 전통, 교파에 기반한 반세속주의의 전통, 보편적 정치질서 추구의 전통으로 나누어 설명하고 있다.

5   예를 들어 마이클 왈저가 대표적이다. Walzer(2008).

스트파(Anabaptists)가 세속 국가의 질서에 대해 수동적으로 저항하는 평화주의를 펼친 이래 재침례파 가운데 메노파(Monnonites), 후터파(Hutterites) 등이 공동체생활을 통해 반세속적 평화주의를 지켰고, 특히 국민개병제가 도입된 프랑스 혁명 시기 이후 이들 재침례파들의 후예들을 중심으로 많은 평화주의 교파들이 등장했다. 각각의 교파들이 유럽 곳곳에서 발생해 박해를 피해 이곳저곳으로 옮겨 다녔는데, 경우에 따라 금전적 대가를 제공하고 병역을 면제 받기도 했다.

평화주의 교파들은 어느 지역보다도 신대륙으로 이주하여 현대적 의미의 양심적 병역거부운동을 벌이기 시작했다(Moskos and Chambers 1993, 11). 대표적으로 퀘이커파(Quakers), 아미시파(Amish), 여호와의 증인파(Jehovah's Witnesses)다. 이들의 가르침과 행동은 교파에 따라 다른데, 비전투 복무를 거부하지 않는 안식교파(Seventh Day Adventists)부터 병역을 거부하나 사회와 국가를 인정하는 퀘이커파, 그리고 병역거부뿐 아니라 국가 자체를 부정하는 여호와의 증인파까지 다양하다. 신대륙에서의 양심적 병역거부는 영국 국왕으로부터 신앙의 자유를 허락받고 개척된 영국 식민지에서 인정되기 시작했다. 각 교파의 신앙에 따른 공동체 생활이 허락됨과 동시에 민병대 복무를 면제받는 형태였다(Chambers 1993, 25-28). 이 시기에 제한적이나마 국가로부터 인정받는 양심적 병역거부는 전적으로 기독교파의 신앙에 따른 행동이었고 이에 대한 병역면제가 이루어졌다.

2. 두 차례의 세계대전과 양심적 병역거부

제1차 세계대전이 일어나자 유럽 대륙의 국가들은 징집을 확대하게 되었고 양심적 병역거부를 포함해 병역거부에 대한 강한 처벌을 가했다. 예를 들어, 러시아에서는 양심적 병역거부자들에게 징역형을 주었고, 프랑스에서는 군법회의에서 군무이탈죄로 중형을 주었으며, 독일에서는 이들을 정신병원에 입원시켰다. 영국과 미국에서는 종교적 자유에 기반해 양심적 병역거부자들에게 병역거부권을 인정했는데, 영국에서는 1916년 병역법이 개정되어 양심적 병역거부를 인정했다. 그러나 무기를 들고 전투에 참여하지 않는 것만을 허용했고 종교적 신념에 대한 심사를 엄격하게 적용해 비종교적, 정치적 이유의 병역거부자들이 투옥되었다. 미국에서는 군대에서 비교전 임무를 맡김과 동시에 휴가를 주어 농업에 종사하도록 했다(Moskos and Chambers 1993, 12).

제1차 세계대전으로 유럽에서는 양심적 병역거부가 국가와 평화주의적인 기독교 교파 간의 문제를 넘어 사회 전체적으로도 병역거부에 대한 논란이 일어나게 되었다. 민족주의와 국가주의 진영에 대항해 부르주아의 전쟁에 반대하는 사회주의, 무정부주의 등의 정치세력이 종교적·양심적 거부 세력과 함께 반전·평화를 외쳤다(Moskos and Chambers 1993, 13). 덴마크, 노르웨이, 스웨덴, 네덜란드에서는 이러한 평화주의 정치세력의 영향으로 제1차 세계대전 종전 전후로 양심적 병역거부를 인정하게 되었고, 특히 노르웨이에서는 양심적 병역거부의 인정을 종교적 신념에서 양심적 근거로 확대했다(Gleditsch and Agoy 1993, 116).

제1차 세계대전과 더불어 양심적 병역거부운동이 확대된 데는 평화주의 정치세력의 참여뿐 아니라 평화주의적인 기독교 교파들이 연대하고, 시민적 자유의 입장에서 양심적 병역거부를 지지하는 자유주의 사회운동 세력이 연대에 참여한 것도 중요했다. 이들은 국내 및 국제적 연대를 만들어 자유주의 운동을 확대했다(Moskos and Chambers 1993, 13; Chambers 1993, 35). 제1차 세계대전 후 미국에서는 전쟁 중 훈련소와 감옥에서 양심적 병역거부자가 받는 처우가 알려지면서 지지세력이 더욱 확대되고 양심적 병역거부가 국가적인 사안으로 등장하게 되었다(Chambers 1993, 35).

제2차 세계대전 시에도 다른 교전국들보다 영국과 미국 두 나라에서 양심적 병역거부권 인정 문제가 진전을 이루었는데, 대체복무제의 기틀이 마련되었다는 것이 가장 중요하다. 이 밖에 특징적인 점은 첫째, 대체복무가 군대가 아니라 민간에서 이루어졌고 농업·산림·의료 등의 분야에 종사했으며 미국에서는 특히 평화주의 교파에서 운영했다는 것, 둘째, 기존의 평화주의 교파뿐 아니라 신실한 종교적 신념에 기반한 양심적 병역거부도 인정했는데 주류 교파에서도 양심적 병역거부자가 있었다는 것, 셋째, 여전히 여호와의 증인파같이 대체복무를 포함해 병역을 완전히 거부하는 거부자들이 투옥되었다는 것이다(Moskos and Chambers 1993, 15; Chambers 1993, 35-38).

20세기 전반에 있었던 두 차례 세계대전으로 양심적 병역거부 문제가 서구 각국에서 첨예한 사회적인 문제가 되었다. 현대적인 양심적 병역거부 운동을 벌인 평화주의 교파들이 가장 핵심적인 규범 주창자였지만 문제가 국가적인 차원으로 확대될 수 있었던 것은 전술했듯이 사회주의 계열의 반전운동, 무정부주의적 평화주의, 자유주의 계열의 사회운동 등 사회집단과 정치세력들의 참여로 양심적 병역거부가 더 이상 특정 교파에 국한된 가치에 머물지 않게 되었기 때문이다. 서구 국가들에서 이들 집단과 세력이 규범 주창자로서 적극적으로 국내정치에 문제를 제기했고, 특히 북유럽 국가들에서는 평화주의 교파와 사회주의 세력을 포함한 반군국주의 세력의 영향으로 제1차 세계대전을 거치면서 양심적 병역거부권을 인정하게 되었다. 이들 국가들은 영국과 함께 양심적 병역거부권 인정의 첫 번째 물결을 이루었다.

이 시기의 규범 생성·확산에서 빼놓을 수 없는 일이 다양한 국내 사회단체와 운동이 일어나고, 매우 초기이지만 국제적 연대가 발생한 것이다. 미국에서 시작된 여성주의·평화주의 운동인 Women's International League for Peace and Freedom (WILPF)과 여러 나라에서 발생한 반전·평화운동인 War Resisters International(WRI)이 대표적이다(Moskos and Chambers 1993, 13). 이러한 국내적·국제적 평화주의 운동은 19세기 여성 운동, 노예제 폐지 운동 등의 다양한 사회운동과 연관되어 있다(Bennett 2003, 1-22). 제1차 세계대전 전후로 사회주의 정치세력의 국제적인 연대가 이루어지고 특히 대전 후 유럽 내에서 이들의 사회주의 연대 활동이 두드러졌던 반면에, WILPF와 WRI 등의 반전·평화 운동은 이제 막 시작되었을 뿐이었다. 아직은 이들 단체를 중심으로 한 초국적 옹호 네트워크가 형성되지 않았지만 제2차 세계대전 후에는 이러한 초국적 옹호 네트워크 행위자들이 국제연합에 양심적 병역거부의 권리를 인권규범에 포함하도록 설득하고 유럽 각국에 양심적 병역거부자 석방을 요구하는 등 양심적 병역거부 문제를 국내·국제적으로 지속적으로 확대·확산시키는 데 중요한 역할을 하게 되었다(Bennett 2003, 173-203). 이들의 활동은 규범 생성·확산 단계에서 평화주의 기독교 교파들 다음으로 중요하게 여겨졌고, 또한 이후로 비종교적인 윤리적 이유의 양심적 병역거부까지 생각한다면 이들의 중요성은 더욱 크다.

양심적 병역거부권 인정을 위한 이 시기 반전·평화운동의 국제적 연대와 노력이 두드러지지 않았던 이유는 첫째로 이들 단체와 조직이 생성된 단계였기 때문이기도 하고, 둘째로 국제 조직인 WRI와 미국 국내의 War Resisters League(WRL)의 관계에서 볼 수 있듯이 각국의 국내 단체와 조직 중심으로 움직여 국내 양심적 병역거부 문제에 대해 자국 정부에 압력을 가하는 것이 주된 활동이었기 때문이다. 무엇보다도 규범 연구의 사례로서 양심적 병역거부권 인정 규범의 발전 과정을 살펴볼 때, 20세기 전반까지는 양심적 병역거부의 권리가 보편적인 인권의 하나라는 생각이 아직 성숙되지 않았을 뿐 아니라 모든 국가가 인권 존중, 보호, 증진의 의무를 가진다는 생각에 기초한 국제 인권규범 또한 성립되지 않았기 때문이다. 국가 주권의 논리, 안보의 논리, 국방 의무의 신성성의 논리, 그리고 양심에 따른 진정한 행동과 아닌 것을 구분하기 힘들다는 논리 등 양심적 병역거부권의 규범화에 대한 반대 논리가 더 강했고, 그 가운데 선택적 병역거부의 문제는 양심적 병역거부권 인정의 국제규범화 후에도 여전히 해결되지 않고 남아 있다(Takemura 2009, 13-15).

III 1945년 이후 국제사회와 각국의 양심적 병역거부권 논의와 인정

1. 국제인권기구의 양심적 병역거부권 논의

제2차 세계대전 종전 이후 양심적 병역거부의 문제는 국제 인권규범의 성립이라는 커다란 전기를 맞았으나 1948년에 성립된 세계인권선언과 1966년에 조약의 형태로 만들어져 각국에 법률적 효력을 주는 시민적·정치적 권리에 관한 국제규약에 포함되지 못함으로써 이후 1987년까지 국제 인권규범으로 인정되지 못했다. 두 차례의 세계대전으로 서구 국가들에서 사회적으로 논의가 성숙되어 있었고 국제사회에서 규범 주창자들의 노력이 가세되었지만 국가 주권과 안보 등 주류 세력의 힘과 논리를 극복하지 못했다. 이 시기 동안 국가의 안보, 시민의 의무 담론이 넓게 퍼져 있었고 양심적 병역거부를 존중해야 한다는 의견은 소수에 불과했다 (Lippman 1990, 31-32).

양심적 병역거부권이 세계인권선언과 시민적·정치적 권리에 관한 국제규약에 구체적인 조항으로 포함되지 못했지만, 이 두 핵심 인권 조약 모두 제18조에 사상, 양심, 종교의 자유가 규정되어 있어 양심적 병역거부권의 국제법적 근거가 되었다. 반면에, 시민적·정치적 권리에 관한 국제규약 제18조에는 또한 공공의 안전, 질서, 공중보건, 도덕, 또는 타인의 기본적 권리 및 자유를 보호하기 위해 필요한 경우에 제한될 수 있다는 제한 규정이 양심적 병역거부권 인정 반대론자들의 근거가 되기도 했다. 그러나 동 조약의 제4조는 또한 공공의 비상상태에서도 생명권, 고문 및 비인도적 대우나 처벌을 받지 않을 권리, 노예 및 예속상태에 있지 않을 권리 등과 함께 사상·양심·종교의 자유가 지켜져야 함을 규정하고 있다. 특히 두 핵심 인권 조약이 다른 권리에 앞서 규정하고 있는 생명권의 경우 제한받지 않는 가장 중요한 권리로 여겨지며 양심적 병역거부권이 생명권과 관련된다는 주장이 제기되기도 했다.

여기에 또 다른 혼란을 가중한 일이 있었다. 시민적·정치적 권리에 관한 국제규약은 제8조에 노예제도 및 예속상태와 강제노동 금지에 관해 규정하고 있는데, 여기에 "군사적 성격의 역무 및 양심적 병역거부가 인정되고 있는 국가에서는 양심적 병역거부자에게 법률에 의하여 요구되는 국민적 역무"가 강제노동에 해당되지 않는다고 규정한다. 이에 한편에서는 양심적 병역거부에 따르는 대체 복무가 군복무에 상응하는 것으로 해석되어 국제법이 양심적 병역거부에 관한 문제에 대해 인식하고 있다고 주장하고, 다른 한편에서는 "양심적 병역거부가 인정되고 있는 국가에서는"이라는 표현이 양심적 병역거부 인정의 문제를 개별 국가의 재량에 맡기고 있는 것이라고 해석했는데 후자의 의견이 더 우세했다. 법리적인 측면에서 제8조의 규정은 양심적 병역거부권이 인정되는 데 장애물이 되었다(Takemura 2009, 19-21). 결국, 두 차례의 전쟁 후 국제 인권규범이 성립되는 시기에 양심적 병역거부권의 인정 문제가 거론되었지만 국가 주권과 시민의 의무에 대한 전면적 도전이라는 인식이 우세했고, 국제 인권규범의 성안과 해석 과정에서도 이러한 인식이 극복되지 못했다.

1960년대와 1970년대에 양심적 병역거부권 논의가 확대되는

데 영향을 준 역사적인 흐름이 대략 세 갈래 정도 존재했다. 첫 번째는 베트남 전쟁 반대운동과 68운동의 영향이다. 1960년대 미국에서는 베트남 전쟁이 막대한 사상자를 낳고 정치적으로도 정당성을 얻지 못하여 반전운동이 커지고 여론에 영향을 주었다.[6] 유럽에서는 1968년 프랑스 파리에서 시작된 학생들의 봉기가 보수적 정치체제와 자본주의 지배체제의 모순을 공격하고 해방을 주장하는 학생과 노동자들의 대규모 시위로 번졌고 유럽 전역과 미국, 일본 등지로 퍼졌다. 베트남 전쟁 반대운동과 68운동은 국가, 안보, 관료적·가부장적 권위 등의 주류적 가치를 비판하고 인권, 평등, 평화, 여성, 공동체 등의 대안적 가치를 등장시키고 확산시켰다는 데 의의가 있다. 모스코스와 체임버스는 이를 종교적인 이유의 양심적 병역거부에서 세속적인 이유의 양심적 병역거부로 패러다임이 전환된 것이라 평가한다(Moskos and Chambers 1993, 6-8).

이전까지 반핵 의제에 집중했던 반전운동 단체들이 미국의 베트남전의 폭력성을 비판하며 WRI를 비롯한 반전운동 단체들을 포괄하는 단체로 설립된 International Peace Bureau(IPB)[7]를 중심

6 세계인권선언 및 시민적·정치적 권리에 관한 국제규약의 내용을 논의하던 1940년대와 1950년대에 미국과 서유럽에서는 양심적 병역거부자의 규모에 대한 염려가 적었다. 예를 들어, 제2차 세계대전 중에 미국에서 양심에 따라 대체복무를 선택한 사람이 약 12,000명, 어떠한 종류의 복무도 거부해 징역형을 받은 사람이 약 5,000명이었다. 제2차 세계대전 시 복무한 미군의 수는 거의 1,600만 명에 달한다. 그러나 베트남전으로 미국에서 양심적 병역거부자의 규모가 급증해 1965년부터 1970년 사이 징집대상 중 170,000명 이상이 양심적 병역거부자로 분류되었고, 또한 1965년부터 1973년까지 17,500명의 군인이 비전투 복무를 신청하거나 제대했다. 이에 대해서 Chambers(2001, 153-154)를 참조할 수 있다. 참고로 제1차 세계대전 중 영국에서 병역거부자가 16,000명 이상, 미국에서는 대략 4,000명이었다고 추산된다(United Nations 2012, 4).

으로 병역거부의 권리를 주장하게 되었다(Kessler 2013, 761-770 ; Takemura 2009, 29). 이들은 국제앰네스티(Amnesty International), 퀘이커교 세계자문회의(Friends World Committee for Consultation) 등 인권·평화운동 단체들과 연대해 논의를 퍼뜨리는 한편 국제연합에서 논의가 이루어지는 데 역할을 했다. 가톨릭 평화운동 단체인 Pax Christi는 1970년 국제연합 인권위원회에 양심적 병역거부권 인정 의제를 채택해 줄 것을 요구했는데, 인권위원회는 받아들이지 않았지만 그 자리에 참석했던 사우디아라비아 대사가 국제연합 총회 제3위원회에 안건으로 제시하게 되었다. 그해에는 안건이 채택되지 못했지만 다음 해에 논의가 시작되었다(Kessler 2013, 764-767). 후술하겠지만, 1971년 국제연합 인권위원회에서는 몇몇 나라들이 IPB가 작성한 초안을 바탕으로 논의를 시작할 것을 제안했고 진지한 논의가 시작되었다.

두 번째는 제2차 세계대전 종전 이후 식민지들이 독립하면서 국제인권레짐에 참여하게 된 것인데, 종전 직후 성안 과정을 거친 세계인권선언과 시민적·정치적 권리에 관한 국제규약의 경우와는 또 다른 방식의 정치적 가치의 대립이 벌어지게 되었다. 인권은 민족국가의 주권을 제한함으로써 개인을 보호하려는 것인데, 이러한 인권과 주권 및 민족국가의 주권의 기반이 되는 자결권이 대립하게 된다. 서구 국가들이 주류로 참여하는 국제법공동체가 인권과 주권·자결권의 대립 관계에 관해 신생 민족국가의 자결권 주장에 대응하면서 국제인권법이 비로소 비약적인 발전을 이루게 되었다

---

7   1949년에 설립된 International Liaison Committee of Organizations for Peace(ILCOP)가 선신이다.

(Moyn 2010 : Kessler 2013, 754-756). 이러한 상황에서 신생 민족국가들의 국제인권레짐에서의 행동은 보편적 인권규범을 옹호하기보다는 반식민주의적 정책을 정당화하는 데 초점이 맞추어져 있었고(Eckel 2010 : Kessler 2013, 754-756), 양심적 병역거부권의 인정은 보편적 인권규범의 성립과 확대에 저항하지만 특정 규범에 찬성하는 신생 민족국가들의 이해가 작용한 행동이었다. 여기서 중요했던 것은 반식민주의 운동이 양심적 병역거부권 인정을 요구하는 세력에 동참해 반전운동, 반식민주의 운동이 양심적 병역거부권 인정 문제를 놓고 국제규범을 앞세워 개별 국가의 정책에 대한 비판을 확대했다는 데 있다(Kessler 2013)

1970년대 양심직 병역거부권 인정의 문제는 서구 사회에서 종교적이거나 세속적인 이유에 상관없이 양심에 따른 병역거부를 보편적인 인권의 하나로 내세우는 움직임과 함께 특히 아프리카 지역의 신생 민족국가를 중심으로 주권과 자결권의 문제와 정면으로 부딪히지 않는, 반식민주의적인 관점에서만 제한적으로 양심적 병역서부권을 규정하려는 움직임이 있었다. 반식민주의 운동 단체들은 아파르트헤이트를 실행하는 정권의 탄압 도구로 사용되는 군에 복무하기를 거부하는 반아파르트헤이트와 반식민주의 관점의 병역거부권을 인정해 이들을 난민으로 받아들일 것을 서구 국가들에 촉구하여 국제연합 총회에서 이에 대한 결의안 채택에 성공한다. 비록 보편적인 인권규범으로서가 아니라 반인도적 범죄로서의 아파르트헤이트에 대한 인식이 기반이 된 제한적인 양심적 병역거부권이지만 보다 일반적인 양심적 병역거부권의 인정으로 나아가는 초석이 되었다(Kessler 2013, 772).

세 번째는 제2차 세계대전 종전 이후 국제 인권규범이 성립 되고 국제 인권 보호 메커니즘이 탄생하고 본격적인 활동을 하게 되면서 국제사회에서 인권에 대한 논의가 확대되었다는 것이다. 1966년 시민적·정치적 권리에 관한 국제규약과 경제적·사회적· 문화적 권리에 관한 국제규약이 성립되고 국가들이 규약을 조인 하고 비준하는 절차를 밟는 한편, 이미 각국의 인권상황을 조사해 보고하던 국제앰네스티에 이어 미국 국무부가 같은 일을 시작하 고 미국 정부의 지원을 받아 활동하는 Freedom House가 인권지 표를 만들어 인권 상황의 국가 간 비교를 시작하게 되었다. 미국의 시민단체들이 남미의 인권과 민주주의에 깊이 관여하고, 동유럽과 서유럽의 국가들이 헬싱키에서 평화와 안보를 논의하며 인권을 포 함시킨 것도 이러한 흐름과 무관하지 않았다.

이러한 분위기 속에서 먼저 유럽평의회 의회협의체(Parlia- mentary Assembly of the Council of Europe)가 양심적 병역거부권 에 대한 논의를 시작해 1967년 양심적 병역거부권이 유럽인권조 약에 근거한다는 결의를 내고 유럽평의회 각료위원회(Committee of Ministers)에 각국이 이행할 수 있도록 어떤 조치를 강구할 수 있 을지 제안을 요구하는 것을 시작으로 논의의 시동을 걸었다. 각료 위원회가 이를 수용하기까지 유럽평의회 의회협의체는 물론 유럽 의회(European Parliament)가 지속적으로 요청과 논의를 반복했는 데, 시작부터 수용까지 20년이 걸렸다(Lippman 1990, 46-48). 유럽 에 이어 국제연합(United Nations)에서는 1970년대부터 논의가 시 작되었는데 먼저 국제연합 인권위원회(United Nations Commission on Human Rights)가 국제연합 사무총장에게 각국의 양심적 병역거부와 대체복무 현황을 파악할 것을 요청하고 이후 인권소위원회 (Sub-commission on Protection and Promotion of Human Rights)[8] 를 통해 양심적 병역거부권 인정의 문제를 검토하기 시작했다. 이를 통해 국제연합은 각국이 처한 상황과 문제를 인식하게 되고 인권규범으로의 확립을 검토하게 되었다. 특히 네덜란드, 오스트리아 등의 국가들이 국제연합 인권위원회, 사무총장 등 국제연합기구에 문제에 대한 관심을 계속적으로 환기함으로써 규범 주창자의 역할을 했다.[9]

요약하면, 제2차 세계대전 종전과 함께 시작된 국제 인권규범의 성립 과정에서 양심적 병역거부권의 인정이 논의되었지만 서구 사회의 주류는 주권과 안보, 시민의 의무 담론에 더 무게를 두었고 대중도 양심적 병역거부권을 인정하지 않는 추세였다. 1960년대를 지나 1970년대부터는 흐름이 바뀌어 반전·평화·인권 운동 단체들이 연대해 국제사회에서 양심적 병역거부권 인정 문제를 의제화하고 국제기구에서 논의하도록 지속적으로 요청하는 규범 주창자의 역할을 하고, 이렇게 진진된 논의를 몇몇 국가들이 국가 간의 논의로 확대해 유럽 지역 차원에서 그리고 국제연합을 통해 국제적 차원에서 문제를 검토하고 규범화를 촉진했다. 또한 비서구사회에서 아프리카를 중심으로 한 신생 민족국가들이 반식민주의적

8　이전 명칭은 Sub-Commission on Prevention of Discrimination and Protection of Minorities이다.
9　1971년에 국제연합 인권위원회에 논의 시작을 요청한 국가들은 네덜란드, 오스트리아, 뉴질랜드, 칠레, 우루과이이다. 이후 1987년 국제연합 인권위원회가 양심적 병역거부권을 인정할 때까지 결의안 작성에 참여하는 등 적극적인 역할을 한 국가들에 캐나다, 코스타리카, 덴마크, 서독, 스웨덴 등이 있다.

관점에서 제한적인 양심적 병역거부권을 주창해 이에 대한 인정이 이루어졌고, 이것이 이후 일반적 양심적 병역거부권의 인정으로 이어졌다.

2. 서구 국가들의 양심적 병역거부권 인정 논의

제1차 세계대전을 겪으며 영국, 미국과 북유럽 국가들이 주로 종교적인 이유의 양심적 병역거부권을 인정하게 되었는데, 제2차 세계대전 후에는 1949년 독일을 시발점으로 하여 세속적인 이유를 포함한 양심적 병역거부를 논의하고 채택하게 되었다. 그런데 종전 직후 냉전 상황에서 국내외적으로 안보 논리가 강했기 때문에 논의가 제한적일 수밖에 없었다. 1960년대까지는 프랑스, 룩셈부르크, 벨기에 이렇게 세 나라만이 양심적 병역거부권을 인정했을 뿐이고 프랑스의 경우에는 그 범위도 매우 제한적이었다. 독일의 경우는 매우 특별한데, 종교적·비종교적 이유를 불문하고 헌법에서 독자적인 기본권으로서 보장했고, 1955년 서독의 독일연방군(Bundeswehr)의 창설과 징집이 시작되자 실제적인 보호가 필요하게 되었다. 이에 대체복무를 통해 양심적 병역거부자 문제의 해결을 꾀했는데 1960년대에 수천 명대였던 양심적 병역거부자가 1970년대에는 수만 명대로 증가했고 통독 후에는 십만 명을 넘게 되었다. 이는 양심적 병역거부권을 인정하는 다른 나라에 비해 굉장히 큰 규모였다(Kuhlmann and Lippert 1993, 98-100)

1970년대의 반전·평화운동의 영향으로 양심적 병역거부를 인정하게 된 나라들은 이탈리아, 오스트리아, 포르투갈, 스페인이다. 이 나라들은 가톨릭 국가로서 가톨릭 평화운동과 인권 운동의 영향이 컸다. 특히 Pax Christi는 교황의 승인을 받은 평화운동으로서 개별 국가에서 문제를 제기하는 한편 Pax Christi International을 통해 연대하고 가톨릭 교회의 지지를 받았다. 스페인의 양심적 병역거부운동 사례가 특히 가톨릭 교회의 영향을 잘 보여주는데, 1971년에 가톨릭교도 베운자(José Luis Beunza)가 프랑스와 벨기에의 가톨릭교도들과 함께 양심적 병역거부운동을 펼치고 그 일환으로 제네바에서 스페인 국경까지 행진하는 행사를 열었다. 베운자가 국경에서 체포되어 유럽 각국에서 시위가 벌어지고, 가톨릭 교회가 베운자에게 평화상을 수여하여 이들의 양심적 병역거부운동을 가톨릭 평화운동으로 인정하는 메시지가 되었다. 이를 통해 국제적으로 양심적 병역거부에 대한 가톨릭 교계의 관심이 일어나게 되었고, 스페인에서 국내적으로는 양심적 병역거부자가 증가하고 이들이 자발적 대체복무운동을 벌임으로써 청년층을 비롯해 사회의 지지를 얻게 되었다(Ordás 2016).

서구 국가들의 양심적 병역거부권 인정은 곧이이 징집제도 폐지론으로 번지게 되었다. 유럽 지역은 물론 국제사회에서 보편적인 인권의 하나로 인정받게 된 것과 더불어 탈냉전의 국제적 분위기, 그리고 평화운동의 심화로 인해 청년층의 양심적 병역거부가 급증했다. 전술했듯이 독일의 경우 통독 후 15만 명을 상회하게 되었고 스페인도 1976년 약 600명에서 1990년대 말에 10만 명 이상으로 증가했으며 이탈리아는 1973년 약 150명에서 1998년 7만 명이 되었다(Ajangiz 2002, 315-319). 청년층의 양심적 병역거부는 국제정치적, 국내정치적 상황과 더불어 사회의 선호를 바꾸고 정당들의 정책을 바꾸어 징집제 폐지로 이어졌다(Ajangiz 2002, 320-324). 탈냉전과 함께 징병제를 폐지한 대표적인 나라는 1989년에 우루과이를 필두로, 1990년대 유럽에서 벨기에·프랑스·네덜란드, 중남미에서 니카라과·온두라스·아르헨티나·페루, 2000년대에는 스페인·이탈리아·헝가리·포르투갈·체코·폴란드·칠레·에콰도르 등이, 2010년대에 독일과 타이완이 있다. 양심적 병역거부권을 인정하지 않던 국가들도 징집제를 폐지하게 됨으로써 국제사회에서 양심적 병역거부권의 인정 문제에 관해 양심적 병역거부권 인정 국가들과 선호를 같이 할 수 있어 양심적 병역거부권의 확산에 긍정적인 영향을 가져왔다. 양심적 병역거부권 인정 국가들과 징집제 폐지 국가들 가운데서 1970, 1980년대는 물론 1990년대 이후에도 국제사회에서 양심적 병역거부권 인정 규범이 확산되는 데 역할을 한 나라들이 많은 것은 우연이 아니다.

3. 국제인권기구의 양심적 병역거부권 인정

1970년대와 1980년대 국제사회에 양심적 병역거부권 논의가 확대되고 유럽 각국의 양심적 병역거부권 인정이 확산되면서 국제연합에서도 인권위원회가 1987년 1987/46호 결의를 통해 양심적 병역거부권을 공식적으로 인정하게 되었다. 국제연합 인권위원회는 양심적 근거에서 행한 병역의 거부는 사상·양심·종교의 자유의 정당한 행사라고 결의하고 대체복무제의 도입과 대체복무 신청에 대한 공정한 결정이 이루어져야 한다고 권고했다. 전술했듯이 이러한 결정이 나오기까지는 개인, 단체, 국가 들이 국제연합의 문을 수없이 많이 두드렸는데 1985년에 네덜란드가 초안한 결의안에 대해 특별히 진지한 논의가 이루어졌다. 그해 결의안 채택은 실패하고 1987년에 네덜란드가 이사국 임기를 다해 오스트리아가 네덜란드의 초안을 이어받아 프랑스, 이탈리아, 스페인, 영국, 코스타리카와 함께 결의안을 작성하고 공동제안국으로 참여했다. 1987년안은 군복무 중인 이의 양심적 병역거부권을 포함하지 않아 징집제를 채택하지 않는 국가들의 지지를 얻기가 쉬워졌다. 또한 옵저버로 참여한 1985년 결의안의 작성자인 네덜란드와 1987년 결의안 작성자인 오스트리아가 결의안이 통과되도록 하기 위해 국가 대표 및 비정부기구의 의견에 주의를 기울였고 양심적 병역거부 의제에 익숙하지 않은 국가 대표들에게 문제를 이해시키고 양심적 병역거부의 인정이 징집에 따른 의무복무제의 폐지를 의미하지 않는다는 것을 확신시키는 데 각별한 노력을 기울였다(Weissbrodt 1988, 55; Takemura 48-50). 이 두 나라의 규범 주창자로서의 역할이 두드러졌다.

이후 국제연합 인권위원회는 1989년의 1989/59호 결의안으로 1987년 결의안을 재확인하고 이러한 권리가 "모든 사람에게 있다"고 규정함과 동시에 1987년의 권고에서 더 나아가 국가들에게 "진정한 양심에 따른 병역거부자에게 군복무를 면제하는 법률을 제정"하도록 권고했다. 이어 1992년, 국제연합 인권위원회의 1985년 1985/12호 결의안에 따른 양심적 병역거부에 관한 보고서가 제출되었는데, "수많은 사람들이 무력분쟁에 참여하도록 강제되어 자신의 신념에 어긋나게 인명을 살상하고 있다"는 사실을 말하면서 "모든 사람이 사람을 살해하지 않을 권리를 가지고 있음을 인정하는 것이 긴급하게 필요하다"고 보고했다(Takemura 2009, 55).

1993년 이후로도 2000년대 초에 이르기까지 국제연합 인권 위원회가 양심적 병역거부권과 관련한 결의를 했는데, 이전 결의안의 내용을 재확인하면서 명확한 표현을 위한 자구 수정, 보완이 이루어진다. 결의안의 작성자(국)와 공동제안국이 점점 늘어나게 되는데, 1995년 1995/83결의안은 네덜란드 대표가 작성하고 오스트리아, 캐나다, 독일, 헝가리, 네덜란드, 체코, 코스타리카, 스웨덴, 영국, 미국이 공동제안국이 되었으며 1998년 1998/77결의안은 핀란드를 대표하는 옵저버가 작성하고 오스트리아, 체코, 덴마크, 핀란드, 독일, 헝가리, 아일랜드, 네덜란드, 노르웨이, 포르투갈, 스웨덴, 영국이 공동제안국으로 참여했으며, 2004년에 크로아티아가 작성한 결의안에는 무려 38개국이 공동제안국이 되었다(Takemura 2009, 61-66). 국내적으로 양심적 병역거부권을 인정하거나 징집제를 유지하지 않는 국가들이 적극적으로 참여하는 모습을 보였다.

국제연합 인권위원회와 함께 시민적·정치적 권리에 관한 국제규약에 따라 설치되는 조약기구인 자유권 규약위원회(Human Rights Committee) 또한 양심적 병역거부권 인정에 관해 국제인권기구의 권위를 가진 견해를 제공해 왔는데, 자유권 규약위원회의 일반 논평 제22호에서 "시민적·정치적 권리에 관한 국제규약이 양심적 병역거부권에 대해 명시적으로 언급하고 있지 않지만 물리력으로 인명을 살상하는 의무가 양심과 종교의 자유에 충돌하는 만큼 양심적 병역거부권이 규약의 제18조에 근거한다고 믿는다"

라는 견해를 피력했다.[10] 2000년대에는 자유권 규약위원회가 양심적 병역거부권 인정과 관련해 한국의 양심적 병역거부자들이 제출한 개인 청원에 대해 결정과 권고를 내림으로써 유권적 해석을 제공했다. 2004년에 양심적 병역거부권을 인정하지 않는 국가에서 병역을 거부해 처벌을 받은 병역거부자들의 개인 청원을 받기 시작했다. 이에 윤여범 씨와 최명진 씨가 대한민국 정부를 상대로 제기한 개인 청원에서 자유권 규약위원회는 양심적 병역거부권이 시민적·정치적 권리에 관한 국제규약 제18조에 근거한 권리인지, 제8조 3항과 관련해 양심적 병역거부권을 인정한 국가에서만 권리를 제기할 수 있는지에 대한 답을 요구받았고, 자유권 규약위원회는 양심적 병역거부권이 규약 제18조에 근거하고 규약을 조인한 모든 국가에 적용되며 제8조 3항은 양심적 병역거부권을 인정하는 것도 배제하는 것도 아니라고 해석했다. 자유권 규약위원회는 이후로 제기된 한국의 양심적 병역거부자들의 개인 청원에 대해서도 동일한 입장을 취하며 대한민국 정부의 배상을 포함한 구제와 조약에 대한 유사한 위반 방지를 권고했다(United Nations 2012, 10-14).

유럽에서는 전술했듯이 유럽평의회 의회협의체와 유럽의회의 요청에 따라 양심적 병역거부권 인정 문제의 검토가 이루어지고 유럽평의회 각료위원회에서 양심적 거부권의 인정이 이루어졌다. 유럽평의회 각료위원회는 1987년 권고안 R(87)8에서 양심적 병역

10 자유권 규약위원회가 시민적·정치적 권리에 관한 국제규약에 따라 문제를 자세히 조사·연구하고, 조사·연구 결과를 보고하는 보고서를 제출하고, 마지막으로 일반 논평을 채택하는 절차에 따라 1980년에 보고서가 제출되고 1993년 일반논평 제22호가 채택되었다.

거부권이 사상·양심·종교의 자유에 근거하고 대체복무제의 근거가 되며 대체복무는 처벌적 성격의 것이어서는 안 되며 그 기간도 군복무와 비교해 합당한 한계 내에 있어야 한다고 규정했다. 이어 1989년 유럽의회가 양심적 병역거부권에 관한 결의를 통과시켰고, 2000년에는 마침내 유럽연합 기본권 헌장에서 양심적 병역거부권을 명문화해 지역 차원이지만 양심적 병역거부권이 명시적 인권규범의 지위를 얻었다.

이러한 국제적·지역적 차원의 인권 레짐에서 양심적 병역거부권을 국제 인권규범으로 인정하고 명문화함으로써 양심적 병역거부권의 국제규범 지위는 논란의 여지가 크게 줄었다. 양심적 병역거부권의 국제 인권규범 확립 이후로 양심적 병역거부권의 인정과 관련해 국가의 행동을 관찰할 때는 국가가 확립된 국제규범을 수용하는가, 수용하지 않는가, 어떠한 과정을 거쳐 수용하는가, 수용 이후 어떻게 내재화되는가라는 규범 연구의 일반적인 이론틀에 따라 분석할 수 있다.

IV 한국의 양심적 병역거부권 규범 수용

1. 한국의 양심적 병역거부권 규범 수용 과정

한국은 2018년 6월 헌법재판소에서 대체복무 규정 없는 병역법 조항의 헌법불합치 판결을 내리고 이어 11월에 대법원에서 종교와 양심에 따른 병역거부는 정당한 병역거부 사유에 해당한다고 무죄 판결을 내림으로써 70여 년의 양심적 병역거부자 처벌의 역사를 마무리지었다. 양심적 병역거부 70년의 역사에서 사회적인 문제로 부각된 것은 2000년대에 들어서였다. 이전에도 병역거부에 관한 재판이 이루어져 대법원까지 갔던 일이 있었지만 사회 전체의 관심사 밖의 일이었다. 또한 여호와의 증인 교도들의 양심적 병역거부 행동과 처벌에 관해 인지하고 있지만 소수 종교집단의 문제로 인식했고 보편적인 인권의 관점에서 생각하지 못했다.

한국의 양심적 병역거부권 인정이 본격적으로 국내외적인 문제로 등장한 것은 2001년 말 불교도 오태양 씨가 비여호와의 증인 교도로서 최초로 신념에 따른 병역거부를 선언하고 재판을 받게 되며 담당 판사가 헌법재판소에 위헌법률심판을 제청하면서부터였다. 곧바로 2002년부터 국제앰네스티의 연례 보고서에 한국의 양심적 병역거부자 처벌 문제가 등장했으며 국제적인 관심을 받게 되었다. 미국 국무부의 각국 인권 연례 보고서에는 2005년부터 한국의 양심적 병역거부자 처벌 문제가 다루어졌다. 또한 전술했듯이 2004년에 윤여범 외 1명이 자유권 규약위원회에 개인 청원을 제기해 2006년에 위원회가 결정을 내리게 됨으로써 양심적 병역거부권에 대한 자유권 규약위원회의 유권적 해석으로 받아들여지게 되고 이 과정에서 한국의 상황이 부각되었다.

2004년부터 양심적 병역거부권이 인정되지 않은 국가로부터 개인 청원을 받기 시작한 자유권 규약위원회가 한국의 양심적 병역거부자의 개인 청원을 계속해서 받게 되었고, 한국의 자유권 규약위원회 2006년 제3차 보고·심의와 2015년 제4차 보고·심의에서 주요 사안으로 포함시켜왔다. 특히 제4차 심의의 최종 견해에서는 양심적 병역거부자의 전원 즉각 석방과 보상, 그리고 양심적 병역거부권을 법적으로 인정하고 대체복무를 제공할 것을 권고했다. 한국 언론은 자유권 규약위원회의 양심적 병역거부자 전원 즉각 석방을 강력한 권고라고 해석해 보도했으며, 시민단체들은 한국의 시민적·정치적 권리의 쇠퇴를 우려하며 자유권 규약위원회를 포함한 국제인권기구를 통한 국내 인권 상황의 개선을 환영했다.

한국 사회 전체에 양심적 병역거부 문제에 대한 논의가 일어나고 성숙되는 데는 국제적인 요인뿐 아니라 국내적인 요인도 작용했다. 첫째로는 정부의 이념적 지향 혹은 민주적 원칙에 대한 태도에 따라 양심적 병역거부 문제에 대한 태도가 달랐는데 특히 노무현 정부 때는 국제사회에 대체복무제 도입을 통해 양심적 병역거부권과 병역 의무를 조화시키겠다는 입장을 내놓고 국방부에 대체복무제를 검토하도록 했다. 문재인 정부가 들어선 후인 2018년에 헌법재판소가 대체복무제가 없는 상황에서 병역거부자의 처벌이 헌법에 합치되지 않는다는 판결을 내리고 대법원이 양심적 병역거부자들에게 무죄를 선고한 것은 정부의 이념적 지향과 관련이 없지 않다. 또한 국내외적으로 양심적 병역거부 문제에 관한 논란이 증폭되던 2005년에 양심적 병역거부권을 인정하고 대체복무제를 도입하도록 국가인권위원회가 권고했는데 독립적인 인권기구를 설립하고 존중하는 정부의 태도가 중요했다 할 수 있다.

하지만 이러한 국내적인 변화가 양심적 병역거부권 인정의 국제규범이 성립되고 규범 성립 후 대한민국의 양심적 병역거부자 처벌 문제에 관해 국제적인 관심이 집중된 일과 따로 떨어진 일이니고, 국제적인 관심이 집중되고 20년 가까이 지속될 수 있도록 동력을 제공한 초국적 옹호 네트워크의 역할을 배제하고 한국의 양심적 병역거부권 인정을 설명할 수 없다. 인권 전문가, 국내 시민운동단체 및 국제조직을 가진 비정부기구들을 각국의 인권 상황 검토·심의과정에 참여시키는 인권이사회, 자유권 규약위원회 등의 국제인권기구가 이들 초국적 옹호 네트워크 행위자들이 활동하는 무대가 되었다. 초국적 옹호 네트워크 행위자들은 인권 침해의 피해자들이 국제기구에 마련된 절차를 이용해 정부에 압력을 가하는 한편, 국내 절차, 예를 들어 헌법재판소의 위헌법률심판 등의 절차에 의견서를 제출하는 등 국제사회의 우려를 국내에 전하고, 문제에 관한 여론이 국내외적으로 확산되고 지속될 수 있도록 도왔다.

2. 한국의 양심적 병역거부권 수용과 초국적 네트워크 행위자들

이처럼 한국 사회와 정부가 국제사회의 문제 제기를 심각하게 받아들이는 데 큰 역할을 했던 것은 자유권 규약위원회를 비롯한 국제인권기구의 조사, 심의, 권고 절차였는데 이를 가능하게 한 것이 초국적 인권 옹호 네트워크의 역할이었다. 예를 들어, 한국 국내의 비정부기구로 국내 후원자들의 후원으로 운영되는 국제앰네스티 한국지부와 국제조직이 유기적으로 활동했는데, 제네바에서 인권 전문가들뿐 아니라 국가의 대표들을 접촉해 문제를 알리고 여호와의 증인 신도가 발언할 수 있도록 도왔다(국제앰네스티 한국지부 2019). 또한 2004년 국제연합 인권위원회에 국내 단체인 양심에 따른 병역거부권 실현과 대체복무제도 개선을 위한 연대회의가 민주사회를 위한 변호사 모임은 물론 WRI와 공동으로 한국의 양심적 병역거부 상황에 대한 보고서를 제출했다. 이들 단체는 인권위원회가 열린 제네바에서 국제인권연맹(International Federation for Human Rights), 팍스 로마나(Pax Romona) 등의 단체들과도 접촉해 한국의 상황을 알리고, 이후로도 계속해서 국제인권기구에 다양한 방법으로 보고서와 의견을 제시했다. 또한 국제앰네스티, 국제법률가위원회(International Commission of Jurists), 국제화해단체(International Fellowship of Reconciliation), 퀘이커교 세계자문위원회, WRI는 한국 헌법재판소의 양심적 병역거부권 인정에 관한 병역법 조항 위헌법률심판에 의견서를 제출해 확립된 국제 인권규범으로서의 양심적 병역거부권에 대한 국제사회의 견해를 전달하는 노력을 보였다.[11]

초국적 인권 옹호 네트워크에는 여호와의 증인 교단도 연계되어 있었다. 여호와의 증인 교단은 양심적 병역거부권 인정과 관련해 제2차 세계대전 종전 후 국제 인권규범의 성안 과정부터 꾸준히 나름의 노력을 취해왔고 특히 여호와의 증인 신도들이 관련된 국가의 상황을 국제사회에 알리는 행동도 취해왔다. 또한 여호와의 증인 신도들의 자유권 규약위원회 개인 청원을 비롯해 유럽 인권재판소 등의 절차에 제소하는 과정에서 법률지원을 제공해왔다. 한국 양심적 병역거부자들의 개인 청원과 관련해 첫 번째인 윤여범 외 1명의 청원은 2004년 당시 민주사회를 위한 변호

11 국제앰네스티 한국지부(2014). "양심에 따른 병역거부 법률 의견서"를 참조할 것.

사 모임 회장을 맡고 있던 이석태 변호사가 대리했고, 두 번째 청원이 제출되는 2007년 이후로는 오재창 변호사 등 국내 변호사뿐 아니라 여호와의 증인 신도에 의해 설립되고 운영되는 W. Glen How & Associates LLP. 소속 변호사 앙드레 카르보노(André Carbonneau)가 대리했는데 그 인원이 100명을 넘는다(Choi 2020, 131-138).

국가들도 한국의 양심적 병역거부권 불인정에 관해 우려를 제기하고 해결을 권고해왔는데, 예를 들어, 국제연합 인권이사회(Human Rights Council)의 보편정례보고(Universal Periodic Review)의 절차를 통해서 했다. 2008년 보편정례보고 시에는 영국과 슬로베니아가, 2012년 보편정례보고 시에는 독일·프랑스·미국·독일·폴란드·슬로바키아·스페인·오스트레일리아가, 2017 보편정례보고 시에는 독일·캐나다·미국·크로아티아·프랑스·멕시코·스위스·아르헨티나·파나마·포르투갈·코스타리카가 권고에 참여했다. 국제인권기구를 통해 한국의 상황이 알려지고 이러한 질자가 반복되면서 인권 개신의 입력에 동참하는 국가가 늘어나는 것을 볼 수 있다.

이렇게 국가, 국제기구, 비정부기구 등 다양한 행위자들이 연계된 초국적 인권 옹호 네트워크를 통해 시민단체 등 국내 활동가와 지지자들이 한국 정부에 국제사회의 견해를 지속적으로 전달하고 국제 인권 보호 메커니즘을 통한 압력을 가했다. 한국 정부와 사회는 이러한 네트워크를 통해 국제 인권규범에 대해 더 많은 정보와 깊은 이해를 갖게 되며 특히 초국적 인권 옹호 네트워크의 활동이 국제인권기구의 결정과 권고로 이어지고 언론을 통해 보도될 때 정부와 사회에 양심적 병역거부권 인정 규범에 대한 인식이 확대되었다.

한국의 양심적 병역거부권 인정의 과정에서 국가, 국제인권기구, 비정부기구, 그리고 국내 시민단체, 활동가, 지지자들의 초국적 인권 옹호 네트워크가 분명하게 드러나며 이들의 국제사회에서의 활동과 국내 사회에서 정부에 행동 변화를 요구하고 사회 전반에 문제의 인식을 확대하는 역할이 명확해 보인다. 그럼에도 불구하고 규범의 생성, 확산, 내재화와 관련해 생각해볼 문제는 모든 분야의 규범이 아니라 적어도 인권규범에 있어서는 국제 관계의 역사적 흐름에 따라 한 가지가 아닌 다수의 규범이 비슷한 시기에 등장하고 지지를 얻어 확산되고 내재화 과정을 거쳤다는 것이다. 또한 국내 정치적으로도 예를 들어 한국의 민주화, 시민사회의 성숙, 국제사회에 대한 개방성과 참여의 증가가 다수의 규범이 동시에 수용되고 내재화되는 과정을 거치게 되었다. 이러한 점을 놓고 볼 때, 특히 비서구 사회 국가들의 국제 인권규범의 수용과 내재화는 개별 규범의 정당성, 적절성에 대한 설득과 동의라기보다 보편적인 인권규범 체계와 국제 인권 보호 체제 전체를 수용하는가 아닌가의 문제일 수 있다. 이러한 관점에서 한국의 양심적 병역거부권 인정 규범 수용의 문제와 비슷한 시기 여타 다른 규범의 수용 문제를 동시에 관찰할 필요가 있고, 다수의 규범을 동시적으로 수용한 경험이 있는 나라들에 대한 비교 연구도 필요할 것이다.

V 맺음말

양심적 병역거부권 인정의 국제규범은 매우 오래된 사상적 연원이 있었으나 현대적 양심적 병역거부운동이 일어나면서 서구 사회에서 중심적인 문제로 대두되었다. 특히 제1차 세계대전이 일어나면서 영국과 미국을 중심으로 종교적인 이유의 양심적 병역거부권이 인정되고 대체복무제가 초기의 모습을 갖추게 되었다. 전쟁 종료 전후로 영국을 시작으로 북유럽 국가들이 양심적 병역거부권을 인정하게 되는데 평화주의적 기독교 교파는 물론 사회주의 계열의 반전운동 등 다양한 사회운동과 정치세력이 주도한 결과였다. 자유주의 계열의 사회운동 또한 이 시기에 발생하고 성장했는데, 특히 제2차 세계대전 이후 국제적 연대를 통해 국제연합을 비롯해 국제사회에 양심적 병역거부권 인정 규범을 주창하는 규범 주창자의 역할을 했다.

　제2차 세계대전 종전 후 국제 인권규범 성립과 함께 양심적 병역서부권 인정 문제도 논의되었지만 국세 인권 조약에 포함되지 못한 채 찬성 세력과 반대 세력의 논쟁이 오고 갔다. 1960년대를 지나면서 베트남 전쟁 반대운동과 68운동 등 반전·평화·인권 운동의 국내적 팽창과 국제적 연대가 확대되고, 반전운동과 함께 반식민주의 운동이 제한적이지만 양심적 병역거부권의 인정을 국제사회에서 이루어내고, 이러한 움직임 가운데 양심적 병역거부권을 이미 인정한 국가들 중에 규범 주창자 역할을 하는 나라들이 국제사회에서 행동함으로써 1980년대에 비로소 국제연합 인권위원회의 양심적 병역거부권 인정이 이루어졌다.

종교적 소수집단의 권리 주장으로부터 시작된 양심적 병역거부권 인정 규범은 20세기에 거쳐 이들 종교 교파와 함께 반전·평화·인권 운동 세력 등 서구 사회의 비주류 세력이 주도했으나, 두 차례의 세계대전, 68운동, 베트남전 반대 시위, 탈냉전 등을 거치며 20세기 후반에는 서구 사회의 주류 세력에 의해 인정받고, 그와 함께 국제연합을 비롯한 국제기구에 의해 인정된 국제규범이 되었다. 비주류의 가치에서 주류의 가치로 변하게 되면서 규범 주창자로 나서서 역할을 하는 국가들이 나타나게 되었다. 그 국가들의 특성을 보편적 인권규범의 확대와 확산에 관심을 가지고 이를 국가 이익으로 인식한 국가들이었다고 규정해볼 수 있겠는데, 인권규범뿐 아니라 국제규범 전반에 걸친 규범 확대와 확산에 관한 이해의 관점에서 전체적인 조망이 필요할 뿐 아니라 서로 다른 범주의 규범에 따라 어떠한 양상이 벌어지는지 비교 관찰이 필요할 것이다.

　　양심적 병역거부권 인정 규범이 서구 사회, 즉 국제사회의 주류의 규범이 되고 국제 인권규범으로 확립된 이후로 곧바로 비서구 사회, 즉 국제사회의 비주류로 확산되었다. 서구 사회의 거의 모든 국가들이 규범을 수용하고 비서구 사회의 많은 국가들이 징집제를 채택하지 않거나 폐지한 상황에서, 징집제를 유지하면서 양심적 병역거부권을 인정하지 않은 소수의 국가들에 국제기구, 비정부기구, 국가들의 압력이 집중적으로 가해졌다. 초국적 인권 옹호 네트워크가 다차원적으로 연계를 가지며 국제 인권 레짐의 수준에서는 물론 국내 정치 과정에서 해당국 정부에 영향을 끼친 것을 볼 수 있다. 하지만 비서구 사회의 국가들은 제2차 세계대전 이후 독립하여 국제사회의 주권, 자결권, 안보 등의 가치와 원칙을

국가 운영과 대외 행동의 근간으로 삼았는데 보편적 인권규범으로
서의 양심적 병역거부권 인정의 압력을 받으면서 이 근간을 변경
해야 하는 상황에 처했다. 이는 비서구 사회 국가들의 주류 세력으
로부터 단순히 하나의 규범에 대한 행동 변화로 일어난다기보다는
비주류 세력을 포함해 국가 전체의 보편적 인권규범에 대한 태도
가 성숙함에 따라 변화할 수 있는 일로도 보인다.

참고문헌

국제앰네스티 한국지부. 2014. "양심에 따른 병역거부 법률 의견서." https://
　　amnesty.or.kr/wp-content/uploads/bcp-attach/ROK-amicus-COs-final-
　　20140830-Koreanfinal.pdf (검색일: 2020. 4. 20.)
_____. 2019. "양심에 따른 병역거부 캠페인, 그 역사적 순간들." https://
　　amnesty.or.kr/27475 (검색일: 2020. 4. 20.)
국가인권위원회. 2002. "한국내 양심적 병역거부자에 대한 대체복무 인정여부에 관한
　　이론적·실증적 연구." 국가인권위원회. https://www.humanrights.go.kr/site/
　　inc/file/fileDownload?fileid1055833&filename=02_51.pdf (검색일: 2020. 4.
　　20.)
_____. 2018. "양심적 병역거부 관련 대체복무제 도입방안 실태조사."
　　국가인권위원회. https://www.humanrights.go.kr/site/inc/file/fileDownloa
　　d?fileid=1068193&filename=in_BB201810131605364427891.pdf (검색일:
　　2020. 4. 20.)
김세균·공석기·임재성. 2008. "양심적 병역거부자, 어떻게 할 것인가?:
　　'대체복무제도에 대한 전문가 의식조사'를 중심으로."『한국사회과학』30(1):
　　3-43.
박찬운. 2014. "양심적 병역거부: 국제인권법적 현황과 한국의 선택."『저스티스』141:
　　5-30.
이재승. 2009. "그리스의 병역거부와 대체복무."『일감법학』15: 217-239.
임재성. 2010. "평화운동으로서의 한국 양심적 병역거부운동 연구."『민주주의와 인권』
　　10: 305-352.
장복희. 2006. "양심적 병역거부에 관한 국제사례와 양심의 자유."『헌법학연구』12:
　　329-357.
한인섭·이재승. 2013.『양심적 병역거부와 대체복무제』. 서울: 경인문화사.
헌법재판소 2004. 8. 26. 선고 2002헌가1 전원재판부 결정. http://www.law.go.kr/
　　%ED%97%8C%EC%9E%AC%EA%B2%B0%EC%A0%95%EB%
　　A1%80/%EB%B3%91%EC%97%AD%EB%B2%95%20%EC%A0
　　%9C88%EC%A1%B0%20%EC%A0%9C1%ED%95%AD%20%EC%A0%
　　9C1%ED%98%B8%20%EC%9C%84%ED%97%8C%EC%A0%9C%EC%B2
　　%AD (검색일: 2020. 4. 20.)

Acharya, Amitav. 2004. "How Ideas Spread: Whose Norms Matter? Norm
　　Localization and Institutional Change in Asian Regionalism." *International
　　Organization* 58(2): 239-275.
Ajangiz, Rafael. 2002. "The European Farewell to Conscription?" *Comparative
　　Social Research* 20: 307-336.

Bennett, Scott H. 2003. *Radical Pacifism: The War Resisters League and Gandhian Nonviolence in America, 1915-1963*. Syracuse: Syracuse University Press.

Boyer, Paul S. (ed.) 2001. *The Oxford Companion to United States History*. Oxford: Oxford University Press.

Brett, Derek. 2005. "Military Recruitment and Conscientious Objection: A Thematic Global Survey. Conscience and Peace Tax International." Conscience and Peace Tax International. Accessed April 20, 2020. https://cpti.ws/cpti_docs/brett/recruitment_and_co_A4.pdf

Chambers, John Whiteclay. 1993. "Conscientious Objectors and the American State from Colonial Times to the Present." In *The New Conscientious Objection: from Sacred to Secular Resistance*, edited by Charles C. Moskos and John Whiteclay Chambers, 23-46. Oxford: Oxford University Press.

Chambers, John Whiteclay. 2001. "Conscientious Objection." in Paul S. Boyer (ed.) *The Oxford Companion to United States History*. Oxford: Oxford University Press.

Choi, Jeongeum. 2020. "Contributions and Limitations of Transnational Activism in the United Nations Individual Complaint Procedures." PhD diss.. Korea University.

Eckel, Jan. 2010. "Human Rights and Decolonization: New Perspectives and Open Questions." *Humanity: An International Journal of Human Rights, Humanitarianism, and Development* 1(1): 111-135.

Eckel, Jan and Samuel Moyn. 2013. *The Breakthrough: Human Rights in the 1970s*. Philadelphia: University of Pennsylvania Press.

Finnemore, Martha and Kathryn Sikkink. 1998 "International Norm Dynamics and Political Change." *International Organization* 52(4): 887-917.

Gleditsch, Nils Peter and Nils Ivar Agoy. 1993. "Norway: Toward Full Freedom of Choice?" In *The New Conscientious Objection: from Sacred to Secular Resistance*, edited by Charles C. Moskos and John Whiteclay Chambers, 114-126. Oxford: Oxford University Press.

Johnson, James Turner. 2017. *The Quest for Peace: Three Moral Traditions in Western Cultural History*. Princeton University Press.

Kessler, Jeremy K. 2013. "The Invention of a Human Right: Conscientious Objection at the United Nations, 1947-2011." *Columbia Human Rights Law Review* 44(3): 753-791.

Kuhlmann, Jürgen and Ekkehard Lippert. 1993. "The Federal Republic of Germany: Conscientious Objection as Social Welfare." In *The New Conscientious Objection. From Sacred to Secular Resistance*, edited by Charles C. Moskos and John Whiteclay Chambers, 98-105. Oxford: Oxford

University Press.

Lippman, Matthew. 1990. "The Recognition of Conscientious Objection to Military Service as an International Human Right." *California Western International Law Journal* 21(1): 31-66.

Marcus, Emily N. 1997. "Conscientious Objection as an Emerging Human Right." *Virginia Journal of International Law* 38: 507.

Moskos, Charles C. and John Whiteclay Chambers (ed.). 1993. *The New Conscientious Objection: from Sacred to Secular Resistance*. Oxford: Oxford University Press.

Moskos, Charles C. and John Whiteclay Chambers. 1993. "The Secularization of Conscience." In *The New Conscientious Objection: from Sacred to Secular Resistance*, edited by Charles C. Moskos and John Whiteclay Chambers, 3-20. Oxford: Oxford University Press.

Moyn, Samuel. 2010. *The Last Utopia: Human Rights in History*. Cambridge: Harvard University Press.

Ordás, Carlos Ángel. 2016. "Nonviolencia, objeción de conciencia e insumisión en España, 1970-1990." *Polis* (Santiago) 43.

Parliamentary Assembly of the Council of Europe. 2001. "Exercise of the Right of Conscientious Objection to Military Service in Council of Europe Member States." Report of Committee on Legal Affairs and Human Rights, Parliamentary Assembly of the Council of Europe. Accessed April 20, 2020. http://www.assembly.coe.int/nw/xml/Xref/X2H-Xref-ViewHTML.asp?FileID=9017&lang=EN

Risse, Thomas. 2000. "Let's Argue!: Communicative Action in World Politics." *International Organization* 54(1): 1-39.

Schmidt, Vivien A. 2008. "Discursive Institutionalism: The Explanatory Power of Ideas and Discourse." *Annual Review of Political Science* 11: 303-326.

Schroeder, Judah B. 2011. "The Role of Jehovah's Witnesses in the Emergent Right of Conscientious Objection to Military Service in International Law." *Kirchliche Zeitgeschichte* 24(1): 169-206.

Smith, William and Kimberley Brownlee. 2017. "Civil Disobedience and Conscientious Objection." *Oxford Research Encyclopedia of Politics*. Oxford Research Encyclopedia of Politics.

Takemura, Hitomi. 2009. *International Human Right to Conscientious Objection to Military Service and Individual Duties to Disobey Manifestly Illegal Orders*. Berlin: Springer.

Tietz, J. B. 1954. "Jehovah's Witnesses: Conscientious Objectors." *Southern California Law Review* 28: 123-138.

Tsagourias, Nicholas, and Nigel D. White. 2013. *Collective Security: Theory,*

Law, and Practice. Cambridge University Press.

United Nations. 2012. *Conscientious Objection to Military Service*. New York & Geneva : United Nations Publication.

U.S. Reports. 1929. United States v. Schwimmer 279 U.S. 644. Accessed April 20, 2020. https://tile.loc.gov/ storage-services/service/ll/usrep/usrep279/ usrep279644/usrep279644.pdf

Walzer, Michael. 2008. *Arguing about War*. Yale University Press.

Weissbrodt, David. 1988. "The United Nations Commission on Human Rights Confirms Conscientious Objection to Military Service as a Human Right." *Netherlands International Law Review* 35(1): 53-72.

필자 소개

유영수 Yu, Youngsoo

북한대학원대학교 조교수
서울대학교 외교학과 졸업, 뉴욕주립 빙햄튼대학교 정치학 박사

논저 "민주주의 국가의 인권 정치: 한국과 스페인의 양심적 병역거부권 인정 문제를 중심으로", "2019년 홍콩 시위에 대한 중국의 대응을 어떻게 바라볼 것인가?: 인권 정치학의 제이론을 통해 본 중국의 행동"

이메일 yyu527@kyungnam.ac.kr

제5장

이주노동자 규범의 발전 과정

The Process of Norm Development Pertaining to Migrant Workers

이병하 | 서울시립대학교 국제관계학과 교수

이주노동자

규범의 발전 과정을 설명하는 데 이 글의 목적이 있다. 국제노동기구는 이주노동자 규범이 본격적으로 출현하는 데 주도적인 역할을 하였다. 또한 유엔 창설 이후 발전된 각종 국제인권조약들은 인권의 보편성과 비차별 원칙을 통해 이주노동자의 권리 보장에서 보완적 역할을 수행하였다. 이후 국제사회는 이주노동자권리협약의 성립을 통해 이주노동자 규범의 확산을 추구하였다. 하지만 주요 이민 수용국의 반대로 인해 이주노동자권리협약은 절반의 성공으로 끝나고 만다. 국제사회는 여기에 그치지 않고, 이주와 개발의 연계에 초점을 맞추어 각종 글로벌 대화체를 형성하였고, 연성법적 접근을 통해 이주노동자 규범을 확산하기 위한 대안적 노력을 기울였다. 그 결과, 2018년 이주를 위한 글로벌 컴팩트가 출범하게 되었고, 이는 이주노동자 규범의 발전과 글로벌 이주 거버넌스 형성에서 중요한 전환점이 되었다. 이 글은 또한 이주노동자 규범이 한국에 어떻게 수용되고, 한국의 이민정책에 어떤 영향을 미쳤는가도 다루고 있다. 외국인근로자의 고용 등에 관한 법률의 입법 과정을 분석함으로써 한국에서 이주노동자 규범은 이민정책 형성에 제약을 가하는 기능을 발휘하기보다 국회의원들이나 이주 관련 사회행위자들의 주장을 정당화하는 기능을 수행하였다고 주장한다.

This chapter aims to explain the process of norm development pertaining to migrant workers. For norm emergence, International Labor Organization took initiative in creating standards in the protection of migrant workers. Since the establishment of the United Nations, several international human rights treaties played a complementary role in promoting the rights of migrant workers by applying universality of human rights and the principle of non-discrimination to them. Since then, international society tried to promote and diffuse the norm through the adoption of the International Convention on the Protection of the Rights of All Migrant Workers and Members of Their Families (ICRMW). However, this effort ended up with a half-success because the most labor-receiving countries have not ratified the convention. For norm diffusion, international society alternatively advanced a variety of global dialogues on international migration based on migration-development nexus. Such a soft law framework led to the inauguration of Global Compact for Safe, Orderly, and Regular Migration (GCM) in 2018. GCM is considered as a critical juncture for developing the migrant workers norm and global migration governance. This chapter also attempts to examine how the migrant workers norm has been internalized, and how has affected migration policies in Korea. Analyzing the legislative process of the Act on Foreign Workers' employment, etc, it argues that the migrant workers norm was used to justify National Assemblymen's ideological position or NGO activists' one rather than constraining policy options for making migration policies.

KEYWORDS 이주노동자 규범 migrant workers norm, 이주노동자권리협약 International Convention on the Protection of the Rights of All Migrant Workers and Members of Their Families, 이주를 위한 글로벌 컴팩트 Global Compact for Safe, Orderly, and Regular Migration, 글로벌 이주 거버넌스 Global Migration Governance, 외국인근로자의 고용 등에 관한 법률 Act on Foreign Workers' employment, etc

I 서론

세계화(globalization) 현상은 상품, 자본, 정보의 교환을 통한 지역 간의 상호 의존도 심화는 물론 국경을 넘는 인구의 이동 역시 계속 증가시키고 있다. 상품과 자본의 흐름이 글로벌 세계 경제를 지탱하는 양대 축으로 간주되어 온 반면, 이에 비해 사람의 이동을 의미하는 국제이주는 상대적으로 덜 주목받아 왔다. 국제이주기구 (International Organization for Migration, IOM)에 의하면 2019년 현재 전 세계 이주민의 수는 약 2억 7,100만 명으로 전 세계 인구의 약 3.5%를 차지한다(IOM 2019, 21). 이러한 이주민의 수는 기존의 추계를 넘어 빠르게 증가하고 있으며, 국제이주의 영향을 받는 지역도 과거 북미, 오세아니아, 서유럽 지역을 넘어 아시아, 아프리카 등으로 확산되고 있다. 전 세계 이주민 중에서 이주노동자는 2017년 현재 약 1억 6,400만 명으로 추산되는데 전 세계 이주민 중 약 70%가 이주노동자이다. 이주노동자 중 약 68%는 고소득 국가에 거주하고 있으며, 약 29%가 중소득 국가에 살고 있다. 최근 들어서 고소득 국가에 거주하는 이주노동자의 비율은 감소하는 반면, 중소득 국가의 경제성장으로 인해 이들 국가에 거주하는 이주노동자의 비율은 증가하는 추세이다(IOM 2019, 33).

세계화로 인한 상호 의존성의 증대와 이로 인한 국제이주의 증가로 그 어느 때보다 이주민들에 대한 인권보장이 중요하게 되었다. 점차 증가하고 있는 '국제이주의 시대'에 인권보장이 중요해지는 이유는 이주민들이 취약한 집단(vulnerable group)이기 때문이다. 이주자들은 그들이 거주하고 있는 나라의 시민이 아니어서 거주국의 법률적 보호를 받기 어려울 뿐더러 이민 수용국 사회의 이방인으로서 낯선 언어, 법률, 사회적 관습에 적응하며 살아가야 한다. 특히 이주노동자들은 직장을 비롯한 일상생활에서 차별과 부당한 대우, 공정하지 못한 기회와 부딪혀야 한다. 더구나 경제적 위기 상황이나 정치적 위기 사태가 발생했을 경우 흔히 희생양이 될 수 있으며 종종 정부 스스로―의도됐든 아니든―이러한 경향을 조장하기도 한다. 특히 미등록 이주노동자일 경우에 인종차별, 외국인 혐오증에 노출될 가능성은 훨씬 더 높아진다. 보다 근본적인 문제는 합법 이주노동자 또는 미등록 이주노동자 모두 국제규범 하에서 인간으로서 누려야 할 보편적 권리와 이들이 겪고 있는 취약한 집단으로서의 현실 사이에 간극(gap)이 커지고 있다는 점이다. 국제규범에 참여하고 있는 정부가 동의한, 이주노동자의 권리에 대한 기본적인 원칙이 이들의 취약한 현실을 시정하지 못하고, 오히려 그 간극이 더 확대되고 있다는 점은 국제이주의 시대에 인권 보장이 점점 중요해지고 있다는 것을 말해준다.

이 글은 이주노동자 규범의 발전 과정을 설명하는 데 목적이 있다. 본문은 크게 세 부분으로 구성된다. II절에서는 이주노동자 규범의 출현을 다룬다. 이주노동자 규범은 20세기 초 국제노동기구(International Labor Organization, ILO)의 주도하에 본격적으로 출현하였고, 유엔(United Nations, UN)의 국제인권조약들이 보완적 역할을 수행하면서 이주노동자 규범을 구성해나갔다. III절은 이주노동자 규범의 확산을 검토한다. 1970년대 들어 국제사회는 이주노동자의 권리 보장에 초점을 맞춘, '모든 이주노동자와 그 가족의 권리보호를 위한 국제협약(International Convention on the Protection of the Rights of All Migrant Workers and Members of Their Families: 이주노동자권리협약)'을 추진하면서 규범 확산에 노력했다. 그러나 주요 이민 수용국들이 이주노동자권리협약을 비준하지 않음으로써 경성법적 접근을 통한 이주노동자 규범의 확산 노력은 절반의 성공에 그치고 만다. 대안적으로 국제사회는 이주와 개발의 연계를 통해 이주노동자 규범을 확산하고자 하였다. 이러한 노력은 '안전하고 질서 있고 정상적인 이민에 관한 글로벌 컴팩트(이하 이주에 관한 글로벌 컴팩트)(Global Compact for Safe, Orderly, and Regular Migration, GCM)'로 이어졌는데 이주에 관한 글로벌 컴팩트는 2018년 12월 유엔 총회에서 152개국의 찬성을 얻었다(이병하 2019). IV절은 이주노동자 규범이 한국에서 내재화되는 과정을 '외국인근로자의 고용 등에 관한 법률' 입법 과정을 중심으로 분석한다. 한국에서 이주노동자 규범은 이민정책 결정자들의 정책적 선택을 제약하는 역할을 수행한다기보다 이주노동자들의 인권 보장을 논함에 있어 사회행위자 및 국회의원들의 주장을 정당화하는 기능을 수행했다.

II 이주노동자 규범의 출현

이 절에서는 이주노동자에 관한 규범의 출현을 검토한다. 이주노동자 규범의 경우, 규범 출현 단계에서 국제노동기구(ILO)의 역할이 두드러졌다. 그러나 국제노동기구의 규범화 노력은 많은 한계가 있었고, 보완적으로 국제인권조약들이 이주노동자 규범의 출현과 형성에 부분적으로 기여하게 된다.

이주노동자에 관한 국제규범은 20세기 초에 등장하기 시작했다(Cholewinski and Taran 2010, 3). 1919년 베르사유 조약(Treaty of Versailles)은 국제연맹의 창설은 물론 국제노동기구의 설립으로 이어졌다. 베르사유 조약 제13부는 노동 문제를 다루고 있으며, 제387조부터 제427조까지로 구성되어 있다. 베르사유 조약 제427조는 노동 조건을 규율하는 원칙을 밝히고 있는데 그 중 하나의 원칙이 '각국에서 법률에 의해 정립된 노동 조건에 관한 기준은 그 국내에서 합법적으로 거주하는 모든 노동자의 공평한 경제적 처우에 대해 적절한 고려를 해야 한다.'는 것이다(채형복 2008, 342에서 재인용).

국제노동기구는 베르사유 조약에 근거하여 1919년 출범했다. 이주노동자를 포함한 노동자의 노동 조건을 개선하기 위해서는 국제적인 공동 대응이 필요하며, 이를 위한 국제기구가 설립되어야 한다는 요구는 19세기 노동운동의 발전에서 그 기원을 찾을 수 있으나, 제1차 대전 이후에 결실을 맺게 되었다. 하세나우(Michael Hasenau)에 의하면, 제1차 세계대전 중 전시경제 상황에서 노동운동은 중요한 정치세력으로 부상하였고, 이에 더해 러시아 혁명이 가져온 충격은 전후 국가들에게 노동자들의 노동 조건이 열악해진다면, 공산주의 혁명이 발생할 수 있다는 일종의 압력으로 작용하였다(Hasenau 1991). 그 결과, 국제적인 노동기준을 마련하고 이를 관리, 실행하기 위한 국제노동기구가 설립된 것이다. 전세계 노동자의 노동 조건 개선을 목적으로 하는 특별기구인 국제노동기구는 ILO 헌장(The Constitution of the International Labor

Organization) 전문(Preamble)에서 '국적국 이외의 국가에서 고용된 노동자들의 이익 보호'를 언급하고 있다(Battistella 2009, 48).

1919년 제1차 국제노동기구 총회에서 총회 조직위원장이었던 퐁텐(Arthur Fontaine)은 이주노동자를 포함한 노동자의 평등한 임금과 고용 조건을 주요 의제로 삼고자 노력하였다. 제1차 세계대전 이전 프랑스와 같은 국가들은 국내적으로 노동력 부족을 경험하면서 대규모로 이주노동자를 수입하였으나, 이주노동자들은 열악한 노동 조건 하에서 일했기 때문에 이민 송출국들은 해외에서 일하는 자국 국민들의 보호를 요구할 수밖에 없었고, 국제노동기구는 이러한 요구에 반응한 것이다(Hasenau 1991). 이주노동자 보호를 규범화하려는 시도는 곧 반대에 부딪히게 된다. 그 당시 이민규제정책을 실시하고 있던 영국과 캐나다는 이주노동자에 대한 국제적 기준이 마련된다면, 보다 많은 수의 이민자를 수용하라는 압력으로 작용할 수 있고, 자신들의 제한적인 이민정책을 비판하는 근거가 될 수 있다는 점을 우려하였다. 영국과 캐나다는 이주노동자에 관한 국제적 규범은 일종의 주권 침해이며, 국제노동기구의 역할은 국제이주에 관한 데이터 수집에 제한되어야 한다고 주장했다(Hasenau 1991). 이처럼 이주노동자에 관한 규범화 시도는 제한적일 수밖에 없었다. 또한 국제노동기구도 이주노동자 문제를 독립적으로 의제화했다기보다, 모든 노동자들의 노동 조건이 개선된다면, 이주노동자를 위한 보호도 강화될 것이라는 인식 속에서 이주노동자에 관한 규범을 구체화한 것으로 보인다(Battistella 2009, 48).

제1차 국제노동기구 총회는 '실업에 관한 권고'(Recommendation concerning Unemployment)(No.1)에서 이주노동자의 고용은 관련 국가들 간 상호 합의와 사용자 및 노동자 단체와의 협의를 거친 후에만 가능하다는 점을 천명하였다. 또한 '외국인 노동자 상호 간 대우에 관한 권고'(Recommendation concerning Reciprocity of Treatment of Foreign Workers)(No.2)에서는 호혜성의 원칙 하에 사회보장 및 결사의 자유에 있어 선주민 노동자와 이주노동자들이 동등한 대우를 받아야 한다고 밝혔다(채형복 2008). 이러한 이주노동자에 관한 초창기 규범들은 구체적인 조치 없이 일반적인 원칙만 제시하고 있다는 한계가 있지만, 향후 국제노동기구가 이주노동자에 관한 규범을 구체화하는 데 있어 중요한 지향점을 제공했다고 평가할 수 있다(Hasenau 1991).

국제노동기구가 이주노동자의 고용에 관해 상호주의와 양자 협약(bilateral agreement)을 강조한 이래, 1920년대부터 이주노동자 문제는 주로 양자 협약에 의해 다루어졌다. 그러나 양자 협약은 이주노동자의 제3국으로부터의 이주를 효과적으로 관리하지 못하는 등 제도적 한계를 가지고 있었고, 이민 송출국들은 양자 협약이 값싼 노동력을 활용하려고 하는 사용자의 즉각적인 이해관계만 반영하고, 이주노동자들을 제대로 보호하지 못한다고 비판하였다. 이에 대해 국제노동기구는 양자 협약을 넘어선 다자주의에 기반한 제도의 필요성을 인식하고, 1924년 로마에서 열린 '이출(emigration)과 이입(immigration)에 관한 국제회의'(Conference on International Emigration and Immigration)부터 이주노동자의 이익을 보호하기 위한 제도적 기제를 모색하기 시작하였다. 이어진 후속 회의에서 국제노동기구는 이주노동자의 노동 계약을 표준화하는 작업 등 구체적인 조치들을 제안하였다(Hasenau 1991).

이러한 노력의 결과, 국제노동기구는 1939년 '취업목적이주에 관한 협약'(Convention concerning the Recruitment, Placing and Conditions of Labour of Migrants for Employment)(No.66)과 동 권고(No.61)를 채택하였다. 이 협약과 권고는 그동안 다양한 이주 이슈에 관해 부분적인 대응에 그쳤던 기존의 규범들과 달리, 이주 문제에 관한 포괄적인 기준을 담고 있는 첫 번째 문서로 평가받고 있다(Hasenau 1991; Battistella 2009). 그러나 '취업목적이주에 관한 협약'과 '권고'는 1920년대 후반부터 시작된 대공황의 여파로부터 자유로울 수 없었다. 이주 노동 수요의 감소와 높아진 보호주의의 물결 속에 '취업목적이주에 관한 협약'과 '권고'는 어느 국가의 비준도 받지 못한 채, 문서로만 남게 되었다(Battistella 2009, 49).

제2차 세계대전 이후 전쟁 피해국의 전후 복구에 필요한 이주 노동자의 수요가 다시 증가하자, 이주노동자 문제는 다시 국제사회의 주요 의제로 부상하였다(De Guchteneire and Pécoud 2009). 이에 대한 대응으로 국제노동기구의 '영구 이주 위원회'(Permanent Migration Committee)는 이주 분야 양자 협력의 한계를 다시 거론하면서 1939년의 '취업목적이주에 관한 협약'과 동 권고의 개정을 제안하였고, 해당 협약과 권고는 1949년 '취업목적의 이주에 관한 협약(개정)'(Convention concerninng Migration for Employment)(revised)(No.97)과 동 권고(No.97)로 개정되었다(De Guchteneire and Pécoud 2009, 7). 1949년 '취업목적의 이주에 관한 협약(개정)'은 1939년 협약처럼 이주노동자를 위한 국제이주의 원칙과 기준, 동등 대우, 고용 및 노동 조건 등을 담고 있다. 1949년 권고는 이주노동자의 권리 보장을 위해, 5년 이상 거주한 이주노동자의 고용을 제한할 수 없고, 불황을 이유로 이주노동자를 강제로 출국할 수 없게 하는 등 보다 자세한 사항을 담고 있다. 또한 1939년 협약과 달리, 1949년 협약은 보다 많은 국가로부터 비준을 받기 위해 유연한 메커니즘을 도입하였다. 1949년 협약은 세 개의 부속서를 가지고 있는데 제1 부속서는 이주노동자의 모집, 알선, 고용 조건 등을, 제2 부속서는 정부 주도의 모집, 알선 등을, 제3 부속서는 이주노동자의 이주 시 면세 등을 규정하고 있다(채형복 2008). 그러나 국제노동기구는 각국 정부의 비준 시, 모든 혹은 어떤 부속서도 제외할 수 있고, 나중에 수용할 수도 있게 함으로써 유연성을 보장하였다(Hasenau 1991).

이주노동자 권리에 관한 국제노동기구의 규범화 노력은 제한된 국가들만이 비준함으로써 규범으로서의 실질적 영향력을 확보하지 못했다(Battostella 2009, 49). 또한 국제노동기구는 새로운 사무총장 모스(David Morse)의 주도 하에 1951년 유럽 국가들은 물론 사회경제적 발전을 위해 이주노동자를 필요로 하는 국가들에게 기술적 지원을 하는 제안을 하였으나, 미국과 서방 국가들은 이러한 제안이 공산권 국가들에게 혜택을 줄 수 있다는 이유로 추가적인 자금 지원을 거부함으로써 실패로 돌아갔다(Hasenau 1991, 694).

국제노동기구의 규범화 노력이 한계를 맞이하는 가운데, 이주노동자에 관한 규범은 1945년 유엔의 창설과 함께 새로운 전기를 맞게 된다. 양차 세계대전 중에 발생한 대량 학살과 강제 이주는 국제사회가 인권의 존중과 증진에 대한 관심을 불러 일으켰고,

그 첫 번째 노력이 1948년 유엔 총회에서 채택된 '세계인권선언' (Universal Declaration of Human Rights)이다. 세계인권선언은 법적 구속력을 가지고 있지는 않았지만, 보편적 인권에 대한 기준을 마련하였으며, 특히 인종, 출신국 등에 의한 차별 없이 '모든 사람'이 누릴 자격이 있는 인권의 보편성과 권리의 불가분성은 비시민 (non-citizens)은 물론 이주노동자의 권리 증진에 적용될 수 있는 규범이었다(Slinckx 2009).

세계인권선언과 함께 국제권리장전(International Bill of Rights)으로 불리는 두 개의 국제인권규약, 즉 '경제적, 사회적 및 문화적 권리에 대한 국제규약'(International Covenant on Economic, Social and Cultural Rights: 사회권 규약, A규약)과 '시민적 및 정치적 권리에 관한 국제규약'(International Covenant on Civil and Political Rights: 자유권 규약, B규약)이 채택되면서 국제인권규범은 국제법적 구속력과 실행력을 갖추게 된다 (설동훈 2005). 또한 '모든 형태의 인종차별 철폐에 관한 국제협약'(International Convention on the Elimination on All Forms of Racial Discrimination: 인종차별철폐협약), '여성에 대한 모든 형태의 차별철폐에 관한 국제협약'(Convention on the Elimination of All Forms of Discrimination Against Women: 여성차별철폐협약) 등 다른 유엔의 국제인권조약들도 이주노동자를 포함한 이주민의 권리 향상을 진전시키는 역할을 수행하였다.

국제노동기구가 이주노동자 규범의 출현에 직접적인 기여를 하였지만, 비준 국가의 수가 많지 않았고, 서방 국가의 반대에 부딪히는 등 한계를 보여준 사이, 유엔 주도의 국제인권조약들이 이주 규범의 형성과 이주노동자의 권리 향상에 중요한 기여를 한다. 국제이주 분야는 이주노동자, 유학생, 여행자 등 다양한 형태의 이주민들을 포괄적으로 규율할 수 있는 국제레짐이 취약하다. 따라서 국제이주 분야는 이주민들의 인권 보장을 위해 국제인권규범에 많은 부분 의존해왔다(IOM 2017). 사회권 규약과 자유권 규약은 인종, 언어, 출신국 등에 의한 구분을 금지하는 비차별 조항을 통해 이주노동자를 포함한 비시민의 권리를 보장할 수 있다. 또한 자유권 규약은 '모든 인간'(every huma being)이라는 표현을 통해 이주노동자의 결사의 자유와 가족 보호를 보장할 수 있으며, 사회권 규약은 '모두의 권리'(right of everyone) 같은 표현을 통해 이주노동자의 사회보장의 권리를 증진시킬 수 있다(Slinckx 2009).

또한 자유권 규약은 모든 사람이 고문, 비인간적 대우, 노예, 강제노동, 아동 노동, 불공정한 재판 그리고 사생활의 침해로부터 자유로울 권리가 있다고 규정한다. 이러한 권리는 국적에 관계없이, 시민과 외국인의 구분과 상관없이 보장된다고 할 수 있다. 사회권 규약은 건강, 주거, 교육과 같은 사회적·경제적·문화적 권리를 실현시킬 권리가 있다고 말하고 노동권에 있어 집단교섭, 사회보장, 공동한 노동 조건을 누릴 수 있다고 규정한다. 예를 들어 건강권의 경우 국가는 최소한 모든 사람에게 응급 치료를 제공해야 하고 소수자, 비호요청자, 불법 이민자라는 이유로 이러한 서비스를 거부해서는 안 된다고 규정한다. 인종차별철폐협약은 인종차별에 관한 법률은 이민자의 지위와 상관없이 모든 비시민에게 적용되어야 한다고 요구한다. 여성차별철폐협약도 이주 여성에 관한 여러 기지 조항을 포함하고 있다. 예를 들면 성매매여성에 대한 착취, 고용과 시민권 취득 시 차별 철폐, 농촌 지역에서의 여성 차별 철폐 등은 이주 여성의 사례에도 적용 가능한 조항들이다.

국제노동기구가 노동자로서 이주노동자의 권리 보장에 관심을 가졌다면, 유엔은 국제인권조약의 발전을 통해 외국인으로서 이주노동자의 권리에 기여하게 된다. 유엔의 국제인권조약들이 인권이라는 크로스 커팅 이슈를 통해 이주노동자의 규범화에 기여했지만, 이주노동자 이슈에 관한 주제들이 다양한 조약에 걸쳐 산개되어 있어서 이주노동자 문제를 직접적으로 다루기에는 한계가 있었다. 여성, 아동 등 취약한 집단에 대한 국제인권조약이 별도로 만들어졌던 것처럼 국제사회는 이주민 특히 이주노동자의 권리 문제만을 다루는 국제인권조약을 통해 이주노동자 규범의 확산을 시도하였다. 그 결과물이 '모든 이주노동자와 그 가족의 권리보호를 위한 국제협약'(International Convention on the Protection of the Rights of All Migrant Workers and Members of Their Families: 이주노동자권리협약)'이다.

III 이주노동자 규범의 확산[1]

이 절에서는 이주노동자권리협약의 배경, 성립 과정, 협약 내용, 그리고 결과를 살펴봄으로써 이주노동자권리협약을 통해 이주노동자 규범을 확산시키고자 하는 국제사회의 노력을 설명하고자 한

---

1   이 절은 졸고(이병하 2019)의 일부를 수정하여 작성되었다.

다. 이주노동자권리협약처럼 조약을 통한 규범의 확산 노력이 이민 수용국의 참여 거부로 인해 사실상 실패로 돌아감에 따라 국제 사회는 이주와 개발을 중심으로 하는 규범의 확산을 추구하였다. 이러한 노력의 결과, 이주를 위한 글로벌 컴팩트라는 연성법적 기제가 등장하였다. 따라서 이 절에서는 이주노동자권리협약 외에 연성법적 접근을 통해 이주노동자 규범을 확산시켜나가는 과정도 분석하고자 한다.

1. 이주노동자권리협약을 통한 규범의 확산 노력

이주노동자 권리에 대한 체계적인 규범화 및 확산을 요구하는 목소리가 높아진 데에는 1970년대 국제이주의 흐름이 변화한 데서 그 원인을 찾을 수 있다. 1945년부터 1970년대 초기까지 북반구의 이민 패턴은 크게 세 가지로 요약된다. 방문노동자 시스템, 구 식민지로부터의 이주, 그리고 북미와 오세아니아 지역으로의 영구 이주(permanent migration)이다.

독일식 방문노동자 시스템(guestworker system)은 외국인 노동자를 한시적인 노동력으로 받아들이는 것을 골자로 한다. 제한된 기간 동안 특정 직업과 산업 분야에 한해 노동허가와 거주허가를 주는 것이다. 그러나 초기 금지했던 가족재결합(family reunification)을 계속 금지하기 어려워지면서 가족이 이민 수용국에 형성되고 한시적으로 노동력 부족 현상을 해소하기 위해 외국인 노동자를 받아들인다는 방문노동자 시스템은 무너지게 된다.

국제이주의 또 다른 패턴은 구 식민지로부터의 이주이다. 영연방, 그리고 프랑스 구 식민지로부터의 대규모 이민은 영국과 프랑스로 하여금 인종적 소수자 문제를 고민하게 만들었고, 현재 이들 국가에서는 구 식민지로부터의 이주로 인한 이민자들이 사회로부터 분리(segregation)되면서 이들 이민자들을 어떻게 통합할 것인가 하는 숙제를 안겨주었다.

유럽 국가들이 한시적 이주노동자들이 이민 수용국에 가족을 형성, 정착하게 되는 경험을 했다면, 전통적 이민국가인 미국, 캐나다, 호주 등은 영구 이민을 받아들였다. 미국은 1965년 이민법 개정으로 인종차별적 요소를 지닌 국가별 쿼터제를 폐지하였고 새로운 이민의 기준은 미국 시민 및 영주권자와의 가족관계가 되었다. 캐나다는 포인트 시스템 도입으로 고학력 이민자를 받아들이려고 하였고, 호주는 "인구 증가 아니면 멸망"(populate or perish)라는 모토 속에 영구 이민을 적극 수용하게 된다.

북미 및 오세아니아 국가로의 영구 이민을 제외하면 북반구에서 국제이주는 1973-74년 국제석유위기로 인해 전환점을 맞게 된다. 국제식유위기 이후 유럽의 대부분 국가에서 노동이민은 중단되었다. 유럽 국가들의 '제로 이민'(zero migration) 선언은 보다 제한적인 이민정책으로 이어졌고, 이러한 정책으로 인해 이주노동자들의 비정규 이민(irregular migration)이 확대되었다(Lönnroth 1991).

이주노동자권리협약에 대한 논의는 이러한 역사적 배경 속에서 시작되었고, 보다 직접적인 계기는 1972년 발생한 한 사건이었다. 말리(Mali) 출신의 이주노동자 28명이 불법적인 경로를 통해 튀니지를 떠나 프랑스로 향하는 과정에서 교통사고로 사망하는 사건이 발생한 것이다(Battistella 2009). 이 사건으로 인해 유엔 경제사회이사회(Economic and Social Council, ECOSOC)는 불법적인 경로를 통해 밀입국하려는 비정규 이주노동자에 대한 조사를 유엔 인권위원회(Commission on Human Rights)에 요구하는 결의안을 채택하였다. 유엔 인권위원회는 차별방지 및 소수자 보호 소위원회(Sub-Commission on Prevention of Discrimination and Protectin of Minorities)에 유엔 인권기제에 비추어 이수노농자의 밀입국 및 비정규 이민 문제를 연구하도록 요청하였다. 1975년 소위원회의 보고서가 제출되었는데, 보고서는 이주노동자에 대한 인권 침해와 차별을 지적하고 있으며, 이주노동자의 권리를 보호하고, 비정규 이민을 근절하기 위한 이민 송출국 및 수용국의 조치를 권고하였다(채형복 2008, 347-348).

이 시기만 하더라도 이주노동자의 권리에 관한 별도의 조약을 추진하는 것은 논의되지 않았으나, 1978년부터 별도의 조약이 필요하다는 목소리들이 나오기 시작한다. 그러나 이러한 주장들은 곧 반대에 부딪히게 된다. 벨기에, 영국 등은 기존 인권 기제들과의 중복과 대립을 근거로 반대하였고, 국제노동기구는 자신들이 이미 이주노동자의 권리를 보장하기 위한 메커니즘을 가지고 있는데 유엔 차원에서 별도의 조약을 추진하는 것은 자원의 낭비이며, 이주노동자는 '노동자'로 노동자에 관한 기준을 수립하는 것은 국제노동기구의 영역이라고 주장하였다(Battistella 2009, 53-54). 이러한 반대에도 불구하고 유엔 총회는 1979년 이주노동자권리협약의 초안을 작성하기 위한 실무단을 구성하도록 하는 결의안을 채택하였고, 이주노동자권리협약은 그 첫발을 내딛게 된다(채형복

2008, 348).

실무단은 1980년 10월 처음 회의를 시작하였고, 1984년 첫 번째 초안을 완성하였다. 첫 번째 초안에 대해 이견이 있는 조항은 19개밖에 되지 않아서, 합의에 이르기까지 그리 오랜 시간이 걸리지 않을 것으로 예상되었으나 이주노동자권리협약이 채택되기까지는 6년이라는 추가적인 시간이 더 필요했다(Battistella 2009).

주요 이민 송출국인 멕시코와 모로코가 이주노동자권리협약의 성립 과정에서 적극적인 역할을 하였는데 특히 멕시코 대사인 레온(Gonzalez de Leon)은 실무단의 의장을 맡아 협약의 적용 대상을 합법적 이주노동자뿐만 아니라 모든 이주노동자로 확대하고, 고용관계상 권리는 물론 이주노동자의 포괄적 인권을 포함하는 데 기여하였다(채형복 2008 ; Bettistella 2009). 이처럼 이주노동자권리협약의 초기 단계가 이민 송출국의 주도로 이루어지자, 이민 수용국 특히 유럽 국가들은 강하게 반발하였다. 핀란드, 그리스, 이탈리아, 포르투갈, 스페인, 스웨덴, 노르웨이로 이루어진 메스카(Mediterranean-Scandinavian, MESCA) 그룹은 유럽 국가들의 이익에 부합하는 협약의 대안적인 개요를 제출하기도 하였다(Lönnroth 1991). 추후 비준 과정에서 나타나는 이민 송출국과 이민 수용국 간의 대립은 이미 성립 과정에서부터 배태되고 있었다.

바티스텔라(Graziano Battistella)는 이주노동자권리협약 초안과 최종안 사이의 변화를 연구하면서 그 변화를 추동한 요인으로 실무단 구성원들의 잦은 교체와 협약 비준을 의식하여 정부들의 입장이 보다 많이 반영된 것을 들고 있다. 바티스텔라는 특히 두 번째 요인이 이주노동자 권리 보장에 있어 협약의 성격을 약화시켰다고 주장한다. 예를 들어 가족재결합을 규정하고 있는 제44조의 경우, 초안에서는 국내 입법이나 국제조약에 준해 가족재결합 권리를 부여하는 내용이었지만, 최종안에서는 적절한 조치를 권고하는 수준으로 약화되었다. 이주노동자권리협약은 긴 협상 과정을 거쳐 마침내 1990년 12월 18일 채택되었다(Battistella 2009, 55-56).

이주노동자권리협약은 전문과 총 9부, 93개 조항으로 구성되어 있으며, 이주노동자가 이주의 준비에서부터 출국, 체류, 귀환에 이르는 전 이주 과정에서 그 가족과 더불어 보장받아야 할 권리들을 규정하고 있다. 제1부는 적용 범위와 정의로 이주노동자를 '국적국이 아닌 나라에서 유급활동에 종사할 예정이거나, 이에 종사하고 있거나, 또는 종사하여 온 사람'으로 정의하고 있으며(제2조 제1항), 월경노동자, 계절노동자 등 이주노동자를 유형별로 구분하고 있다. 또한 전문과 제1조 제2항에 의해 이주노동자뿐만 아니라 그 가족의 권리도 적용 범위에 포함하고 된다. 제2부의 제목은 '권리의 비차별'로 제7조는 이주노동자와 그 가족이 "성, 인종, 피부색, 언어, 종교 또는 신념, 정치적 또는 기타의 의견, 민족적, 종족적 또는 사회적 출신, 국적, 연령, 경제적 지위, 재산, 혼인상의 지위, 출생 또는 기타의 신분 등에 의한 어떠한 구별" 없이 이주노동자권리협약에 따라 그 권리를 보장받아야 한다고 천명하고 있다. 제3부는 '모든 이주노동자와 그 가족의 인권'이라는 제목으로 인권이라는 용어를 사용하여 모든 인간에게 적용된다는 관점을 견지하고 있어, 합법적인 노동자는 물론 미등록 상태인 노동자에게도 권리가 보장된다고 볼 수 있다. 제3부는 인신, 정신적 활동, 사생활 등에 관한 자유권 및 이주노동자가 처할 수 있는 체포, 이민법

위반 시 보장받아야 할 권리를 담고 있다. 또한 경제적·사회적·문화적 권리 측면에서도 보수 및 노동 조건에 관한 평등한 대우를 받을 권리, 노동조합 결성의 권리, 최소한의 응급한 의료조치를 받을 권리, 이주노동자 자녀들이 법적 지위와 관계없이 교육을 받을 권리 등을 명시하고 있다.

제4부는 제3부가 보장하는 권리 외에 합법적인 이주노동자의 권리를 추가로 보장하고 있다. 합법적인 이주노동자가 누릴 수 있는 권리로 이전의 자유, (취업국이 부여할 경우의) 참정권, 또한 사회보장 및 의료보장에 있어 내국민과의 동등한 처우 등을 포함한다. 제4부는 다른 인권조약과 차별성을 보이는 부분으로, 여타 인권조약들은 모든 인간에게 적용되는 권리라는 입장을 취하는 반면, 이주노동자권리조약은 합법적인 이주노동자의 권리와 모든 이주노동자와 그 가족에게 부여된 권리를 구분하고 있다(김희강·임현 2018). 제5부는 특별한 유형의 이주노동자와 그 가족에 대한 규정이고, 제6부는 비정규 이주 노동을 근절하고 합법적인 이주를 증진하기 위한 원칙들을 담고 있으며, 제7부는 협약의 적용을 규정하고 있다. 이주노동자협약 역시 각 당사국들에게 조약기구에 정기적으로 보고서를 제출할 것을 요구한다. 제72조는 이주노동자위원회를 설치하도록 하고 있으며, 이주노동자위원회는 협약의 적용을 심사하기 위한 검토 절차를 관장하게 된다. 제8부는 일반조항이고, 제9부는 협약의 비준과 발효를 포함한 최종 조항이다.

이주노동자권리협약은 이주노동자의 권리 보장과 증진에 있어 가장 포괄적인 성격을 가진 국제인권조약으로 평가받는다(김희강·임현 2018, 137). 그럼에도 불구하고 이주노동자권리협약은 대부분 이민 수용국이 취해야 할 의무를 담고 있기 때문에(Battistella 2009, 60) 이주노동자협약을 비준한 나라들은 거의 이민 송출국이라는 한계를 가지고 있다. 2019년 12월 현재 55개국이 비준하였는데 대부분 이민 송출국이고, 이 중에 이민 수용국이라고 할 수 있는 국가는 아르헨티나밖에 없다. 또한 다른 유엔의 인권조약의 경우 100개 국가 이상이 비준하였다는 사실과 비교해본다면, 이주노동자권리협약은 성공이라고 보기 어렵다.

이주노동자권리협약이 성공을 거두지 못한 데에는 이민 수용국들의 반대가 큰 영향을 미쳤다. 여러 연구들은 이민 수용국들이 이주노동자권리협약을 비준하면, 국내 이민법을 개정해야 한다는 오해를 가지고 있다고 주장한다(Pécoud 2017; 김희강·임현 2018). 유럽 국가들이 자신들은 이미 이주노동자의 권리를 보장하는 법제를 가지고 있다고 주장한 것이 대표적인 예이다. 또한 미국, 캐나다, 호주처럼 영구 이민을 주로 받는 국가들은 이주노동자권리협약이 이주노동자에 초점을 맞추고 있는데 이들 전통적 이민국가들은 주요 대상자들이 이주노동자가 아니라 일반 이민자이기 때문에 비준할 필요가 없다고 주장하기도 한다. 아시아의 후발 이민국가들은 이주노동자권리협약이 개방적인 이민정책의 도구로 활용될 수 있어 이민의 규제에 더 초점을 맞추고 있는 자신들의 상황에 맞지 않고, 주권을 침해할 수 있다는 이유로 반대하고 있다(Battistella 2009). 이처럼 이주노동자권리협약은 이주노동자의 권리에 관한 포괄적인 규범으로 발전하였고, 경성법적 접근을 통해 규범의 확산을 시도한 사례이다. 절반의 성공으로 끝난 이주노동자권리협약은 이주노동자 규범의 확산에 있어 이민 수용국과 송출국 사이에 양극화된 오해와 대립을 극복할 수 있는 새로운 전략이 필요하다는 점을 확인시켜주었다(Gest et al. 2013, 159). 이에 따라 국제사회는 이주와 개발의 연계를 중심으로 이주노동자 규범의 확산을 위한 다른 노력을 기울이게 된다.

2. 이주와 개발의 연계를 통한 이주노동자 규범의 확산 노력

이주노동자권리협약은 모든 이주노동자와 가족의 인권, 관련된 권리를 규정하고 협약의 적용을 담고 있는 포괄적인 조약이다. 이 협약은 이주노동자 규범의 확산에 있어 중요한 성과였으나 이민 수용국과 송출국 간의 극명한 견해차로 인해 절반의 성공으로 끝났다. 많은 수의 이민 송출국들이 이주노동자권리협약을 비준하여 2003년 결국 발효되었지만, 주요 이민 수용국들은 하나도 비준하지 않음으로써 이주노동자 규범의 확산에 대한 부정적 전망을 낳았다.

냉전 종식 이후 2000년대 초반까지 이주노동자 규범의 확산 과정에서 두드러지는 특징은 이민 송출국과 수용국 간의 대립이 심화되었다는 것이고, 국제이주의 영향력이 증대되면서 파생된 문제들을 해결하기 위한 다양한, 대안적 노력들이 등장, 발전하게 되었다는 점이다. 즉, 이민 수용국과 송출국, 선진국과 후진국 등 행위자들의 선호가 형성되고, 선호 간의 대립이 발생한 시기라고 볼 수 있다. 이주노동자권리협약의 사례에서도 발견되듯이, 이민 송출국들은 새로운 제도 형성을 통한 제도적 변화를 꾀함으로써 국제이주로부터 파생되는 이익을 증대시키려고 한 반면, 이민 수용국들은 이와 같은 제도적 변화에 참여하기를 거부함으로써 새로운 제도의 효율적 실행을 저지하였다.

이주노동자권리협약과 같이 조약의 형태로 규범을 확산하려는 경성법적 접근이 성공을 거두지 못하자, 유엔을 위시로 한 국제사회는 연성법적 접근을 통해 규범을 확산하고자 하였다. 대표적인 것이 다양한 글로벌 수준의 대화체이다. 글로벌 수준의 대화체는 2003년 국제이주에 관한 글로벌 위원회(GCIM)로부터 본격화되었다. 국제이주에 관한 글로벌 위원회는 국제정치학자인 마이클 도일(Michael Doyle) 교수가 국제이주에 관한 거버넌스 체제를 구축하는 여러 옵션 중 하나로 제시한 '글로벌 위원회'의 출범을 당시 유엔사무총장 코피 아난(Kofi Annan)이 수용하여 만들어졌다 (Betts and Kainz 2017). 19명의 위원으로 구성된 GCIM은 2005년 10월 '상호 연결된 세계에서의 이민'이라는 보고서를 통해 글로벌 수준에서 국제이주 현상의 중요성을 환기시키고, 개별 국가 차원을 넘어선 이민정책의 실행을 강조하였다(이진영 2016, 477-478). 소위 '도일 보고서'는 노동이주, 순환이주, 교육이주, 송금, 디아스포라 개입, 밀입국 및 인신매매, 이주민의 권리, 국제협력 등 국제이주의 다양한 측면을 다룸으로써 이주노동자를 포함한 이주 관련 핵심 의제를 제시하는 데 기여하였다.

GCIM의 활동은 2006년 '이주와 개발에 관한 유엔 고위급 회담'(UN High-level Dialogue on International Migration and Development(2006), HLD)으로 이어졌다. GCIM이 제기한 의제들이 이주와 개발의 문제에 초점을 맞추어 진행된 것이다. HLD에서는 국제이주와 개발의 연계성과 그 함의는 물론 이민 송·출국의 개발에 있어 긍정적 측면을 극대화하고, 부작용을 최소화하는 방안을 논의하였다(이진영 2016, 478). HLD는 개발에 있어 이주의 영향, 모든 이주민의 인권 보호와 인신매매 근절, 그리고 지역적 수준에서 파트너십과 역량 강화 구축에 초점을 맞추어 논의를 진전시켜 나갔다(Betts and Kainz 2017, 5).

냉전 이후 2000년대 초반까지 이주노동자 규범은 GCIM, GMG, HLD 등 다양한 글로벌 대화체가 형성되고, 국제이주 문제를 논의할 수 있는 다양한 제도와 통로가 갖추어지게 되면서 확산되었다. 특히 HLD가 이주와 개발 간의 연계를 제시하면서, 이주노동자 규범은 이주와 개발이라는 의제를 중심으로 발전해나간다. 이주와 개발 간의 연계를 중심으로 한 논의는 우선 이민 송출국과 수용국 간의 대립으로 인해 더디게 진행되던 규범의 확산에 기폭제 역할을 하게 된다. 선진국과 후진국 사이에 일종의 공통 이슈를 제공하면서 다자적 수준에서 신뢰와 합의를 도출할 수 있는 계기를 제공한 것이다. 베츠는 이주와 개발 간의 연계를 일종의 '사안 연계'(issue-linkage)로 파악하고 있다(Betts 2011).

2006년 HLD에서 이주 문제는 매우 정치적인 주제라는 의견이 많았지만, 많은 회원국들은 개발의 맥락에서는 이주를 논의할 수 있다는 의견을 제기하였다. 이주와 개발 문제가 대두되면서 이주노동자를 포함한 이주민의 권리와 같은 이슈들이 퇴색했다는 비판도 있지만, 노동이주의 경제적 이익에 초점을 맞춘 이주와 개발 논의는 이주노동자 규범의 확산에 중요한 기여를 하였다(Newland 2017). 또한 이주와 개발의 연계성은 국제이주의 논의가 유엔 내에서 본격화되는 계기를 마련하였다. 국제이주 문제는 유엔이 역점을 두고 추진하던 새천년개발목표와 연관 지어 논의되기 시작했고, 후에 지속가능한 개발목표의 논의 과정에서 이주 문제가 중점적으로 거론되었기 때문이다.

HLD가 제기한 이주와 개발 이슈는 '이주와 발전에 관한 글로벌 포럼'(GFMD)으로 연결된다. HLD를 통해 이주와 개발에 관한 공개적인 대화체가 필요하며, 비공식적이고 비구속적인 방식의 협의체를 모색한다는 합의가 GFMD로 이어진 것이다(이진영 2016, 479). 그러나 선진국과 후진국 간 이주와 개발에 관한 공감대에도 불구하고 이주와 개발에 관한 논의가 유엔 시스템 내에서 진행된 것은 아니었고, 서덜랜드(Peter Sutherland) 유엔 사무총장 특별대표를 임명함으로써 유엔과의 연결고리를 구축하는 형태를 갖추게 되었다. 유엔 사무총장 특별대표는 이주와 개발 이슈를 정치적으로 활용하여, 선진국과 후진국 간의 '윈-윈' 협상이 가능하다는 점을 강조하였다. 선진국은 보다 개선된 이주 관리로부터 이익을 얻을 수 있고, 후진국은 선진국 노동시장으로의 접근을 확보함으로써 이익을 얻을 수 있다는 점을 부각시켰다(Betts 2011).

GFMD는 국가 주도의 프로세스임을 강조하였으며, 법적 구속력을 갖는 결과물의 도출을 추구하지 않았다. GFMD는 이주와 개발에 관한 국제규범을 만들고 국가가 이를 이행하도록 하기보다는 이주와 개발에 관한 정보를 자유롭게 교환하고 논의하는 '안전한 공간'임을 강조하였다. 국제사회는 GCIM으로부터 GFMD로 이어지는 일련의 논의를 통해 비공식적이고 비구속적인 대화체가 보다 많은 국가들의 참여를 이끌어내고, 이주 분야의 글로벌 거버넌스 구축으로 이이진다는 합의를 한 셈이다.

표 5-1. GFMD 주제(2007-2017)

개최 시기/ 개최 도시	주제
2007/브뤼셀	이민정책과 개발정책 간 정책 일관성
2008/마닐라	개발을 위한 이주자의 역량강화와 보호
2009/아테네	모두의 이익을 위한 개발전략과 통합적 이민정책
2010/푸에토발라타	이주와 인간개발을 위한 파트너십–공통의 이익과 책임
2011/제네바	이주와 개발의 일관성, 역량과 협력에 대한 실천
2012/모리셔스	이주자의 인간개발 강화와 공동체와 국가의 개발에 대한 이주자의 기여
2014/스톡홀름	포괄적인 개발을 위한 이주의 잠재력을 드러내기
2015/이스탄불	파트너십 강화: 지속가능한 개발을 위한 인간의 이동
2016/다카	지속가능한 개발을 위한 이주: 변화하는 이주 의제 모색
2017/베를린	이주와 개발에 대한 국제적 협약의 모색

출처: 조영희(2018)

GFMD는 이주 분야의 국제협력을 촉진하기 위한 국가 주도의 프로세스를 추구하고 있지만, 주목할 점은 비정부기구, 노조, 디아스포라 단체 등 시민사회의 참여를 또 다른 축으로 삼고 있다는 점이다. 이로써 국제사회는 국가, 국제기구, 비정부기구, 시민사회 등 다양한 행위자를 포함하는 글로벌 거버넌스 체제를 시작하면서 이주노동자 규범을 확산시키고자 하였다.

GFMD와 더불어 이 시기 주목할 만한 조직은 2006년 설치된 '글로벌 이주 그룹'(Global Migration Group, GMG)이다. GMG는 GCIM의 제안에 따라 유엔 산하 기구 및 이주 관련 국제기구들 18개로 구성되었으며, 이주 관련 유엔 프로그램의 조정 업무를 담당하였다. GMG의 초기 업무는 정책 형성의 향상을 위한 이주 관련 데이터 수집의 표준화 작업과 연구였으나 점차 GFMD와의 협업을 통해 이주와 개발 문제에 있어 선진국과 후진국 간의 의견차를 좁히는 데 기여하였다(Micinski and Weiss 2017).

GMG의 또 다른 기여는 이주 문제를 지속가능한 개발목표에 포함시켰다는 것이다. 새천년개발목표(2000-2015)에는 이주 문제가 빠져 있었지만, 지속가능한 개발을 위한 2030 어젠다에는 직간접적으로 이주와 관련된 세부목표들이 10개 이상 설정되었다. 예를 들어 세부목표 8.8은 이주노동자 특히 여성이수자 및 불안정한 고용상태에 있는 노동자를 포함하여 모든 노동자를 위해 노동권을 보호하고 안전하며 안정적인 노동환경을 증진하도록 명시하고 있다. 또한 세부목표 10.7은 계획되고 잘 관리된 이민정책을 통해 질서 있고, 안전하며, 정규적이고 책임 있는 인구의 이주와 이동이 가능하도록 하는 이민정책을 수립, 이행할 것을 명시하고 있다. 이처럼 이주 의제가 지속가능한 개발목표에 포함됨으로써 국제사회는 포용적인 성장과 지속가능한 개발에 있어 이주민이 긍정적으로 기여할 수 있다는 점을 인식하게 되었고, 이주와 개발을 중심으로 진행되던 이주노동자 규범 논의가 한층 더 발전할 수 있는 계기를 마련해주었다고 볼 수 있다.

지속가능한 개발목표로 인한 이주와 개발 논의의 진전 외에 주요 의제가 이주민의 인권, 안보 등으로 확대된 것도 이 시기 중요한 성과라고 할 수 있다. 브뤼셀에서 열린 GFMD의 첫 회의 때만 하더라도 참가국들은 이주민 인권에 관한 의제를 기피했었지만, 제2차 마닐라 회의에서 이주민 인권이 거론되기 시작했고, 제6차 모리셔스 회의에서는 이주민 보호가 주요 의제로 채택될 정도로 인권에 관한 논의가 발전되었다. 이러한 의제의 확대는 2013

년 '제2차 이주와 개발에 관한 유엔 고위급 회담'(UN High-level Dialogue on International Migration and Development(2013), HLD)에서 본격화되었다. 제2차 HLD는 여덟 가지 핵심 의제를 기반으로 진행되었는데 그 중 하나가 '모든 이주민의 인권 보호'였다. 제2차 HLD 결과 채택된 선언도 역시 인권 존중과 국제 노동 기준 준수를 채택하여 글로벌 이주 거버넌스 논의에서 인권 의제가 핵심적인 위치를 차지하게 되었다.

3. 이주에 관한 글로벌 컴팩트의 등장

2015년 시리아 내전으로 인해 촉발된 난민의 대규모 이동은 전 세계에 충격을 안겨주었다. 이들 중 일부가 유럽으로 향하면서 유럽의 이민 수용국에게 위기의식을 심어주었다. 시리아 난민 사태는 대규모 난민들이 유럽 외에서 유럽 내부로 유입된 사례로 위기의 본질이 난민들의 생존에 관한 위기임에도 불구하고, 난민 수용국의 위기로 비화하여 수용국 국내의 논란을 낳은 것은 물론, 난민 수용의 책임 분담을 둘러싸고 유럽연합 회원국 간 갈등을 촉발시켰다.

시리아 난민 사태와 같은 외부 충격(external shock)은 이민 수용국과 송출국 간 힘의 불균형으로 인해 지체되고 있던 이주노동자 규범 논의와 글로벌 이주 거버넌스 논의를 빠르게 진전시켰다. 유럽과 북미 국가들은 물론 이민 송출국들이 난민과 이주민의 대규모 이동을 논의하는 유엔 차원의 회의를 요구한 것이다. 그 결과 2016년 9월 19일 '난민과 이주민의 대규모 이동에 관한 유엔 정상회의'(UN Summit on Addressing Large Scale Movements of Refugees and Migrants)가 개최되었다. 이 회의는 국제이주에 초점을 맞춘 최초의 국가 정상들 간 회의로 193개 모든 유엔 회원국이 참여한 가운데 '뉴욕 선언'(New York Declaration)을 채택하였다. 뉴욕 선언은 지위와 관계없는 모든 이주민과 난민의 인권 보장, 모든 난민과 이주민의 자녀들에 대한 교육 지원, 대규모 난민과 이주민을 수용하고 있는 국가들에 대한 지원, 난민과 이주민에 대한 인종차별주의 근절 등 보편적 인권에 근거한 난민과 이주민 보호를 천명하고 국제사회의 국가들은 국제이주의 관리에 있어 공동의 책임을 진다고 선언하였다.

뉴욕 선언을 통해 유엔 회원국들은 2018년 말까지 '안전하고 질서 정연하고 정규적인 이주를 위한 글로벌 컴팩트'와 '난민에 관한 글로벌 컴팩트'를 채택하기로 합의하였다. 2016년 뉴욕 선언 이후, 각국은 2년 동안 주제 컨설팅(2017. 4-11), 각국별 의견 취합(2017. 12-2018. 1), 정부 간 협상(2018. 2-7) 등 세 단계를 거쳐 '이주에 관한 글로벌 컴팩트' 최종안 작성을 진행하였다. '이주에 관한 글로벌 컴팩트' 협상은 정부 간 논의 외에도 지역 차원의 협의와 NGO, 디아스포라, 학계, 시민사회 등 다양한 이해당사자들과의 협의도 함께 진행하였다. 마침내 2018년 12월 10-11일 모로코 마라케시에서 '이주에 관한 글로벌 컴팩트'가 채택되었는데 이에 찬성한 국가는 152개국이고, 미국·체코·헝가리·이스라엘·폴란드가 반대표를 던졌으며, 알제리·오스트레일리아·오스트리아·불가리아·칠레·이탈리아·라트비아·리비아·리히텐슈타인·루마니아·싱가포르·스위스가 기권하였다.

뉴욕 선언을 통해 데드라인을 설정한 2018년 '이주를 위한 글로벌 컴팩트'는 GCIM으로 시작된, 비구속적인 원칙을 기반으로 한, 국제이주의 모든 부분을 포괄하는 포괄적인 합의로 평가할 수 있다(설동훈·김철효 2018, 32). '이주를 위한 글로벌 컴팩트'는 '국제이주의 모든 측면에 관한 협력 강화'를 목표로 기존의 국제이주에 관련된 국제인권규범을 토대로 만들어졌으며, 국가주권의 원칙을 존중하면서도 '모든 이주 관련 행위자들 간의 국제협력을 증진'시키기 위한 협력 체제를 표방하고 있다(설동훈·김철효 2018, 33). '이주를 위한 글로벌 컴팩트'는 비구속성을 원칙으로 하고 있지만, 국제이주의 모든 분야를 포괄하는 가이드라인을 제시했다는 점에서 또한 글로벌 수준의 이주 거버넌스 구축에 한 걸음 더 나아갔다는 점에서 큰 의미를 가진다고 평가할 수 있다.

앞서 이주노동자 규범의 발전 과정에서 살펴보았듯이, 노동이주 분야의 국제협력은 양자 협의가 중심이었지 글로벌 수준의 협의와 규범 형성은 더디게 진전되어왔다. 그리고 글로벌 이주 거버넌스 체제도 중심적인 규범과 기구의 부재 속에 파편화된 '건축 없는 실제'로 평가받아왔다. 이 점에서 유엔 전체 회원국이 협상에 참여하여 합의를 도출한 이주를 위한 글로벌 컴팩트는 파편화된 글로벌 이주 거버넌스 1.0의 문제점을 극복하면서 포괄적인 규범과 프레임워크로 발전할 수 있는 첫걸음이라고 볼 수 있다.

이주를 위한 글로벌 컴팩트가 채택된 이래 많은 국가에서 이 컴팩트의 법적 성격을 둘러싼 논쟁들이 있었다. 이민 정책에 있어 국가의 주권을 침해한다는 논란이 대표적이다. 그러나 이주를 위한 글로벌 컴팩트는 전문에서 "법적으로 구속력이 없는 협력적 프레임워크"(a non-legally binding, cooperative framework)라고 그 법적 성격을 분명히 명시하고 있다. 어떤 국가도 홀로 국제이주 문제를 해결할 수 없기 때문에 국제협력을 강화하여야 하고, 이 과정에서 국가주권을 존중한다고 밝히고 있다. 이 점에서 이주를 위한 글로벌 컴팩트는 조약이 아니며, 연성법적 협력 기제라고 정의할 수 있다. 이주를 위한 글로벌 컴팩트가 후반부에 이행 부분을 담고 있기는 하지만, 컴팩트의 이행 부분은 각국의 역량 구축 메커니즘 (capacity-building mechanism)에 초점을 맞추고 있지, 유엔에 의한 이행에 중점을 두고 있지 않다. 오히려 이주를 위한 글로벌 컴팩트는 이행 메커니즘보다 '공통의 이해, 공유된 책임, 그리고 목적의 통일'과 같은 비전 제시와 '사람 중심, 국제협력, 국가주권, 법의 지배, 지속가능한 개발 등'과 같은 원칙들을 제시하는 데 더 많은 분량을 할애하고 있다.

이주를 위한 글로벌 컴팩트는 23개 목표와 관련된 187개 실천과제로 구성되어 있다. 23개 주요 목표는 〈표 5-2〉와 같다.

뉴랜드(Kathleen Newland)는 23개 목표를 크게 세 가지 목적을 지닌 유형으로 나누고 있다(Newland 2019). 1) 이주자가 출신국을 떠나게 만드는 부정적 요인의 감소와 이주 과정에 있어 이주민의 보호(목표 2, 7, 8, 9, 10, 13, 17), 2) 이주민이 개인, 해당 공동체, 국가에 가져올 수 있는 긍정적 요인의 증대(목표 5, 6, 15, 16, 18, 19, 20, 22), 3) 이민정책의 질서 및 효율성 강화와 국제협력의 강화(목표 1, 3, 4, 11, 12, 14, 21, 23) 등으로 23개 목표를 구분하고 있다.

또한 23개 목표는 국가들 간에 쉽게 합의에 이를 수 있는 목

표 5-2. 이주를 위한 글로벌 컴팩트의 23개 목표

목표	개요
목표01	실증적 근거에 기반한 정책을 위해 정확하고 세분화된 데이터를 수집하고 활용한다.
목표02	출신국을 떠날 수밖에 없게 만드는 이주의 부정적 원인과 구조적 요인을 최소화한다.
목표03	이주의 모든 단계에서 시기 적절하고 정확한 정보를 제공한다.
목표04	모든 이주자가 법적 신분증과 적절한 관련 서류를 가지고 있도록 보장한다.
목표05	정규적 이주로 이르는 경로의 이용 가능성과 유연성을 강화한다.
목표06	공정하고 윤리적인 채용을 촉진하고 양호한 근로를 보장하는 여건을 보호한다.
목표07	이주와 관련한 취약성을 대응하고 이를 감소시킨다.
목표08	이주자의 생명을 살리고 실종된 이주자에 대해 국제사회가 공동으로 노력한다.
목표09	이주자 밀입국 알선에 관한 초국가적 대응을 강화한다.
목표10	국제이주의 맥락에서 휴먼 트래피킹을 방지하고 이에 맞서고, 근절한다.
목표11	통합적이며 안전하고 잘 조정된 방식으로 국경을 관리한다.
목표12	스크리닝, 평가 및 연계가 적절하게 이루어지도록 이주 관련 절차의 확실성과 예상 가능성을 강화한다.
목표13	이주자 구금은 최후의 수단으로만 사용하며 구금의 대안을 마련하기 위해 노력한다.
목표14	이주 과정 전반에 걸쳐 영사보호, 지원, 협력을 강화한다.
목표15	이주자에게 기본적 서비스에 대한 접근을 제공한다.
목표16	완전한 포용과 사회통합을 실현하기 위하여 이주자와 사회의 역량을 강화한다.
목표17	모든 종류의 차별을 철폐하고 이주에 대한 인식 형성을 위해 실증적 근거를 기반으로 하는 공공담론을 장려한다.
목표18	직업숙련도 향상에 투자하고, 기술, 자격, 역량의 상호 인정을 촉진한다.
목표19	이주자와 디아스포라가 모든 국가에서 지속가능한 개발에 온전하게 기여할 수 있는 환경을 형성한다.
목표20	더욱 신속하고 안전하고 저렴한 이주자 해외송금을 촉진하고 이주자의 금융 포용성을 증진한다.
목표21	안전하고 존엄성을 존중하는 귀환 및 재입국, 그리고 지속가능한 재통합을 촉진하기 위해 협력한다.
목표22	사회보장 자격과 취득한 혜택의 이동성을 위한 메커니즘을 수립한다.
목표23	안전하고 질서 있고 정규적인 이주를 위한 국제협력과 글로벌 파트너십을 강화한다.

출처: 이병하(2019)

표들과 쉽게 합의에 이르기 어려운 목표들로 나눌 수도 있다. 예를 들어 목표 1, 14, 20 등은 이민 수용국과 송출국 모두가 쉽게 공감할 수 있는 목표로 적절한 예산 투입이 이루어진다면 국가들의 이행이 쉽게 진행될 것으로 예상된다. 반면, 목표 5와 15는 한 국가의 이민정책의 변화가 수반되어야 하고, 사회정책을 둘러싼 선주민과 이주민 간의 갈등을 촉발시킬 여지가 있어 쉽게 이행되기 어렵다고 볼 수 있다. 이런 경우 이수를 위한 글로벌 컴팩트는 정책 수립과 실행에 있어 참고적인 가이드라인에 그칠 가능성이 높다.

이주를 위한 글로벌 컴팩트의 채택 외에 주목해야 할 점은 몇 가지 제도적인 변화이다. 국제난민레짐에서 유엔난민기구가 핵심적인 역할을 수행하고 있는 것에 반해, 국제이주레짐에서는 이와 같은 기구를 찾아보기 어려웠다. 국제이주기구가 전문성을 축적해왔지만, 유엔 시스템 밖에 존재하고 있었기 때문에 유엔난민기구와 같은 역할을 기대하기는 어려웠다. 하지만 2016년 국제이주기구가 '유엔 관련 기구'로 유엔 시스템 내로 편입되면서 이주 관련 유엔 산하기구들 간의 업무 조정도 보다 책임성 있게 진행될 가능성이 높아졌다. 둘째로 GMG가 UN Migration Network으로 대체되면서 보다 체계적인 조정 업무가 이루어질 것으로 보인다. GMG가 글로벌 이주 거버넌스 진전에 중요한 역할을 수행하였지만, 앞서 서술했듯이 실질적인 업무 조정에 있어서는 좋은 평가를 받지 못했다. 하지만 GCM 이행을 위해 새롭게 설치된 UN Migration Network은 사무총장의 역할을 국제이주기구가 맡고, 실무위원회를 설치하는 등 유엔 산하기구 간 업무 조정을 위한 제도적 기반이 확충되었다. 이로써 유엔 내 이주 시스템은 보다 제도화되었다고 볼 수 있으며 회원국이 GCM을 이행하도록 돕는 역할을 수행할 전망이다. 마지막으로 HLD의 정례화이다. 과거 HLD는 2006년과 2013년에 개최되는 등 부정기적인 회의였다. 하지만 HLD는 매 4년마다 정기적으로 개최될 예정이며, GCM의 이행을 점검하고 이주 관련 지속가능한 개발목표 달성을 논의하는 포럼으로 이주노동자 규범의 확산에 긍정적으로 기능할 것으로 기대한다 (Thouez 2019).

IV 이주노동자 규범의 내재화[2]

국제규범이 국내에 전파, 확산되는 경로를 파악하기 위해서 입법을 담당하는 국회는 중요한 분석대상이다. 왜냐하면 국회는 정치적 엘리트 결정 과정을 담당하고 있으며 국제규범은 입법이라는 절차를 통해 국내법으로 내재화되기 때문이다(남궁곤·조동준 2010, 31). 본 절에서는 이주노동자 규범이 어떻게 한국 내에 수용되었는지를 보기 위해 '외국인근로자의 고용 등에 관한 법률'을 연구대상으로 하여 한국의 이민 관련 정책의 입법 과정에서 이주노동자 규범의 역할을 살펴보고자 한다.

한국의 외국인 노동자 정책은 '외국인근로자의 고용 등에 관한 법률'에 의한 고용허가제를 근간으로 한다. 고용허가제는 과거 '산업기술연수생제'하에서 만연하였던 산업연수생에 대한 심각한

---

2   이 절은 졸고(이병하 2014)의 일부를 수정하여 작성되었다.

인권 침해와 연수생 도입 과정에서 벌어졌던 송출 비리, 그리고 이로 인한 비용 증가를 만회하기 위해 연수생들이 자발적으로 불법 체류자가 되었던 문제를 해결하기 위해 2004년 8월 17일부터 시행되었다. 고용허가제의 실행은 그간 사용자의 이익만을 대변하던 이민정책에서 정부의 공공성을 강화하는 방향으로 선회한 것이고 이를 통해 외국인 노동자를 비로소 '노동자'로 인정하면서 한국은 공식적으로 저숙련 외국인 노동자를 수입하고 있음을 선언한 의미를 지니고 있다. 물론 고용허가제는 외국인 노동자의 노동권을 형식적으로만 보장하고 실질적으로 작업장 이전 횟수를 제한함으로써 노동자로서의 기본권을 침해한다는 비판을 받고 있지만 이민정책 중 이민통제 부문에 있어서 공공성 강화를 통해 외국인 노동자 정책을 정상화하였다는 평가도 받고 있다(이병하 2013).

'외국인근로자의 고용 등에 관한 법률'은 1995년 노동부가 '외국인근로자고용 및 관리에 관한 특별법(안)'을 마련한 이후 법률 제정까지 8년이 소요된 입법 과정에서 논란이 많은 법안이었다. 하지만 기나긴 입법 과정을 분석해보면 이 속에서 국제인권규범의 역할은 크게 두드러지지 않는다. 1995년 한국에서 네팔노동자들의 명동성당 시위를 계기로 본격적으로 외국인 노동자의 인권 침해가 사회적으로 공론화되었을 때 사회권 조약에 의해 외국인 노동자 처우, 노동 조건 개선 문제가 우려 사항으로 지적되고 외국인 노동자 보호를 위한 사회보장제도 도입을 권고하였음에도 불구하고 외국인 노동자 법안 입법 과정에서는 크게 부각되지 않았다.

다만 주목할 점은 '외국인근로자의 고용 등에 관한 법률' 입법 과정에서 이주노동자 규범은 국내 정책결정자들의 정책적 선택을 제약하는 역할을 수행한다기보다 이주노동자들의 인권 향상을 논함에 있어 사회행위자 및 국회의원들의 주장을 정당화하는 기능을 수행한다는 점이다. 즉 국제인권규범이 제기하는 권고사항을 국내법에 이행하는 노력보다는 외국인 노동자들의 인권 향상을 주장함에 있어 하나의 정당화 도구로 이용되고 있다는 것이다. 김희정(Kim 2009)은 한국 이주노동자 운동의 국제인권규범 관련 담론을 분석함으로써 어떻게 한국 이주노동자 운동이 국제인권규범을 전략적으로 프레이밍하고 있는지를 분석하고 있다. 한국 이주노동자 운동은 국제인권규범을 도입함으로써 한국이 다른 나라로부터 존경을 받고 국제적 지위를 향상시킬 수 있다고 주장함으로써 국제인권규범이 한국의 민족주의적 담론과 상충되지 않도록 프레이밍을 하고 있다고 주장하였다. '외국인근로자의 고용 등에 관한 법률' 입법 과정에서 나타난 이주노동자 규범의 기능은 한국 이주민 운동가들이 국제인권규범을 민족주의적 담론의 틀 속에서 해석, 전용한다는 김희정의 연구와 일맥상통한다(Kim 2009).

'외국인근로자의 고용 등에 관한 법률' 입법 과정에서 국제인권규범은 '선진국 진입', '국익을 위한 인권보호' 등의 담론과 연결되어서 등장한다. 1996년 12월 이재오 의원은 '외국인근로자고용법'의 제안 설명에서 "선진국 진입을 눈앞에 두고 있는 우리나라로서는 외국인근로자에 대한 균등대우를 규정하고 있는 ILO협약 및 권고를 존중한다는 측면에서도 외국인근로자에 대한 차별금지를 내용으로 하는 법률의 제정이 요청되고 있다."고 주장한다.[3] 또

3   제181회 국회 환경노동위원회 제15차 회의록.

한 '외국인근로자고용법' 제정을 촉구하는 각종 청원을 검토하는 검토보고서에도 "ILO 이사국으로 선출되고 OECD 가입을 눈앞에 두고 있는 현시점에서 국제적으로 인권탄압과 노동착취국이라는 비난을 받아 반한 감정이 고조되고 있는 것을 타파"해야 한다는 문구가 등장한다.[4] 이 법률에 대해 방용석 의원도 "우리나라가 이제 선진국 클럽인 OECD에 가입한 마당에 이제 이들에 대해 근로자로서의 정당한 대우를 해줌으로써 국가의 위신과 체면을 세워야한다"고 주장한다.[5] 이처럼 이주노동자 규범은 외국인근로자의 인권을 보호함으로써 대한민국이 OECD에 가입해 선진국 반열에 오른 시점에 국익을 신장시켜야 한다는 맥락에서 차용되고 있다.

이러한 민족주의적 전용 방식은 2002년 새천년민주당의 이재정 의원 외 33인이 발의한 '외국인근로자의 고용허가 및 인권보장에 관한 법률'의 논의 과정에서도 계속 나타난다. 전재희 의원은 "우리나라의 국제적 위상이나 또 우리나라가 지향하는 세계 인권 국가로서의 자리매김을 위해서는 외국인근로자를 더 이상 이렇게 불법상태에서 근로자로 쓸 수 없다."고 말하며 고용허가제를 긍정적으로 평가하고 있다.[6] 또한 이어 개최된 공청회에서도 유길상 한국노동연구원 부원장은 "외국인문제에 대해서 OECD에서 정례적으로 실시하는 세미나에 참석해 보면 사회자나 각국 대표들이 한국의 연수생 제도에 혹평"하고 있다고 언급하고 있어서[7] 1996년도

---

4   제181회 국회 환경노동위원회 제15차 회의록.
5   제181회 국회 환경노동위원회 제15차 회의록.
6   제238회 국회 환경노동위원회 제3차 회의록.
7   제238회 국회 환경노동위원회 제4차 회의록.

와 마찬가지로 선진국 담론 속에서 이주노동자의 인권이 논의되고 있다. 공청회에서 이주노동자 규범에 대한 보다 직접적인 언급은 외국인 노동자 운동을 대표해 참석한 김해성 목사에 의해 이루어진다. 김해성 목사는 "UN에서는 만장일치로 이주노동자와 그 가족들을 위한 권리협약을 통과시키고 동티모르를 마지막으로 해서 이것이 국제협약으로 효력을 발생하고" 있다는 사실을 주지시키고 있다. 하지만 김해성 목사의 주장도 결국엔 "우리한테 와 있는 외국인 노동자들 중에서 대통령 나오지 말라는 법 없다고 생각하고요. 이제 세계화시대에 호혜 평등을 나누면서 인권도 보장하고 우리의 국가 이미지도 세울 수 있는 고용허가제"를 실시해야 한다는 국익 담론과 민족주의 담론으로 귀결되고 있다.[8]

국제인권조약의 권고사항을 보면 1993년 인종차별철폐협약이 외국인근로자의 자녀 및 배우자 차별을 우려하고 위의 차별에 대한 태도 및 관용 증진을 권고한 점과 1999년 외국인 연수생 상황을 우려사항으로 명시하고, 고용허가제 도입을 권고사항으로 채택한 바가 있다. 이주노동자 규범의 국내 전파에 있어 대한민국 국회가 국제인권규범의 기준과 권고사항을 국내법에 반영할 의도가 있었고, 이주노동자 규범의 정책적 영향력이 컸다면 이러한 부분이 고용허가제 도입 과정에서 중요하게 다루어졌어야 하지만 실제로는 그러지 못했다. 국회회의록을 통해 입법 과정을 분석해보면 이주노동자 규범은 그 구체적인 권고사항을 통해 정책 옵션을 제한한다기보다는, 해당 의원들과 사회적 행위자들에 의해 민족주의적 담

---

8   제238회 국회 환경노동위원회 제4차 회의록.

론과 국익 담론 속에서 제한적으로 해석되고 있음을 알 수 있다.

　고용허가제 도입 이후에도 국제인권조약에 의한 권고는 계속 되었다. 2009년 사회권 조약기구는 이주노동자와 관련하여 이들 이 착취, 차별, 임금미지급 대상이 되고 있다는 것에 우려를 표명 하였으며 이주노동자가 노동법상 보호를 받을 자격을 갖는 근로 자임을 이미 인정하고 있는 고용허가제도에 대하여 심도 있게 재 검토할 것, 사업장 변경 기간을 3개월로 한정한 것은 매우 불충분 하다는 사실에 특별히 관심을 기울일 것, 이주노동자 노조를 법적 으로 인정할 것을 권고하고 있다. 또한 인종차별철폐조약기구도 2003년 이주노동자의 상황 및 사회보장 권리 개선을 권고한 바 있 으며 2007년 이주노동자의 차별대우를 우려한다는 의견을 표명하 고 이주노동자의 노동권 향유, 이주노동자 협약 비준 촉구를 권고 한 바 있다. 특히 이주노동자협약 비준은 2007년 여성차별철폐조 약기구에 의해서도 최종권고안으로 채택된 바 있다. 하지만 이런 권고사항들 역시 입법 과정이나 추후 고용허가제 관련 개정 과정 에서도 크게 논의되지 않았다. 이를 통해서 추측하자면 서구의 사 례와는 달리 한국의 외국인 노동자 정책 입법 과정에 있어서 이주 노동자 규범은 큰 역할을 하지 못하였고 오히려 국내 제반 사회세 력들 간의 이익을 둘러싼 경쟁이나 부처 간 경쟁이 오히려 중요한 변수였다고 추론할 수 있다(이혜경 2008).

V 결론

국제이주는 초국가적인 이슈로 더 이상 단순한 인구의 이동이 아니라 테러리즘이나 조직적 범죄, 송금과 개발협력, 이주와 난민의 연계 등으로 인해 점차 복잡해지고 있다. 국제이주는 더 이상 국민국가의 주권 영역에 속하지 않고 다국적 기업, 비정부 기구, 인도주의적 원조기관 등 국가가 다양한 비정부 행위자들과 상호작용하는 분야가 되었다. 국제이주의 복합성이 증대하고 있음에도 불구하고, 국제이주는 국가의 주권 영역에 직접적으로 연관된 분야이기도 하다. 국제이주는 인구의 유출입을 통제, 관리함으로써 국가의 안보를 유지해야 하는 영역이다. 또한 유입된 이주민, 외국인을 이민 수용국 사회에 통합시켜 정치사회적 정체성을 유지할 필요가 있다. 이러한 통합이 잘 이루어지지 않는다면, 이민 수용국의 시민과 비시민들은 공동체의 범위는 무엇이고, '누가 우리인가'와 같은 물음에 직면하게 되어 사회적 통합과 정체성 형성에 위기를 겪을 수 있다. 이와 같이 국제이주는 국민국가 주권에 직접 관련된 국경관리, 사회통합, 정치사회적 정체성 형성 등에 관한 문제로 인식된다.

국내정치적 측면에서 국제이주는 민감한 이슈라고 할 수 있다. 일반 대중들은 국제이주가 가져올 편익, 비용에 있어 일치된 견해를 가지기 힘들다. 게리 프리만(Gary Freeman)의 이익정치이론에 따르면, 국제이주를 둘러싼 이익집단들은 이주로부터 파생된 이익을 극대화하기 위해 이민정책의 확대를 요구하기도 하며, 국제이주로부터 조직적 비용이 초래된다고 판단하는 이익집단들은 이민정책의 축소를 주장한다(Freeman 1995). 이주노동자의 유입으로 노동비용이 감소하여 소비자들은 상품과 서비스를 더 낮은 가격으로 구입할 수 있지만, 이주노동자로 인한 임금 감소, 일자리 경쟁은 조직화된 노동자들의 동원 가능성을 높일 수 있다. 더 나아가 이민으로 인한 경제적 이득은 이민 수용국의 사회안보와 같은 비경제적 비용으로 상쇄될 수도 있다. 따라서 선거를 통해 주기적으로 정치적 책임을 심판받게 되는 정치인과 정책결정자에게 국제이주는 직접적으로 다루고 싶지 않은, 정치적으로 민감한 이슈이다.

이주민 특히 이주노동자는 내국민과의 동등한 대우를 받지 못하거나 자신의 권리를 침해받을 가능성이 높기 때문에 인권이라는 보편적인 기준에 의해서 권리를 보장받을 필요가 있다. 이 점에서 이주노동자 규범은 이주노동자의 권리 보장과 증진이라는 측면에서 필수적인 수단이지만, 동시에 주권 논리와의 충돌과 대립이 불가피하다. 이런 이유로 이주노동자 규범은 더디게 발전해왔지만, 최근 이주를 위한 글로벌 컴팩트의 사례에서 보듯이 유엔 체제 내에서 점차 체계화되고 있다.

이 글은 이주노동자 규범의 역사적 발전 과정을 다루고 있다. 규범의 출현 단계에서는 국제노동기구가 주도적인 역할을 하였고, 유엔의 국제인권조약은 보완적 역할을 하면서 이주노동자 규범의 형성에 기여하였다. 이후 국제사회는 보다 체계적이고 포괄적인 규범인 이주노동자권리협약을 통해 이주노동자 규범의 확산을 시도하였다. 하지만 주요 이민 수용국의 비준 거부로 인해 이주노동자권리협약은 질반의 성공으로 끝났다. 이에 내해 국세사회는 이주와 개발의 연계에 초점을 맞추어 각종 글로벌 대화체를 통해 연성법적인 접근을 시도함으로써 다른 방식으로 이주노동자 규범의 확산에 노력하였다. 그 결과, 이주를 위한 글로벌 컴팩트가 출범하게 되었고 유엔 회원국 152개국이 찬성함으로써 이주노동자 규범의 확산에 있어 중요한 전기를 마련하였다. 이 글은 이주노동자 규범이 한국에 어떻게 수용되었는가도 다루고 있다. 외국인근로자의 고용 등에 관한 법률의 입법 과정을 분석함으로써 한국에서 이주노동자 규범은 이민정책 형성에 제약을 가하는 기능을 발휘하기보다 국회의원들이나 이주 관련 사회행위자들의 주장을 정당화하는 기능을 수행하였다고 주장한다.

　20세기 초에 등장하여 점진적인 발전 과정을 거쳐온 이주노동자 규범은 이주를 위한 글로벌 컴팩트의 출발로 인해 중요한 전환기를 맞고 있다. 그러나 이주를 위한 글로벌 컴팩트는 이주노동자 규범의 완성이 아니라 보다 진전된 이주노동자 규범의 출발점이다. 국제규범의 역할이 국제협력에 있어서 보다 나은 결과물을 도출하기 위해 국가들로 하여금 주권을 일정 부분 양보하게 하는 것이라는 점에서 이주를 위한 글로벌 컴팩트는 보다 진전된 글로벌 이주 거버넌스 체제로 나아가는 출발점이 될 것으로 기대한다. 점진적인 발전 과정을 통해 도출된 이주를 위한 글로벌 컴팩트는 국가, 비정부기구, 국제기구 등 이해당사자들에게 이주노동자를 포함한 이주민 권리의 보호 및 질서 있는 국경통제에 대한 공통의 기반을 제공하고 이민정책 실행에 있어 중요한 가이드라인을 제시해 줄 것이다. 이러한 가능성에도 불구하고, 법적 구속력을 가지지 못한 이주를 위한 글로벌 컴팩트는 과연 어떻게 국가들의 참여와 합의된 원칙에 대한 준수를 이끌어낼 것인가 하는 도전에 직면해 있다. 그 가능성을 변화로 바꾸기 위해서는 정기화되고 제도화된 포럼을 통해 국가들 간의 교류를 활성화함으로써 노동 이주 분야에서 자신들의 이익을 재정의하고, 단기적인 이익을 넘어서 장기적인 이익을 추구할 수 있는 유인을 제공할 필요가 있다. 또한 시민사회, 기업, 학계 등의 참여를 촉진시켜 민관협력을 통해 이주노동자 권리 보호 및 증진을 위한 다양한 파일럿 프로그램을 실험해 보고, 혁신적인 해결방안을 모색할 때, 이주노동자 규범은 보다 더 진전될 수 있을 것이다.

참고문헌

김희강·임현. 2018. "이주노동자의 권리: 인권 대 주권의 이분법을 넘어서." 『법학논총』 42(4): 133-176.

남궁곤·조동준. 2010. "국제규범의 국내확산경로: 대인지뢰금지규범의 국회내 유입과 발의를 중심으로." 『한국정치학회보』 44(3): 28-52.

설동훈. 2005. "외국인노동자와 인권: '국가의 주권'과 '국민의 기본권' 및 '인간의 기본권'의 상충요소 검토." 『민주주의와 인권』 5(2): 39-78.

설동훈·김철효. 2018. 『이민자 사회통합정책 집행 전담기관 설립방안』. 과천: 법무부.

이경숙. "이주노동자 권리 보호를 위한 국제인권규범 수용에 관한 연구: 유엔 국제인권조약 및 이주노동자권리협약을 중심으로." 『법학연구』 11(2): 189-221.

이병하. 2013. "한국과 일본의 외국인 노동자 정책과 외국인 노동자 운동." 『기억과 전망』 29: 1-43.

_____. 2014. "국제인권규범과 한국의 이주민 인권." 『21세기정치학회보』 24(1): 269-290.

_____. 2019. "글로벌 이주 거버넌스 2.0의 등장: GCM 사례를 중심으로." 『동서연구』 31(4): 5-34.

이진영. 2016. "국제이민협력." 이혜경 외. 『이민정책론』. 서울: 박영사.

이혜경. 2008. "한국 이민정책의 수렴현상: 확대와 포섭의 방향으로." 『한국사회학』 42(2): 104-137.

조영희. 2018. 『글로벌이주거버넌스를 통해 본 한국 이민정책의 방향: 지속가능한 개발목표(SDGs) 논의를 중심으로』. 고양: IOM 이민정책연구원.

채형복. 2008. "국제이주노동자권리협약에 대한 고찰." 『법학논고』 29: 339-365.

Battistella, Graziano. 2009. "Migration and human rights: the uneasy but essential relationship." in Ryszard Cholewinski, Paul De Guchteneire and Antoine Pécoud (eds.). *Migration and Human Rights: The United Nations Convention on Migrant Workers' Rights*. Cambridge: Cambridge University Press.

Betts, Alexander. 2011. "Substantive issue-linkage and the politics of migration." in *Arguing Global Governance: Agency, lifeworld, and shared reasoning*, eds. Cornelius Bjola and Markus Kornprobst. London and New York: Routledge.

Betts, Alexander and Lena Kainz. 2017. "The history of global migration governance." Working Paper Series No. 122. Oxford: Refugee Studies Centre, Oxford University.

Böhning, Roger. 1991. "The ILO and the New UN Convention on Migrant Workers: The Past and Future." *The International Migration Review*

25(4): 698-709.

Cholewinski, Ryszard. 2009. "Labour migration management and the rights of migrant workers." in Alice Edwards and Carla Ferstman (eds.). *Human Security and Non-citizens: Law, Policy and International Affairs.* Cambridge: Cambridge University Press.

Cholewinski, Ryszard and Patrick Taran. 2010. "Migration, Governance and Human Rights: Contemporary Dilemmas in the Era of Globalization." *Refugee Survey Quarterly* 28(4): 1-33.

De Guchteneire, Paul and Antoine Pécoud. 2009. "Introduction: The UN Convention on Migrant Workers' Rights." in Ryszard Cholewinski, Paul De Guchteneire and Antoine Pécoud (eds.). *Migration and Human Rights: The United Nations Convention on Migrant Workers' Rights.* Cambridge: Cambridge University Press.

Freeman, Gary P. 1995. "Modes of Immigration Politics in Liberal Democratic States." *The International Migration Review* 29(4): 881-902.

Gest, Justin, Carolyn Armstrong, Elizabeth Carolan, Elliott Fox, Vanaessa Holzer, Tim McLellan, Audrey Cherryl Mogan, and Meher Talib. 2013. "Tracking the Process of International Norm Emergence: A Comparative Analysis of Six Agendas and Emerging Migrants' Rights." *Global Governance* 19: 153-185.

Hasenau, Michael. 1991. "ILO Standards on Migrant Workers: The Fundamentals of the UN Convention and Their Genesis." *The International Migration Review* 25(4): 687-697.

International Organization for Migration. 2017. *World Migration Report 2018.* Geneva: IOM.

_____. 2019. *World Migration Report 2020.* Geneva: IOM.

Kim, Nora Hui-Jung. 2009. "Framing Multiple Others and International Norms: the Migrant Worker Advocacy Movement and Korean National Identity Reconstruction." *Nation and Nationalsm* 15(4): 678-695.

Lönnroth, Juhani. 1991. "The International Convention on the Rights of All Migrant Workers and Members of Their Families in the Context of International Migration Policies: An Analysis of Ten Years of Negotiation." *The International Migration Review* 25(4): 710-736.

Micinski, Nicholas R. and Thomas G. Weiss. 2017. "Global Migration Governance: Beyond Coordination and Crises." in *The Global Community Yearbook of International Law and Jurisprudence 2017*, ed. G. Ziccardi Capaldo. Oxford: Oxford University Press.

Newland, Katheleen. 2017. "The Global Compact for Migration: How Does Development Fit In?" *Policy Brief.* Washington D.C.: Migration Policy

Institute.

_____. 2019. "Global Governance of International Migration 2.0: What Lies
Ahead?" *Policy Brief*. Washington D.C.: Migration Policy Institute.

Opeskin, Brian, Richard Perruchoud and Jillyanne Redpath-Cross. 2012.
"Conceptualising international migration law." in Brian Opeskin,
Richard Perruchoud and Jillyanne Redpath-Cross (eds.). *Foundations of
International Migration Law*. Cambridge: Cambridge University Press.

Pécoud, Antoine. 2015. *Depoliticising Migration: Global Governance and
International Migration Narratives*. Basingstoke: Palgrave Macmillan.

_____. 2017. "The Politics of the UN Convention on Migrant Workers' Rights."
Groningen Journal of International Law 5(1): 57-72.

Slinckx, Isabelle. 2009. "Migrants' rights in UN human rights conventions." in
Ryszard Cholewinski, Paul De Guchteneire and Antoine Pécoud (eds.).
*Migration and Human Rights: The United Nations Convention on Migrant
Workers' Rights*. Cambridge: Cambridge University Press.

Thouez, Colleen. 2019. "Strengthening migration governance: the UN as
'wingman'." *Journal of Ethnic and Migration Studies* 45(8): 1242-1257.

필자 소개

이병하 Lee, Byoungha

서울시립대학교 국제관계학과 부교수
연세대학교 정치외교학과 졸업, 럿거스대학교 정치학 박사

논저 "South Korea's Developmental Democracy and Migrant Workers Policy", "국제인권규범과 한국의 이주민 인권", "글로벌 이주 거버넌스 2.0의 등장"

이메일 byoungha@uos.ac.kr

제6장

여성 연대와 열린 해석

— 국제규범으로서 젠더주류화*

Women's solidarity and Opened interpretation:
Gender Mainstreaming as an International Norm

황영주 | 부산외국어대학교 역사관광 외교학부 교수

*   이 장은 황영주(2011a: 2014)를 이 특별호의 편집의도에 맞추어 대폭 고쳐 쓴 것이다.

젠더주류화 라는 국제규범이 갖는 국제규범으로서의 보편성과 특이성을 검토하는 것이 이 장

의 목적이다. 일반적 국제규범이 주로 선진국에서 후진국으로 확산(diffusion)되는 과정이라면, 젠더주류화는 여성단체의 초국가적 네트워크가 그 역할을 대신한다. 즉, 이 초국가적 네트워크들은 성평등과 젠더주류화가 주요 이슈와 주제가될 수 있도록 노력하였다. 이러한 노력을 통하여 국가는 점차 젠더주류화의 담론에 주목하면서, 그 담론이 갖는 성격을 이해하고 그것을 제도화·내재화시키려했다. 다른 한편, 젠더주류화는 그 내재화 과정에서 제도 도입으로 환원되는 조직 원리(축소주의)와 적극적인 성평등의 추구(확대주의)라는 입장으로 대별된다. 이는 젠더주류화가 갖는 느슨한 정의와 개념 때문에 생기는 본질적 특징이라고할 것이다. 젠더주류화는 그 생성 과정에서도, 여성과 관련된 패러다임의 변화에따라 개발에서의 여성(WID), 젠더와 개발(GAD)이라는 패러다임을 먼저 경험한다. 즉 젠더주류화는 일종의 열려 있는 개념으로 여성의 새로운 요구와 사회적변화에 따라서 언제든지 또 다른 패러다임으로 대체될 수 있는 가능성이 있다.

The main purpose of this chapter is to examine the universality and differences in gender mainstreaming as an international norm. On the one hand, while most international norms are mainly a process of diffusion from developed countries to underdeveloped ones, in the case of gender mainstreaming the role of norm diffusion is carried out through a network of transnational women's organizations. This transnational network aims to make gender equality and gender mainstreaming a major issue and theme in the international society. Based on the progress made through networking, many states are beginning to gradually pay attention to gender mainstreaming and understand the character of the discourse, which will eventually lead to the institutionalization and internalization in the domestic sphere. On the other hand, the main ideas of gender mainstreaming as an international norm can be broadly divided into two aspects in the process of introduction by each state: the position of organizational principle (reductionism), which is limited to institutional introduction in the process of internalization, and the active pursuit of gender equality (expansionism). Gender mainstreaming could also be regarded as the empirical accumulation of WID and GAD, the former gender policy paradigms. In fact, gender mainstreaming is an open concept and there is a strong possibility that the paradigm of gender mainstreaming could be replaced at any time according to the changing demands of women and society. The Korean government has actively embraced the international pressure of gender mainstreaming over the last couple of years, accommodating the reductionist stance and setting up relevant institutions and policies for gender mainstreaming.

KEYWORDS 국제규범 International norms, 젠더주류화 gender mainstreaming, 여성 정책 women's policy, 여성 국가 기관 women's state agencies, 여성단체의 초국가적 네트워크 transnational networks of women's organizations

I 서론

이 장의 주된 목적은 젠더주류화(gender mainstreaming), 즉 성평
등을 목적으로 하는 정책 패러다임이 전 세계적으로 어떻게 수용·
확산되었는지 검토하는 데 있다. 젠더주류화는 "정책결정에 관여
하는 모든 행위자들이 정책 과정을 (재)조직, 고양, 개발, 평가하여
모든 정책의 단계와 수준에서 양성평등의 관점이 녹아들어갈 수
있게 만드는 것"(The Council of Europe 1998; Hafner-Burton and
Pollack 2002, 342에서 재인용)으로 정의된다. 젠더주류화는 1995년
베이징 여성회의를 통해 유엔 회원국들이 채택한 바 있고(황영주
2009, 333), 이후 유엔(UN)과 유럽연합(EU)을 비롯한 다양한 국제
기구(IGO)뿐만 아니라, 비정부국제기구(INGO)에 이르기까지 전
세계적으로 광범위하게 확산되었다(마경희 2007, 46). 이렇듯 젠더
주류화는 여성과 관련된 대표적인 정책 도구로써 국제규범으로 작
동하고 있다.

이 책에서 국제규범으로서 젠더주류화 검토는 편집방향 및 목
적과 관련하여 크게 두 가지 의의를 지닌다고 할 수 있다. 한편으
로, 젠더주류화는 규범의 생성과 확장에서 다른 국제규범과 차이
가 나는, 비교적 독특한 국제규범이라고 할 수 있다. 젠더주류화는
그 기원에서 양성평등과 여성의 주류화를 목적으로 하고 있고, 그
것의 생성과 발전에서는 여성·여성 연대를 기초로 하는 "여성단체
의 초국가적 네트워킹"(the transnational networking of Women's
organization)(True 2003, 372)이 결정적인 역할을 하는 것으로 판
단된다.

다른 한편으로, 젠더주류화는 규범 자체가 가진 모호성 (ambiguity)과 독특한 위치 때문에 새로운 규범으로 쉽게 진화되거나 다른 국제규범에 영향을 끼칠 가능성이 높은 규범이다. 이러한 젠더주류화의 "규범의 내외적 역동성"(internal dynamic and external dynamic)(Krook and True 2010, 109-111)은 여타 국제규범과 다른 점이 된다. 젠더주류화는 여성·여성 연대를 매개로 하는 생성과 확산 과정 그리고 규범 자체의 모호성, 규범 생애의 특이성이라는 점에서 주목해야 할 국제규범이라 할 수 있다.

이와 같은 배경을 고려하여 이 장은 다음과 같이 구성된다. II 절에서는 국제규범으로서 젠더주류화의 특징에 대해서 다루고자 한다. III절은 국제규범 생성에 해당되는 것으로 젠더주류화의 기원을 여성의 초국가적 연대와 활동이라는 점에 중심을 두고 분석한다. IV절은 국제규범의 확산에 해당되는 것으로 젠더주류화의 담론 생성 및 제도화와 함께 어떤 방식으로 국가가 이를 수용하는지 살펴보고자 한다. V절은 국제규범의 내재화를 다루면서 국가와 국제기구가 젠더주류화를 내재화하는 방식, 젠더주류화의 진화 및 여타 국제규범에 대한 영향도 함께 살펴보고자 한다. VI절에서는 이상에서 다룬 내용을 바탕으로 한국에서의 젠더주류화 수용을 검토한다. VII절은 결론으로 전체 내용을 요약·정리한다.

II 국제규범으로서 젠더주류화의 특징

1. 젠더주류화의 다의성(多義性)

잘 알려진 바와 같이 성평등 정책 자체는 불평등한 입장에 처해 있는 여성들의 지위 향상과 권리 증진을 다루는 정책이다. 또한 젠더주류화는 일반적인 성평등 정책에 비해 보다 적극적으로 성평등을 강제하는 정책이기도 하다.

월비(Sylvia Walby)는 "젠더주류화는 양성평등 정책을 넘어서는, 양성평등실제와 관련된 모든 영역에 주목하는 야심을 가지고 있다. 따라서 젠더주류화의 진보는 성평등 행위를 확대하는 의미를 지니고 있다"(Walby 2005, 456)고 지적한다. 트루(Jacqui True)는 정책 과정이나 결과물에 주목하면서, "반차별법과 정책 등은 남성과 여성의 평등을 확보하기 위해 제도적 장애물을 제거하려고 하는 반면에, 젠더주류화는 젠더의 차이가 정책 과정이나 그 결과물에 직접적으로 투영되도록 하는 것"(True 2003, 369)으로 판단한다. 다시 말해 젠더주류화 정책은 다음 인용문과 같이 세 측면으로 정의된다.

첫째, 여성의 주류화(Mainstreaming of Women)로서 사회 전역에 걸쳐 여성도 남성과 동등하게 참여하고 의사결정권을 갖는 것이며, 둘째, 젠더관점의 주류화(Mainstreaming of Gender)로서 정책이나 프로그램이 남성과 여성에게 어떻게 차별적인 영향을 미치는지 검토하며, 셋째, 주류의 전환(Transformation of Mainstreaming) 방안으로서

극소수 여성만이 상징적으로 정책결정과정에 참여하는 것이 아니라 여성이 남성과 동등하게 정책결정과정 전반에 참여하고 그 결과로서 여성이 주변이 아닌 주류로 전환되는 것을 의미한다(박재규 2006, 13).[1]

그런데 젠더주류화는 그 목적과 실행 방법에 따라 다양한 입장이 노정된다. 우선 그 목적에 따라서는 성차별을 제거하고 평등을 도모하는 포괄적인 목표를 가진 지향점으로 활용되어야 한다는 확대주의 입장과 공공정책의 실행 과정에서 여성 또는 젠더 이슈를 고려하는 축소주의 입장으로 구별된다. 월비가 구분하듯 "성평등의 궁극적 목적에 대한 비전으로 보는 입장과 정책 및 정치적 전략 전술로 보는 입장…"(월비 2008, 158)으로 구별되는 것이다.

다음으로, 젠더주류화는 그 실행 과정에서 제도적(institutional) 영역과 담론적(discursive) 영역으로 대별되기도 한다(True 2010, 189-200). 제도적 영역은 "특정의 조직 맥락에서 젠더주류화 정책과 절차가 어떤 방식으로 수용되고 실행되는지…"(True 2010, 189)에 초점을 맞추는 것으로 명시적인 성평등 제도 창출로 이어진다. 반면, 담론적 영역은 "다양한 맥락에서 정의되는 여성·남성, 젠더 평등이라는 의미 변화를 가져오는 전략적 언어 및 구획 짓기

---

1 월비는 이를 다음과 같이 정리한다. "1. 첫 번째는 같음에 기초한, 평등이 짓밟힌, 특히 이전에 남성적 영역이라고 간주되었던 곳, 또한 기존의 남성적 규범이 표준이 되어버린 영역에 여성이 진입할 때의 모델이다. 2. 두 번째는 양성 분리 사회에서 여성과 남성의 각기 다른 기여에 대해 동등하게 가치 평가를 내리려는 움직임이 있는 영역에서의 모델이다. 3. 세 번째는 남성과 여성에 대한 새로운 기준, 즉 젠더 관계의 변형이 존재하는 영역에서의 모델이다"(월비 2008, 153).

과정을 통해서 젠더주류화의 절차가 어떠한 새로운 권력을 형성하는지 질문…"(True 2010, 189)을 던지는 담론을 생성한다.

2. 국제규범으로서의 젠더주류화

젠더주류화는 선진국에서 후진국, 서구에서 비서구로 수용되는 일반적 국제규범의 생성, 확산, 제도화와는 다른 국제규범의 경로를 가진다. 그래서 월비는 젠더주류화가 국제규범 내지는 정책 과정으로서 단순한 일방적 확산의 과정이 아니라는 점에 주목하고 있다. "젠더주류화는 중심국가로부터 주변국가로 단순하게 확장되는 정책발전을 보여주는 사례가 아니며, 오히려 여러 상이한 장소에서 복잡한 접합과 다양한 발전을 보여주는 사례라 할 것이다"(Walby 2005, 458). 즉, 젠더주류화는 국제정치의 현실에서 일반적으로 수용되는 주류(선진국/서구)와 비주류(후진국/비서구)라는 구별에 포획되지 않고 사회적인 비주류를 위한 권리 신장(남녀평등/여성의 주류화)을 목표로 하는 국제규범의 성격을 갖는다.

젠더주류화는 여성의 직접적 지위 향상과 관련된 것이며, 이는 달리 표현하면 여성들의 삶과 닮아 있다는 점에서 현실 극복을 위해 연대해야 한다는 의식에서 출발한다고 판단한다. 여성들은 국경선과 상관없이 유사한 방식의 삶과 억압을 경험하고 있으며, 여성 자신들이 누릴 수 있는 특권은 다른 지역, 다른 국가 여성들에 대한 억압과 착취에서 출발할 수도 있다는 점을 항상 인지한다는 것이다. 이러한 배경에서 여성들은 자신들의 지위 향상을 위하여 초국가적 연대를 형성하고, 궁극적으로는 젠더주류화라는 국제규범의 성격을 규율해 내는 것이다.

　다른 한편, 젠더주류화는 고정되고 주어진 개념이 아니라 열려 있는 개념으로서 국가, IGO, INGO 등에서 다양한 방법으로 변용된다는 점도 중요하다. 이러한 주장에 따르면 젠더주류화는 고정된 국제규범이 아니라, 수용의 과정(processes)에서 다양하게 변주된다. 다시 말해서, 젠더주류화는 내부적 역동성(internal dynamic)에서 젠더주류화가 갖는 느슨한 정의와 개념 때문에 무엇이 규범의 정통적(authentic) 실현인지에 대한 논쟁에 항상 열려 있으며, 동시에 외부적 역동성(external dynamic)에서 젠더주류화의 실제 실행과정에서 규범 자체의 성격 때문에 관련 국제규범 창출과 변형에도 많은 영향을 미친다(Krook and True 2010, 109-111)고 하겠다.

III 젠더주류화의 형성: 여성 연대와 국내규범의 세계화

1. 여성 연대의 세계적 확대

젠더주류화의 중심 동력은 실제로 여성 관련 단체의 초국가적 네트워크라는 것이 정설이다. "국가적 역동성이나 제도 그리고 국제적 또는 정부 간의 압력보다는 여성단체의 초국가적 네트워크(the transnational networking of Women's organizations)가 젠더주류화 기구의 창설에 대한 정치적 동력과 사회적 압력을 제공하였다"

(True 2003, 372)는 것이다.

초국가적 네트워크의 활동을 이해하기 위해서는 여성단체의 특수성에 대하여 이해할 필요가 있다(황영주 2006, 329-330). 맥키(Mackie)의 지적과 같이 "여성운동은 그 초기부터 다른 국가와의 여성적 연대를 바탕으로 발전해 왔다"(Mackie 2001, 180). 예를 들어, 여성 참정권운동은 국제적 연대를 기반으로 시작되었고, YWCA와 같은 여성종교운동이 전 세계에 걸친 여성 연대를 만들어냈고, 국제연맹과 같은 국제기구 형성에도 여성의 국제적 연대가 일정한 영향력을 행사하였다. 여성들의 국제 연대는 지금도 유효하며 여전히 강조된다. "이러한 국제적 연대는 20세기뿐만 아니라, 21세기에도 계속되고 있다. 단지 이러한 연대를 논의하는 언어만이 변화되어 왔을 뿐이다. 즉, 국제(international)에서 전 지구(global) 또는 초국가(transnational)로 바뀐 것이다"(Mackie 2001, 181).

그렇다면 초국가적 네트워크적인 여성 연대는 왜 여성운동의 특징으로 나타나는가? 맥키는 이러한 특징이 여성들의 경험 유사성(similarity)과 상호 중첩성(multiple imbrications)(Mackie 2001 194, 205)에서 드러난다고 주장하고 있다. 경험 유사성은 국가의 국경선과 상관없이 차별과 억압을 경험하는 등 여성의 유사한 삶을 의미하며, 이는 결국 여성 연대의 기초로 작동하게 되는 기제가 된다. 상호 중첩성은 여성들의 삶들이 서로 간에 상호 중첩되어 있고, 자신의 특권은 타 국가와 민족 여성들에 대한 권리 박탈과 소유 결핍에서 출발한다는 점을 인지하는 것이 된다.

여성단체의 초국가적 네트워크는 젠더주류화와 관련하여 국제적 이슈 및 요구를 국내 정부에 요구하거나, 특정 국가에 높은 수준의 젠더주류화를 국제적으로 알리고 확장시키는 데 중요한 역할을 하게 된다. 유엔 주최 여성회의[2]는 다른 회의에 비하여 월등히 높은 참관율을 보이며(True 2003, 377), 회의에서 여성 활동가들은 문제 제기뿐만 아니라, 구체적인 정책 실행까지 적극적으로 점검하려 한다. 즉, 여성들은 서로 간의 협의를 통해 가장 시급한 문제를 회의 주제로 설정하고, 일정한 정도 행동 계획을 마련한 다음, 이를 다시 국가적·지역적 차원에서 해결할 수 있는 구체적인 행동 방침 등을 정하는 일련의 과정들에 관여한다(Bunch 1995; True and Mintrom 2001, 33에서 재인용).

2   유엔 여성회의의 개최와 관련한 자세한 내용은 다음과 같다.

표 6-1. 유엔 여성회의 연표 (1975-1995)

구분/ 연도	장소	내용	참가 규모
1차 1975	멕시코시티	-유엔지정 '75 「세계여성의 해(IWY)」 기념 -멕시코선언 및 세계행동계획(219항) 채택 ·주제: 평등, 평화, 발전 ·「유엔여성 10년」('75-'85)선포유도	-정부간:133개국 2,000명 -비정부간: 4,000명
2차 1980	코펜하겐	-유엔 10년 중간평가 -유엔여성 10년 후반기 사업계획 (287개항) 채택 ·소주제 추가: 교육, 고용, 보건에 중점	-정부간: 145개국 2,000명 -비정부간: 8,000명
3차 1985	나이로비	-유엔여성 10년 사업 종합평가 -2000년을 향한 나이로비 여성발전 미래전략 (372개항) 채택	-정부간: 153개국 2,000명 -비정부간: 1만 5,000명
4차 1995	베이징	-나이로비 전략 이행 검토 및 평가 -평등, 발전, 평화를 위한 행동강령 (362개항) 채택	-정부간: 189개국 5,700명 -비정부간: 3만 명

출처: 배선희(2007, 178)의 내용을 재구성함.

2. 국내규범의 세계화

한편, 여성단체의 초국가적 네트워크뿐만 아니라, 특정 국가에서 이미 실행되고 있는 모범적 국내규범 또한 세계적으로 확산되기도 한다. 즉, 젠더주류화와 관련한 국내규범(domestic norms)은 국제규범의 중요한 연원이 된다. 예를 들어, 호주의 "여성예산"(women's budget)은 특정 국가의 젠더주류화 정책이 국제규범으로 확장되는지를 보여주는 좋은 사례가 된다. 여성 지위청(the Australian Office for the Status of Women)은 정부 예산과 사용이 어떻게 남녀에게 다르게 영향을 미치는가를 검토하는 여성예산이라는 개념을 도입하였는데, 성인지 예산(gender sensitive budget)으로 알려진 이 제도는 정부 예산 사용에서 여성과 남성 간의 젠더 형평성을 확보하려 했던 것이다. 이 성인지 예산은 세계적인 여성단체들에 의해서 젠더주류화의 대표사업으로 간주되어 다른 국가로 확산하게 된다. 많은 국가들이 성인지 예산 개념을 수용하거나 권고받고 있으며, 심지어 비정부기구도 이러한 제도를 수용한다(True 2003, 379-380). 한국도 2010년도부터 성인지 예산 제도를 도입하여 대표적인 젠더주류화 정책으로 활용하고 있다.

IV 젠더주류화의 확산: 담론과 제도화, 사회화

1. 담론과 제도화: 확산의 촉발

클로츠(Klotz)는 국제규범의 기능을 공동체를 통한 정체성의 보장, 대화를 통한 평판의 유지, 담론 공유를 통한 제도화라는 측면에서 분석한 바 있다(Klotz 1995, 32). 이때 담론과 제도화(discourse and institutions)는 젠더주류화의 확산과 관련해 대단히 중요한 역할을 한다.

트루는 "젠더 관점의 경우…페미니즘 학자와 활동가에 의해서 제기되는 설득적 언어와 개념적 뼈대에 의존하고 있다"(True 2003, 374)며 젠더주류화와 관련한 담론의 중요성에 대하여 강조한다. 즉,

> "여성이 없는 민주주의는 민주주의가 아니다." "여성의 권리는 인권
> 이며, 인권은 여성의 권리이다." '성추행', '여성에 대한 폭력'과 같은
> 영향력이 있는 구호에서 볼 수 있듯이, 우리를 둘러싸고 있는 세상에
> 대하여 우리가 보고 생각하는 방법을 변화시킴으로써 현실을 변화시
> 킬 수 있다. 인간들은, 시간이 흘러감에 따라, 이러한 구호를 당연시
> 여기며 또한 일상화시켜, 심지어 의례적인 것으로 여기게 된다…. 그
> 러나 실제 관행에서도 변화가 나타나는데, 규범의 수용에 따라 단어
> 와 그 의미 자체가 변화된 것이다(True 2003, 374).

실제로, 베이징 여성회의에서 선택된 선언문 및 행동강령 등

은 상징적 선택에서 끝난 것이 아니라, 동일한 선언문과 행동강령 등을 반복해서 지역과 사회에서 활용함으로써 의미를 확산시켜 설득시키려 한다(True 2003, 375). 즉, 여성들은 국제 여성회의에서의 공동 담론 형성뿐만 아니라, 개별 국가에서도 동일한 구호와 동일한 담론을 형성하는 데 많은 노력을 기울인다. 예컨대, 페미니즘 그룹은 "성추행"(sexual harassment)과 관련된 내용을 법제화시킬 때, 전 세계적으로 동일한 의미로 정확하게 수용될 수 있도록 노력을 기울인다는 것이다.

또한, 국제규범이 요구하는 제도 창출은 실제 규범을 이해하고 실천하는 데 중요한 장으로 활용된다. 즉, 국제규범의 확산에 있어서 가장 분명하면서도 뚜렷하게 드러나는 것 중에 하나가 제도의 창출이라 할 것이다. 1975년 멕시코에서 있었던 여성회의에서는 양성평등 진작 및 여성 지위 향상을 위하여 모든 국가는 여성 관련 국가 기관을 창설하도록 권고를 받게 된다. 즉, 세계여성의 해 선언문에 의해서 이른바 여성 관련 "국가 기관"(national machinery) 창설이 권고되면서 확산된다(True and Mintrom 2001, 30). 이어서, 1998년에는 유엔여성향상국(the United Nation Division for the Advancement of Women)의 성평등 국가기관전문가그룹에서는 명시적인 양성평등 관련 기구를 대통령 또는 수상 등의 직접적인 책임 아래 두도록 하여 중앙집권화된 계획 또는 정책의 협조 기능을 강화하도록 권고한다. 이 권고는 (여성과 젠더 문제를 다루는 부서가) 정부 내에서 명시적으로 인정받을 때 그 협조와 자원 접근성이 용이하다는 판단에 근거한 것이다. 이러한 권고를 받아들여 각국은 자신의 실정에 맞는 여성 관련 국가기관을 창설한다. 한국의 경우에도 2001년 여성부를 신설하게 된다.

2. 사회화: 확산의 수용

국가는 국가 스스로 국제사회에서 적절한 국가행동에 대한 처방을 수용함으로써 국제규범을 통해서 국제사회에 어울리는 행위자로 사회화된다(Elgastrom 2000, 473). 실제로 트루와 민트롬은 국제규범으로서 젠더주류화와 관련하여 "국제사회에서 국가 사회화"로 설명하고 있다(True and Minstrom 2001, 40-42).

"여성차별철폐협약"(Convention on the Elimination of all forms of discrimination against Women, CEDAW)은 국제사회의 규범을 수용하는 국가 사회화의 중요한 사례 중 하나다. 여성에 대한 모든 종류의 차별을 금지하고, 동시에 여성의 포괄적 권리를 보장하기 위한 이 조약은 1979년 UN에서 채택되어 1981년에 발효되었다. 현재, 약 190여 개 국가가 이 조약에 참가하거나 비준한 상태이다. 여성차별철폐협약에 가입·비준하면서 개별 국가들은, 타국의 사례를 학습하고 실행하게 되며, 결국에는 젠더주류화의 도입과 실행에도 적극적인 태도를 갖는다(True and Mintrom 2001, 40). 여성차별철폐협약은 국가들로 하여금 여성의 동등한 권리 보장을 위해서 최소한의 기준을 마련하고 이 목표를 달성하기 위한 입법, 행정, 사법에서의 노력과 수단에 대해 정기적인 보고서를 제출하도록 한다. 이러한 과정을 거치면서 국가는 젠더 관련 국제규범에 더욱 민감해지는 것이다.

스트랭과 메이어(Strang and Mayer)는 젠더주류화 수용과 관련하여 젠더주류화의 국내규범이 국제규범과 유사한 국가들일수록 젠더주류화 기관 설립에 적극적일 것이며, 또한 자신의 국제적 명성을 상승시키려는 제3세계 국가들 또한 젠더주류화 기관 설립에 우호적일 것이라는 주장을 편다(Strang and Mayer 1993, 503-504; True and Mintrom 2001, 41에서 재인용).

각국은 젠더주류화 정책을 국제규범으로 간주하고, 이를 무형으로 인식되는 국가 이익의 하나로서 수용한다(Elgastrom 2000, 459-450). 예컨대, 한국의 경우에도 여성차별철폐협약 이행심의에서 젠더주류화 정책으로서 성별영향평가(gender impact assessment)[3]를 대표적인 성공사례로 여기며 이를 적극적으로 선전한다(황영주 2009, 339).[4] 한편, 제3세계 국가에서의 젠더주류화 정책 수용은 여성지위 향상은 물론 국제적 평판(international recognition)을 얻는 노력이 된다. 칸디요티(Kandiyoti)는 일부 개발도상국에서 여성 권익을 위해서 취해지는 각종 입법 조치들이 여성의 권익신장 자체보다는, 오히려 해당 국가의 국제적 위상에 대한 관심에서 비롯된다고 분석한다. "기존 젠더 관계의 진정한 변화보다는 새로운 국가의 역동성을 보장하는 상징적인 기호로 작동"(Kandiyoti 1991, 420)[5]한다는 것이다. 특정 국가에 있어 젠더주

---

3   성별영향평가는 "정부 정책이 성별에 미치는 영향과 성차별 발생 원인 등을 체계적·종합적으로 평가하여 합리적으로 개선함으로써 실질적인 성평등 실현"과 "정책수요자의 성별특성에 기반한 정책을 수립함으로써 국민만족도 제고"에 있다(여성가족부 2020, 3). 성별영향평가는 성인지 예산 및 결산, 성별 통계 등과 함께 대표적인 젠더주류화 정책 중 하나이다.

4   즉, 2007년 7월 유엔본부에서 있었던 "여성차별철폐협약 이행심의"에서 당시 장하진 여성가족부 장관은 여성차별철폐협약 이행을 위한 한국 정부의 노력을 소개하면서 성별영향평가 추진을 그 구체적인 예로 소개하고 있었다.

류화 정책 수용이 때로는 '근대화의 상징'으로 환치될 수 있다는 것이다.

특정 국가의 젠더주류화 수용에 대한 또 다른 설명은 이른바 국제기구 회원효과 및 동료효과와 관련된 것이다. 이 설명에 따르면 국제기구의 회원으로 가입함으로써 발생하는 회원국효과와 함께 회원국으로 활동하게 됨에 따라 타국으로부터 영향을 받게 되는 동료국가효과도 중요하다는 것이다(True and Mintrom 2001, 41). 국제기구에서의 다양한 경험을 통해서 국가들은 젠더주류화 수용에 보다 적극적일 가능성이 높다는 것이다. "공식적으로 만들어진 정부 간 국제기구는 회원국가 간의 상호 협조, 최선을 위한 토론, 상호 지원 등을 용이하게 만들어낸다"(True and Mintrom 2001, 41). 동료효과(peer-effect)[6]도 중요하다고 보고된다. 노르딕 국가연합(The Nordic Council) 국가들은 젠더주류화 기관 설립이 빠른 것으로 나타났는데 이는 동료효과의 결과로 분석된다. 아이

5 그는 이를 다음과 같이 정리한다. "베일을 벗은 여성의 사진은 트랙터, 산업단지, 혹은 새로운 기찻길과 크게 다르지 않다. 이는 단지 남성이 이룬 성과의 단순한 성과에 다름 아니다. 이와 같은 이미지에서, 남성에 의해서 남성을 위해서 유지되는 정치적 담론에서, 여성은 재차 대상화된다"(Kanddiyoti 1991, 120).

6 동료효과는 말 그대로 국제기구 내지는 (비)공식적 공동체 내의 다른 국가의 행위에 대하여 학습효과로 국제규범을 적극적으로 수용하는 것을 의미한다. 클로츠는 이를 대화와 평판(reputation and communication)의 유지로 설명한다. 국제규범은 비단 행동의 결과로만 나타나는 것이 아니라, (동료 국가들 사이의) 대화의 과정을 통해서도 확인된다는 것이다. 이때 대화는 규범을 만들고 이해하는 데, 사회화되는 데 중요한 도구로 작동된다. 아울러 이와 같은 대화의 과정에서 행위자들은 공동체에 녹아 있는 다른 행위자들의 생각과 의도에 대하여 이해하고 순응하려는 노력을 하게 되고, 이는 결국 행위자의 행동을 규율하는 기제로 작동하게 된다. 따라서 "평판은 목적을 달성하기 위한 행위자에 있어 자발성의 원천이자, 동시에 잠정적인 제약으로 작동하게 되는 것이다"(Klotz 1995, 30).

슬란드가 1976년, 덴마크 및 노르웨이가 1978년, 스웨덴이 1982
년에 각각 고위 수준의 젠더 관련 국가기관을 설립한 바 있다.

V 젠더주류화의 내재화: 열린 해석과 규범의 역동성

젠더주류화가 내재화될 때 발생하는 문제들은 국제규범으로서 젠
더주류화가 갖는 특징을 잘 보여준다. 이미 살펴본 것처럼, 젠더주
류화는 타 국제규범처럼 각종 행동강령을 정확하게 제도화·법제
화시키는 경우도 있지만, 때로는 국가 및 기구별로 다양한 해석과
방법이 적용되는 경우도 많다.

1. 열린 해석: 성평등과 조직 원리 간의 갈등'?

와이너(Wiener)에 따르면 젠더주류화는 이른바 조직 원리에
해당되는 국제규범이다(Wiener 2009).[7] 조직 원리(organising
principles)의 성격을 지닌 국제규범은 "정치 및 정책결정을 통해

---

7   그에 따르면 국제규범은 근본적 규범, 조직적 원리 및 표준화된 절차 등 크게 세
    가지로 구분이 가능하다. 첫째, 근본 규범(fundamental norms)은 말 그대로 보
    다 근본적인 핵심적인 입헌주의와 관련한 규범이라 할 수 있다. "근대 입헌주의
    와 연관되는, 또한 국제정치이론에 공통적으로 적용되는 기본적인 절차적인 규범
    이다. 시민권, 인권, 법에 의한 통치, 민주주의, 주권, 불개입, 고문 방지 등이 대
    표적인 것들이다." 둘째, 조직 원리(organising principles)는 정책 과정 내지는
    정치적 과정과 관련되는 규범이라 할 수 있다. 셋째, 표준화된 절차(standarised
    procedures)는 주로 법률 및 규칙성과 관련된 규범이다(Wiener 2009, 183-
    185).

서 발전되었으며, 책임성, 투명성, 젠더주류화, 평화유지 및 평화
실행 등을 그 예로 삼을 수 있다"(Wiener 2009, 184)는 것이다. 이
설명에 따르면, 젠더주류화는 주로 정책 과정 내지는 도구와 절차
의 영역으로 설명될 가능성이 높으며 다양한 사례에서 이러한 경
향이 드러난다.[8]

이러한 축소주의 해석과는 달리, 페미니즘 진영은 젠더주류
화를 확대주의 경향으로 해석해야 한다고 주장한다.[9] 말하자면, 정
책으로 환원되기보다는 여성의 지위 향상이라는 실제적 결과를
도출하는 것이 급선무라는 입장이다. 일부 국제기구에서는 두 가
지 입장을 모두 고려하기도 한다.[10] 이러한 내부적 역동성(internal

---

8 롬바르도와 메이어는 젠더주류화 전략의 실제화(gender main streaming has
   been put into practice)를 다음과 같이 5가지의 영역으로 정리하고 있다. 첫째,
   젠더주류화는 정책결정과정(policy making) 개념으로 사용된다. 둘째, 젠더주류
   화 개념은 주요 정치적 의제(political agenda)에 젠더 관점을 포함시킬 때 사용
   되기도 한다. 셋째, 젠더주류화 개념은 또한 여성의 의지가 주류가 되거나, 또는
   최소한 숫자에서 주류가 될 수 있도록 하는 동등한 정치적 대표성(equal political
   representation)으로 표현되기도 한다. 넷째, 젠더주류화는 또한 정책결정과정의
   제도와 조직문화에 관심을 가지면서, 정책과정, 메커니즘 및 행위자의 변화에 필
   요성을 제기한다. 마지막으로 젠더주류화는 "바꾸어 놓기"(displacement)와 "힘
   갖추기"(empowerment)가 필요하다는 관점을 제공한다(Lombardo and Meier
   2006, 153-154).
9 반면, 행정학 분야에서 입장은 젠더주류화는 "(양성평등을 실현하기 위한) 체계
   적인 절차와 메커니즘을 향한 도약을 의미하며, 젠더 이슈를 정부와 공공기관의
   모든 의사결정과 정책실행에 고려하여야 하는 것"(조우철 2002, 771)으로 정책
   과정에서의 젠더 이슈의 고려로 축소된다.
10 예를 들어, 유엔개발계획(UNDP)에서는 젠더주류화의 구체적인 표현은 각종 적
   극적 조치를 포함하는 젠더 평등(gender equality)과 젠더 예산 등을 포함하는
   젠더 분석(gender analysis) 등으로 구별된다. 젠더 평등은 남녀 사이에 있어 단
   순한 불평등의 시정뿐만 아니라, 권리, 기회, 가치, 상황 및 결과 그리고 기관 등
   에 있어서 동등한 대우를 의미한다. 반면에 젠더 분석은 여성과 남성 간의 역할,
   활동, 요구 및 가능한 기회에 어떻게 다른지에 대하여 특별히 주목하는 것을 의미

dynamic)이라는 성격으로 인해 젠더주류화는 자신이 갖는 느슨한 정의와 개념 때문에 규범의 정통적(authentic) 해석에 열려 있으며, 내재화 과정에 많은 논쟁을 촉발시키고 있는 것이다.

실제로 젠더주류화를 축소주의 내지는 제도로 보는 입장 내부에서조차도 그 의견이 다르게 나타난다. 예를 들어 젠더 이슈를 전문가(technocratic)에게 의존하는 방법과 광범위한 참여 (participatory)를 전제로 하는 것으로 대별되는데(Berveridge and Scott 2002; True 2010, 193에서 재인용; 월비 2008, 163), 유럽평의 회(Council of Europe)는 전문가에 의존하는 대표적인 사례라고 할 수 있다(True 2010, 193). 트루는 유럽평의회에서 젠더주류화와 관련되는 정책 고려[11]는 젠더 전문가 내지는 고위 관료의 책임으로 한정된다고 주장한다. 한국의 사례도 이와 유사한데, 성별영향평가와 성인지 예산 실행 과정에서 의식 변화를 전제로 하는 공무원의 광범위한 참여를 유도하고 있지만, 공무원들은 주로 컨설턴트 (전문가)에 의존하여 평가를 진행하는 경향이 강하게 나타난다. 반면에, 유엔안전보장이사회 결의 1325호의 경우에는 풀뿌리 여성 운동가들과 전문가들이 함께 참여하여 목적을 실현시킨 젠더주류 화의 대표적 영역으로 평가받는다(True 2010, 195-196). 다만, 전문가에 대한 의존과 여성운동가들의 광범위한 참여가 항상 상호 배

한다(UNDP 2007).

11 월비는 그 배경을 다음과 같이 설명한다. "유럽평의회(1998) 문서에 나타나는 성 주류화의 정의에는 성주류화가 보통의 정책결정에 관여하는 행위자들에 의해 시 행되는 관점이 녹아들어 있다. 이는 성평등을 주류화시킨다는 정치적 목표가 한 번 설정되고 나면 그것을 효과적으로 달성하는 과정은 정책 및 국가 기구 내의 전 문기술자와 관료들이라는 생각을 내포한다고 이해할 수 있다"(월비 2008, 161).

타적인 것은 아니며, 젠더주류화의 대상과 방법에 따라 차이를 둘수 있다는 입장이 제기되기도 한다(월비 2008, 163).

2. 규범의 대내외적 역동성

국제규범으로 작동하는 젠더주류화는 그 개념조차도 여성과 젠더가 연관된 역사적 결과물이며, 따라서 젠더주류화와 관련한 새로운 국제규범의 부상은 어렵지 않을 수도 있다. 1970년대 중반에는 여성을 위한 사회적 정의와 평등을 위한 노력으로 인해 여성의 경제 참여라는 개념이 창출되었다. 이는 "개발에서의 여성"(Women in Development, WID)으로 귀결되었다. 1975년 세계여성의 해를 선포하면서 제안된 이 정책전략은 경제개발에 있어 여성의 역할에 주목한다. 여성에게 경제적 자율권을 부여함으로써 남성과의 여러 격차를 줄인다는 전략이었다.

하지만, WID는 "젠더와 발전"(Gender and Development, GAD)이라는 전략으로 즉시 수정된다. 1980년대 후반부터 제기된 GAD의 주안점은 "발전이 여성의 요구에 어떻게 기여할 것인가라는 개념에서 벗어나 여성으로부터 어떤 발전을 가져 올 수 있을까"(Krook and True 2010, 115)라는 질문에서 출발한다. 이 개념은 여성의 문제를 젠더관계(gender relations)로 보게 되었다는 것을 의미한다. "GAD 접근은 여성뿐만 아니라 남성과 여성의 상대적 지위에 관심을 두고 사회조직이나 현상에 대한 분석에서 젠더관계의 역동성과 구조를 중시…"(조우철 2002, 770)하기 시작한 것이다. 트루는 "페미니즘 학자들은 WID의 동합선략이 기존에 존재하는 기구나 정책 뼈대의 변화 없이 여성을 포함하는 것에 초점을 맞추는 반면에, GAD 패러다임은 남녀 간의 불공정과 불평등을 만들어내는 보다 광범위한 사회 및 제도적 맥락의 변화를 보는 젠더관점…"(True 2003, 370)으로 해석한다.

하지만 GAD는 젠더주류화로 다시 전환된다. 예를 들어 베이징 여성회의의 행동강령(Beijing Platform for Action) 189절에 명기되어 있듯이, "모든 차원에서 권력과 의사결정의 분담에 있어서 남녀 간의 불평등을 표명하는데 정부 및 기타 주체는 결정을 내리기 전에 여성과 남성 각각에 대한 영향에 대한 분석이 되도록 모든 정책과 프로그램에 성의 관점을 주류화하는 적극적이고 가시적인 정책을 촉진시켜야 한다"는 젠더주류화(gender main steaming)가 GAD를 통합한 것이다. 젠더주류화 사체는 어성의 다양한 요구와 그것의 적극적 수용을 전제로 하는 것이며, 개발에서의 여성, 젠더와 개발이라는 경험의 축적물이 된다. 젠더주류화는 여성 연대의 관심과 노력에 기초하는 전 지구적 합의(global consensus)의 결과이지만, 동시에 여성들의 다른 요구와 의제에 따라 언제든지 새로운 개념의 규범으로 대체될 가능성이 있는 것이다.

젠더주류화의 내재화와 관련된 또 다른 특징 가운데 하나는 젠더주류화의 적용이 다른 국제규범을 변화시키는 촉진자 역할을 한다는 점이다. 크룩과 트루는 유엔안전보장이사회 결의 1325호의 경우가 젠더주류화가 다른 국제규범을 변용시킨 가장 좋은 사례 중의 하나라 보고 있다(Krook and True 2010, 120-123; True 2010, 199). 안보리 결의 1325호는 유엔의 평화유지 및 평화구축 활동, 또는 전쟁과 평화 과정에서 여성의 참여와 배제라는 이분법에서 벗어나, 정책결정 단계에서 젠더에 민감한 관점(gender sensitive perspective), 즉 젠더주류화를 포함시킨 대표적 사례가 된다.[12]

VI 한국에서 국제규범으로서 젠더주류화의 수용

여기에서는 젠더주류화 및 여성차별철폐협약, 유엔안전보장이사회 결의 1325호와 관련해 한국에서의 수용 과정에 대해 간략하게 살펴보고자 한다.

　김은실은 "베이징 여성대회의 협약을 수용한 이후 정부는 국내 여성의 요구보다는, 국제적 기준과 분위기에 보다 민감하게 반응했고 국제기구의 압력 때문에 입법화되는 여성 정책이 많게 되었다"(김은실 2008, 126)고 지적한다. 국제적 분위기와 국제기구의 압력이 젠더주류화 정책 도입의 동인(動因)이었다는 것이다. 이때, 국제기구의 압력에 민감하게 반영하고 그것을 제도화시키는 국가 역할도 함께 고려되어야 할 것이다(황영주 2011b). 바꿔 말해, 한국의 젠더주류화는 국제사회로부터의 압력과 그것에 민감하게 반영하는 국가 노력의 결과라는 것이다.

12　안보리 결의안 1325호의 주요 내용은 크게 참여, 보호, 예방, 성인지 관점의 주류화로 구분되는데, 특히 평화와 분쟁예방, 관리, 해결과 관련된 모든 수준에서 여성의 참여를 강조하고, 또한 평화활동에서 성인지 관점을 수용하여, 평화활동에 젠더자문관을 지명하고, 정책개발과 기획에서 여성과 소녀의 요구를 고려하고, 정책과 프로그램 개발에서 여성의 관점을 통합할 것을 강조한다(정경란 2013, 25).

1980년대까지 한국의 여성정책은 유엔의 여성정책 과제를 소극적으로 이행하는 것에 급급하였다. 1983년 여성정책심의위원회, 1984년 여성차별철폐협약 비준, 1985년에 여성발전기본계획 수립 등은 사실상, 1985년 제3차 나이로비 세계여성회의를 준비하는 수동적 대비에 불과하였다. 하지만, 1995년 베이징 여성회의 이후 김대중 정부는 1998년 대통령직속 여성특별위원회를 설치하고, 이어 2001년에 여성부를 신설하게 된다. 1998년의 유엔여성향상국의 권고와 함께 김대중 정부의 '민주화'된 새로운 국가 이미지에 대한 천착은 여성부 창설에 큰 압력 요인으로 작용한 것으로 짐작할 수 있다. 하지만, 국제규범으로서 젠더주류화를 여성정책의 근간으로 삼게 된 것은 노무현 정부 이후라고 보는 것이 일반적인 평가이다.

국제사회의 압력에 민감하게 반응하는 국가의 젠더주류화 정책 추진은 국제규범으로서 젠더주류화의 성격 결정에 지대한 영향을 미치게 된다. 물론 한국에서의 젠더주류화 도입은 여성 정책의 분기점을 마련했다는 평가가 있음에도 불구하고, 명확한 가시적 성과를 보여 주려는 제도에의 천착, 조직 원리, 축소주의적 입장에서 젠더주류화가 작동되는 것을 부정할 수는 없다. 예컨대, 2004년 여성가족부에 의해 시작하여 지금도 연간 3만 건 이상 규모로 진행되는 성별영향평가는 젠더주류화의 대표적인 제도 중의 하나로 여겨진다. 이 제도는 일부 특정평가를 제외하고는 중앙행정기관 및 지방자치단체, 교육청 등에서 공무원에 의해 직접 실시된다. 정책실행에서 공무원들의 성인지 관점 강화를 통해서 젠더 정책의 원동력으로 삼으려는 이 정책은 주로 정책결정과정으로서 작동하는 제도 창출과 조직 원리로 귀결되며, 축소주의 입장으로 해석될 가능성이 높다. 성인지 예산 제도 또한 비슷한 평가를 얻고 있다.

이렇듯, 한국에서 젠더주류화라는 국제규범의 수용이 실제로 제도적 완성으로 귀결되지만, 그것이 곧 페미니즘적 결과로 이어 지길 바라는 확대주의적 입장에서 보면 상당히 불만족스러운 것이 된다. 즉, "성 주류화가 추상적 개념화 수준에서의 혼란뿐만 아니 라 GAD접근의 아이디어와 점차로 멀어져 성별영향평가, 성인지 통계, 성인지 예산과 같은 도구와 절차로 축소되어 확산되어 왔음 을 의미한다"(마경희 2007, 48)는 비판적 입장이 노정된다. 요컨대, 2003년부터 실시된 제2차 여성발전계획에서부터 여성 관련 정책 에 젠더주류화가 정책의 근간으로 수용되었지만, 한국에서 시행되 는 젠더주류화는 주로 제도적·축소주의적 입장에서 벗어나지 못 한다는 평가이다(황영주 2009; 마경희 2007, 김경숙 2015).

한편, 1984년 여성차별철폐협약에 가입한 후 한국은 지금까 지 총 여덟 차례의 이행보고서를 제출하였으며, 2020년에는 제9차 보고서를 제출할 예정에 있다. 여성 관련 협약의 이행 과정도 젠더 주류화와 비슷하게 국가가 비교적 민감하게 반응했다고 할 수 있 다. 즉, 한국은 제8차 이행 기간(2011-2015) 사이에 여성차별철폐, 양성평등실현, 여성권리 확대 등을 위한 국제적 자원의 법적인 책 임을 수용하여 이행했다는 점이 강조된다(박기자 2017, 107).[13] 보

13   이와 관련한 구체적인 내용은 다음과 같다. "…2011년 성별영향가법, 2012년 아이돌봄지원법, 2014년 양육비이행확보및지원에관한법률 등이 제정되었고, 또 2014년 양성평등기본법(기존의 여성발전기본법), 2012년 형법의 일부개정("부 녀"로 지칭되던 피해자의 명칭을 "사람"으로 바꾸어, 남아를 비롯한 소외되어졌 던 피해자들을 포괄하는 권리의 확신효과를 가져옴)과 성폭력 범죄의 친고죄 조

고서 제출과 이행 점검 등에서 국제사회에서의 여성인권이라는 개념이 한국 내부에서도 동일하게 적용될 수 있다는 평가를 얻게 된다.[14]

유엔 안보리 결의안 1325호와 관련해서도, 제1기 국가행동계획 수립 및 이행(2014-2017)을 거치며, 현재는 제2기 국가행동계획 수립 및 이행(2018-2020) 과정에 있다. 실제로 1325호 결의안의 구체화는 국회의 역할이 크다는 평가이다. 즉, 2012년 제306호 국회 본회의에서 국가행동계획 수립 촉구 결의를 통과시킴으로써 국가행동계획 수립에 큰 역할을 한다. 제2기 국가행동계획에서는 2017년 양성평등기본법 개정에 "제41조 (평화·통일 과정 참여) ③ 정부는 여성, 평화와 안보에 관한 유엔 안전보장이사회 결의 1325호에 따라 국가행동계획을 수립하고 이행하여야 한다"고 명시함으로써 결의안 실행의 법적 기반을 마련하였다. 한국은 이 결의안과 관련, 국내 노력뿐만 아니라, 국제적 책임도 요구받고 있다.[15]

항 폐지, 2011년 아동청소년성보호에 관한 법률 등의 개정을 통해, 여성에 대한 차별문제를 해결하기 위한 국제적인 차원의 정치적-법적인 책임을 수용하여 이행하고 있다"(박기자 2017, 107).

14 이를 박기자는 다음과 같이 정리한다. "이런 일련의 법의 제·개정을 통한 CEDAW와 베이징행동강령의 이행과 수용을 통해 형식상으로 "여성의 권리" 목록은 확대되고 또 여성에 대한 폭력으로 가시화되는 여성에 특수한 권리침해의 문제 또한 법적 조치의 대상으로 인정되면서, 한국에서 "여성인권" 개념과 인권침해로서 "여성에 대한 폭력"의 이해는 국제적 차원의 "여성인권" 개념과 인권침해로서 "여성에 대한 폭력"의 이해에서 구조적인 유사성(Strukturaenlichkeit) 또는 동형(Isomorphie)의 특성들로 나타난다"(박기자 2017, 107).

15 정경란은 이를 다음과 같이 정리한다. "국내적으로 분단국으로서 분쟁 해결 및 평화정착을 추진하면서 성평등과 여성들의 권리 증진을 추구해야 한다. 또한 국제적으로 유엔 안전보장이사회 비상임이사국, 유엔 평화유지군 파병국, 공적개발원조 개발원조위원회 소속 국가로서 해외파병지역과 공적개발원조 수원국 여성들의 성평등과 여성들의 권리 증진을 위해 적극적인 역할을 해야 한다"(정경란

VII 결론

이 장의 주된 목적은 젠더주류화라는 국제규범이 갖는 국제규범으로서의 보편성과 특이성을 검토하는 것이었다. 이 장에서는 궁극적으로 성평등을 목적으로 하는 젠더주류화라는 국제규범이 갖는 다양한 특징을 생성, 확산, 내재화 과정을 통해 살펴보았다. 특히 이 장은 젠더주류화의 국제규범으로서 특이성을 내외적 역동성으로 판단하였으며, 마지막으로 젠더주류화가 한국에서 어떻게 수용되는지 검토하였다.

대개의 국제규범이 주로 선진국에서 후진국으로 확산되는 과정이라면, 젠더주류화는 다른 확산 과정을 갖는다. 먼저 그 생성 과정에서 볼 때, 초국가적 네트워크는 성평등과 젠더주류화가 주요 이슈와 주제가 될 수 있도록 노력하였다. 이들은 일부 국가에서 시행되는 젠더주류화와 관련된 역동적 제도와 실제에 주목하면서, 이를 전 세계적으로 확산시키는 노력도 함께 경주하였다. 초국가적 네트워크는 젠더주류화 담론의 형성 및 확대와 함께, 수용국의 젠더 관련 제도화에 다방면의 압력을 가했던 것이다. 다른 한편, 국가들은 젠더주류화라는 새로운 국제규범에 사회화된다. 즉, 국가는 젠더주류화라는 새로운 규범, 가치 및 이해에 대하여 인식하고 그것을 수용하는 사회화 과정을 경험한다. 국가는 젠더주류화의 담론에 주목하면서, 그 담론이 갖는 성격을 이해하고 그것을 제도화·내재화시키려 했다.

2013. 6).

젠더주류화는 개념의 모호성이라는 특징을 잘 보여주고 있는 국제규범이기도 하다. 즉, 젠더주류화는 그 내재화 과정에서 제도 도입으로 환원되는 조직 원리(축소주의)와 적극적인 성평등의 추구(확대주의)라는 입장으로 대별된다. 이는 젠더주류화가 갖는 느슨한 정의와 개념 때문에 생기는 본질적 특징이라고 할 것이다. 조직 원리로 보는 입장에서도 전문가 우선과 광범위한 참여를 강조하는 의견으로 대별되기도 한다. 젠더주류화는 그 생성 과정에서도, 여성과 관련된 패러다임의 변화에 따라 개발에서의 여성(WID), 젠더와 개발(GAD)라는 패러다임을 먼저 경험한다. 이는 젠더주류화가 일종의 열려 있는 개념으로 여성의 새로운 요구와 사회적 변화에 따라서 언제든지 또 다른 패러다임으로 대체될 수 있다는 점을 시시한다. 젠더주류화는 평화와 분쟁, 인권 등의 다른 국제규범에도 영향을 미쳐서, 해당 규범의 내용을 변형시키기도 한다. 마지막으로 한국은 젠더주류화라는 국제적 압력을 적극적으로 수용하되, 조직원리, 축소주의적 경향을 갖는 명시적인 제도화에 초점을 맞추고 있는 것으로 확인된다.

참고문헌

김경숙. 2015. "UN 젠더주류화 20년과 한국: 거버넌스적 조망."『민족연구』64: 134-156.

김은실. 2008. "한국의 여성정책과 페미니즘에서의 성주류화 전략." 한국여성정책연구원 개원 25주년 기념 국제학술심포지움 발표논문. 115-129.

마경희. 2007. "성주류화(gender mainstreaming)에 대한 비판적 성찰: 여성정책의 새로운 패러다임인가? 함정인가?"『한국여성학』23(1): 39-66.

박기자. 2017. "'world polity' 차원에서의 "여성인권"과 "여성에 대한 폭력"의 이해."『여성연구논집』28: 87-112.

박재규. 2006. "한국사회의 성별영향평가 추진 현황과 과제." 미발표연구보고서. 11-28.

배선희. 2007.『국가페미니즘의 정치학』. 서울: 한국학술정보.

여성가족부. 2020.『성별영향평가지침』. 여성가족부.

원숙연. 2009. "수사(rhetoric) 또는 현실(reality)?: 정부정책 영역에서의 성-주류화(gender-mainstreaming)기반 구조."『국가정책연구』23(4): 93-114.

월비, 실비아. 2008. "성주류화의 이론과 실천." 한국여성정책연구원 개원 25주년 기념 국제학술심포지엄 발표논문. 151-171.

장은하. 2018. "여성차별철폐협약 CEDAW."『KWDI Brief』47.

정경란. 2013.『유엔 안보리 결의 1325호와 여성평화리더십』. 서울: 평화를 만드는 여성회.

조우철. 2002. "여성정책의 영역에 관한 연구." 한국행정학회 하계학술발표대회 발표논문. 765-779.

황영주. 2006. "지역여성국제교류: 여성 연대성의 실현."『세계지역연구논총』24(1): 323-341.

_____. 2009. "강건한 국가, 페미니즘의 약화: 젠더주류화 정책으로서의 성별영향평가."『21세기정치학회보』19(1): 329-352.

_____. 2011a. "국제규범으로서 젠더주류화(gender mainstreaming)의 기원과 확산."『국제지역연구』15(2): 3-24.

_____. 2011b. "국가페미니즘 비교연구: 스웨덴, 호주 및 한국 사례를 중심으로."『비교민주주의연구』7(2): 39-70.

_____. 2014. "'도덕적 영향'과 '국가의 사회화': 국제규범으로서 젠더주류화(gender mainstreaming)의 기원과 확산." 권선홍 외.『국제사회의 규범과 원리』. 파주: 이담.

Elgstrom, Ole. 2000. "Norm Neociations: The Construction of New Norms regarding Gender and Development in EU Foreign aid Policy." *Journal of European Public Policy* 7(3): 457-476.

Hafner-Burton, Emile and Mark A. Pollack. 2002. "Maingstreaming Gender in Global Governance." *European Journal of International Relations* 8(3): 339-373.

Kandiyoti, Deniz. 1991. "Identity and Its Discontents." *Millennium: Journal of International Studies* 20(3): 429-443.

Klotz, Audie. 1995. *Norms in International Relations: The Struggle Against Apartheid*. Ithaca; Cornell University Press.

Krook, Mona Kena and Jacqui True. 2010. "Rethinking the life cycles of International norms: The United Nations and the global promotion of gender equality." *European Journal of International Relations* 18(1):103-127.

Lombardo, Emanuela and Petra Meier. 2006. "Gender Mainstreaming In the EU." *European Journal of Women's Studies* 13(2): 432-456.

Mackie, Vera. 2001. "The Language of Globalization, Transnationality and Feminism." *International Journal of Politics* 3(2): 180-206.

True, Jacqui. 2003. "Mainstreaming Gender in Global Public Policy." *International Feminist Journal of Politics* 5(3): 368-396.

_____. 2010. "Mainstreaming Gender in International Institutions." Laura J. Shepherd (ed.) *Gender Matters in Global Politics: a Feminist Introduction to International Relations*. Oxford: Routledge.

True, Jacqui and Michael Mintrom. 2001. "Transnational Networks and Policy Diffusion: The Case of Gender mainstreaming." *International Studies Quarterly* 45: 27-57.

UNDP. 2007. *Gender Mainstreaming in Practice: A toolkit*.

Walby, Sylvia. 2005. "Introduction: Comparative Gender Mainstreaming in Global Era." *International Feminist Journal of Politics* 7(4): 453-470.

Wiener, Antje. 2009. "Enacting meaning-in-use; qualitative research on norms and international relations." *Review of International Studies* 35: 175-193.

필자 소개

황영주 Hoang, Young-ju

부산외국어대학교 역사관광 외교학부 외교전공 교수
부산외국어대학교 정치학과 졸업, 헐대학교 정치학 박사

논저 "Gendered militarisation as state of exception on the Korean Peninsula"(with Noël O'Sullivan), "일본 교과서에 드러난 집단 기억과 감정의 변화: 도쿄서적(東京書籍) 2006년, 2012년, 2018년도 발행 중학교 사회교과서 제5장 '국제정치(地球社会とわたしたち)」단원 비교"

이메일 hoangir@bufs.ac.kr

제7장

이행기정의 규범의 생애주기

Life Cycle of Transitional Justice Norms

김헌준 | 고려대학교 정치외교학과 교수

이행기정의

규범은 생애주기에서 제시한 생성, 확산, 내재화 과정을 거쳐 발전했다. 이 과정에서 이행기정의는 비주류 국가군에서 발생해 비주류 국가군으로 확산한 경향을 보인다. 다수의 국가군이 수용한 이후에 이 규범은 주류와 비주류 국가군에 전파돼 내재화되는 경향을 나타낸다. 이 규범은 성공적으로 확산하고 내재화된 규범 중 특이하게 비주류 국가군에서 주도한 모습을 보인다. 생성된 모델은 수직적 확산을 통해 국제기구나 국제 비정부기구로 전달됐고, 국제기구에서 채택되고 정교화된 이행기정의의 모델은 다시 민주화 이후 비슷한 문제로 고민하던 비주류 국가로 확산됐다. 중요한 점은 남남 혹은 비주류에서 비주류로 진행되던 확산이 점차 주류 국가군에도 영향을 미쳤다는 사실이다. 이행기정의 규범은 우선 주류 국가의 희생자와 시민단체에 영향을 미쳤고, 결국 정책 변화도 가져왔다. 인종 문제에 대한 미국 진실위원회, 원주민 문제를 둘러싼 캐나다 진실위원회, 호주의 원주민과 성범죄 사제에 대한 정책이 이를 잘 보여준다.

Transitional justice norm developed through the process of norm emergence, diffusion, and internalization suggested by the norm life cycle theory. This norm first emerged from non-Western, Southern, and periphery states in the Latin America and Eastern Europe and diffused to other non-Western countries in Asia, Africa, and Central America. Transitional justice norm is unique since it was successfully diffused and internalized with the initiative from non-Western states. The norm was vertically adopted by international organizations such as the UN and international nongovernmental organizations like the International Center for Transitional Justice. These organization promoted transitional justice to other non-Western states coming out of political transition. Importantly, wide-spread norms started to affect victims and civil society actors in Western, Northern, and core states in the United States, Australia, and Canada, and eventually made their governments to adopt transitional justice policies.

KEYWORDS 이행기정의 transitional justice, 국제 인권 international human rights, 생애주기 life cycle, 국제규범 international norms, 확산 diffusion, 내재화 internalization

I 서론

이행기정의 규범은 전 세계의 다양한 국가에 수용됐고, 많은 나라에서 '마땅히 그렇게 해야 하는 것'으로 이해된다. 중요한 점은 이 규범이 생성되고 국제적으로 확산해 많은 국가에 수용된 역사가 그렇게 길지 않다는 점이다. 정치 권력에 의한 인간의 죽음과 희생은 정치공동체가 발생한 인류 문명 태동기부터 지역과 시대에 무관하게 있었다. 오랜 기간 지속했던 불처벌(impunity)의 관행이 지난 50여 년이라는, 인류 문명의 존속 기간에 비하면 순간과 같은 짧은, 기간 동안 책임(accountability)을 강조하는 문화로 변했다. 스리람(Sriram 2003)은 이 변화를 '책임의 혁명'(revolution in accountability)이라는 개념으로 포착했다. 이 글은 이행기정의 국제규범의 생애주기를 고찰한다. 이 규범이 어떤 과정을 통해 생성됐고, 전파/확산됐으며, 한국을 포함한 많은 국가에 현재의 모습으로 내재화됐는지 묻는다.

특정한 국제규범의 생애주기를 연구하는 것은 매우 방대하고 추상적인 작업이다. 이행기정의와 같이 생성 시점이 가깝고 논쟁적이며 현재 진행 중인 규범일수록 더욱더 그렇다. 따라서 이 글은 경험적 연구 방법보다는 지난 30여 년간 이행기정의에 대해 법학, 정치학, 국제정치학, 사회학, 인류학에서 다양한 양적, 질적 연구 방법을 사용해 축적된 연구 결과를 요약하고 정리하는 방법을 사용한다. 하지만 이 연구는 단순히 '문헌을 정리하는 논문'(review article)이나 '필드를 개괄하는 논문'(state-of-the-art article)과 구분된다. 저자가 사용하는 여러 논문 중에는 저자의 질적, 양적 연구

가 다수 포함돼 있다. 또한, 2007년부터 저자가 연구자 및 자문
으로 참여하고 2019년 데이터를 공개한 '이행기정의 연구 협력'
(Transitional Justice Research Collaborative, TJRC)의 이행기정의
데이터베이스를 이용해 논의를 전개한다(Dancy et al. 2014). 따라
서 이 연구는 저자의 경험적 연구 결과를 바탕으로 최근까지 진행
된 다양한 연구 결과를 집약하는 방법을 사용한다.

　이 글의 핵심 주장은 다음과 같다. 이행기정의 규범은 생애주
기에서 제시한 생성, 확산, 내재화 과정을 거쳐 발전했다. 물론 생
애주기 개념이 제시되고 20여 년의 시간이 흘렀기 때문에 이 과정
의 세분화 및 정교화, 각 과정에 대한 비판과 반박, 주기의 연장과
축소 등 많은 변화가 있었다. 이행기정의 규범은 일부 새로 등장
한 논의와 부합하고, 일부 그렇지 않다. 하지만 큰 틀에서 이 규범
은 생애주기 형태를 보인다. 이 과정에서 이행기정의는 비주류 국
가군에서 발생해 비주류 국가군으로 확산한 경향을 보인다. 다수
의 국가군이 수용한 이후에 이 규범은 주류와 비주류 국가군에 전
파돼 내재화되는 경향을 나타낸다. 이 규범은 성공적으로 확산하
고 내재화된 규범 중 특이하게 비주류 국가군에서 주도한 모습을
보인다.

　이 글은 다음과 같이 구성된다. 첫째, 이행기정의란 무엇이고,
국제규범으로 어떤 내용을 담고 있나 살펴본다. 이행기정의 규범
의 발전 과정을 설명할 규범의 생애주기에 대해 개괄하고 데이터
베이스를 이용해 규범의 확산 모습을 제시한다. 둘째, 이행기정의
규범에 생애주기를 적용해 규범의 생성, 확산, 내재화 과정을 살펴
본다. 이행기정의 규범의 상위 규범인 인권 규범과 하위 규범인 책

임 규범, 진실(화해) 규범, 사면 규범의 발전을 동시에 고찰하고, 병렬 규범인 인도주의 규범과 국제형사법의 영향을 함께 살펴본 다. 셋째, 이행기 정의 규범의 생애주기 분석을 통해 규범의 생성, 확산, 내재화 과정에서 주류와 비주류 국가군의 상호작용 양상을 분석한다. 이행기정의 규범이 비주류에서 생성되어 비주류로 확산 한 초기 과정과 비주류에서 주류 및 비주류로 확산하고 내재화된 후기 과정을 분석한다. 마지막으로 결론에서 남은 문제와 향후 연 구 방향을 제시한다.

II 이행기정의 규범과 생애주기

1. 이행기정의

이행기정의(transitional justice)란 "과거의 억압적인 정권이 행한 만행에 대응하기 위해 일어난 다양한 정치 과정"으로 정의된다 (Teitel 2003, 9).[1] 만행이란 과거의 정부 인사나 정부의 지원을 받

---

1   영어인 "transitional justice"는 번역되면서 전환기정의 혹은 이행기정의로 옮겨 졌다(이병재 2015; 김헌준 2017). 이행(移行)이란 '다른 상태로 옮아가거나 변해 감'을, 전환(轉換)이란 '다른 방향이나 다른 상태로 바꿈'을 의미하는 유의어이다. 하지만 "transitional justice"가 민주주의로의 이행(democratic transition)과 연 계된 단어이고 한국 정치학에서 "transition"을 이행으로 번역한 전통을 따라 이 행기정의로 지칭한다. 이행기정의 자체는 생소한 용어지만 그 개념이 지칭하는 현상 자체는 한국적 상황에 낯설지 않다. 이행기정의에 내포된 의미는 한국에서 주로 과거청산, 책임자 처벌, 희생자 명예회복, 진상조사 등 다양한 용어를 사용 해 개념화됐다.

은 무장단체에 의해 행해진 심각하고 체계적인 인권침해를 의미한다. 다뤄지는 인권 문제는 주로 신체적 완결성(bodily integrity), 즉 신체에 대한 자율성과 불가침성을 침해하는 범죄로 초법적 살인, 자의적 구금, 고문, 실종 등이다. 규범으로서의 이행기정의는 이전 정부의 심각한 인권침해는 민주화 이후 새로운 정부가 "반드시 해결해야 한다"는 당위성을 내포하고(Sikkink 2011), 정책으로서 이행기정의는 정치, 경제, 사회, 문화, 법적 정책 등 다양한 방안을 포괄한다(Teitel 2000). 다양한 정책은 화해, 상생, 공존, 통합, 치유, 평화 등 미래 지향적인 목적을 지향한다(Fletcher and Weinstein 2002).

이행기정의의 세 가지 선제 조건이 있다. 첫째, 정치적 이행(political transition)이다. 이행은 군사, 독재, 권위주의, 공산, 파시즘 정권이 민주주의로 변하는 것이다. 이 변화로 인해 정치적 자율성과 안정성을 확보할 수 있고, 진정한 이행기정의 정책은 이러한 변화 이후 가능하다. 이 조건은 이행기정의의 생성을 이해하는 데 필수적이다. 1971년 설치된 우간다 실종자 조사위원회(Commission of Inquiry into the Disappearances of People in Uganda since January 25, 1971)와 같이 독재정권에서 만들어진 기구는 진정한 이행기정의 정책으로 보기 어렵다.[2]

둘째, 민주화 이후에 적법하고 책임성 있는 국가기관, 즉 입법부(의회), 행정부(대통령, 총리, 검찰 등), 사법부(법원) 등에 의해

---

2   위원회는 1974년 우간다의 독재자 이디 아민(Idi Amin)이 설치했으나, 조사위원들은 위협을 받거나 목숨을 보전하기 위해 망명해야 했으며 보고서도 축파되지 못했다(Hayner 2010, 51-52).

결의되고 운영돼야 한다. 이행기정의는 국가에 의해 자행된 범죄에 대한 공식적(official)인 국가 조치로 이해된다. 이는 이행기정의 확산 과정을 이해하는 데 중요하다. 이행기정의 모델이 생성된 직후 초기 확산 과정에서 다양한 시도가 있었다. 브라질에서 민주화 이후 상파울루 대주교와 세계교회협의회(World Council of Churches)가 1985년 설치한 진실위원회나 내전 직후 국제사면위원회(Amnesty International) 등 비정부기구가 설치한 진실위원회는 해당 국가의 이행기정의 정책에 포함되지는 않는다. 하지만 이런 초기 시도는 향후 규범 확산에 중요한 역할을 한다.

셋째, 이행기정의 정책은 과거 인권침해를 해결하는 데 있어 징벌(retribution), 재해석(reinterpretation), 재분배(redistribution), 교정(rectification)의 방법 중 적어도 하나 이상을 포함한다. 징벌은 인권침해 가해자를 찾아 민형사상 불이익을 주고 저지른 범죄에 대한 처벌을 받게 하는 것이다. 재해석은 은폐되거나 왜곡된 인권침해 사실을 바로잡고, 정부 문서나 교과서에 반영하는 것이다. 재분배는 인권침해로 생긴 손실과 기회비용을 금전적으로 혹은 다른 경제적 방식으로 배상하는 것이다. 교정은 배상으로 해결될 수 없는 부분에 대해 비물질적(정치, 사회, 문화 등) 방법으로 바로잡는 것을 의미한다. 이행기정의 정책은 이러한 네 가지 요소 중 적어도 한 가지를 포함한다.

이행기정의가 등장했을 때 가장 빈번히 논의된 방법은 국내 법정에서의 형사재판이다(Teitel 2003, 69). 하지만 이행기정의 규범이 확산하면서 다양한 방법이 제시됐다. 이행기정의 연구 협력(TJRC)은 이행기정의의 방법으로 국내 형사재판 이외에도 국제 및 해외 법원에서의 형사재판, 민사재판, 진실위원회, 배상, 숙청 (vetting), 사면, 관행적 정의(customary justice) 등을 제시한다. 물론 이외에도 정부 주도의 기념관 건립과 상설 연구소 및 재단 설립 등 각종 기념사업(memorialization)도 포함된다.

첫째, 재판은 응징의 대표적 방식이고 가장 전통적인 정의로 이해된다. 가해자를 찾아내 처벌하는 것이 목적이고 이를 통해 가해자에게 법적, 정치적, 경제적, 사회적 불이익을 준다. 가장 흔한 형태는 과거 인권침해에 대해 개별 가해자를 국내법원에 기소해 재판을 진행해 유죄를 선고하고 형을 집행하는 형사재판이다. 이 방식은 이행기정의 중 가장 빈번히 사용됐다. 하지만 1990년대 중반 이후 구(舊)유고슬라비아 국제형사재판소(International Criminal Tribunal for the former Yugoslavia, ICTY) 등 국제기구의 형태로 형성된 국제법원에서의 재판이라는 새로운 유형의 재판이 등장했다. 동시에 인권침해 당사국이 아닌 제3국의 법원에서 재판이 진행되는 해외 법원에서의 재판도 등장했다. 이 유형의 대표 사례로 1996년 스페인 송환 요구로 영국에서 체포된 칠레 독재자 피노체트의 재판이 있다. 반면, 인권침해 범죄에 대해 형사재판이 어렵거나 불가능한 경우 민사 형태로 소송이 국내외 법원에서 진행됐다. 파라과이에서 발생한 인권침해에 대해 미국 외국인 불법 행위법(Alien Claims Tort Act)을 근거로 미국 법원에서 진행된 재판 (Filartiga v. Pena-Irala, 630 F.2d 876 (2d Cir. 1980))이 그 예이다.

둘째, 진실위원회는 과거 정권의 심각한 인권침해를 조사하고 보고서를 작성하기 위해 설립된 한시적 조직이다(Hayner 2010). 진실위원회는 이행기정의의 구성 요소 중 재해석에 집중한다. 대표적 사례로 아파르트헤이트(Apartheid)라는 인종분리정책과 함께 심각한 인권침해를 자행했던 남아공에서 제도 철폐 이후 1995년 설치해 국제적으로 주목을 받은 진실화해위원회(Truth and Reconciliation Commission, TRC)가 있다. 한국도 진실위원회의 형식으로 과거 인권침해 문제를 해결하기 위해 노력했다. 대통령 직속 의문사 진상조사위원회(의문사 위원회)나 제주4·3사건진상규명 및 희생자명예회복위원회(4·3위원회)가 설치된 2000년을 시작으로 10여 년간 다양한 위원회가 과거 국가 범죄를 조사하고 보고서를 발간했다. 2005년에는 1910년 이후 벌어진 인권침해에 대한 포괄적 조사를 위해 진실·화해를위한과거사정리위원회(진화위)가 설치되어 5년 동안 활동했다(Kim 2010). 위원회는 주어진 기간 동안 압수수색, 증인 소환 및 보호 등 부여받은 권한을 사용해 조사를 수행하고 그 결과를 최종 보고서의 형태로 발간한다(Dancy, Kim, and Wiebelhaus-Brahm 2010).

셋째, 기타 방법으로 배상, 숙청, 사면, 관행적 정의가 있다. 배상은 인권침해로 발생한 손실을 금전적으로 보상하고 바로잡는 것을 의미한다. 배상은 재분배의 대표 방식으로 넓게 보면 보상 및 재활프로그램까지 포함한다. 숙청은 과거 인권침해의 가해자가 다시는 공적 업무를 수행하지 못하도록 제한하는 것이다. 숙청도 재판과 같이 이행기정의 중 징벌적 요소를 강조하고 대표적 사례로 공산주의로부터 이행 이후 동유럽에서 취한 공산당 인사에 대한 피선거권 제한이 있다. 사면(amnesty)은 전통적인 의미의 불처벌(impunity)이나 면책(immunity)과 다르다. 이행기정의로서의 사면은 이행 이후 사회적 합의로 행정부의 명령이나 의회의 입법을 통해 특정 가해자나 집단에 대해 더는 책임을 묻지 않고 면제하는 방식이다. 이는 잘못된 과거를 바로잡는 교정적 요소를 포함하고 있고, 화해를 통해 상처를 치유하고 평화를 이루려는 회복적 정의(restorative justice)를 추구한다(Fletcher and Weinstein 2002). 마지막으로 관행적 정의는 각 사회에서 전통적으로 행해지던 분쟁 해결 및 화해의 관습을 정부가 직접 지원하거나 추진하는 방식이다. 대표적으로 제노사이드 이후 전통적으로 행해지던 화해 풍습인 가차차(gacaca) 제도를 2002년부터 적극적으로 활용한 르완다 사례와 유사한 관습인 나헤 비티(nahe biti) 제도를 채택한 동티모르의 사례가 있다(Jeffery and Kim 2014).

2. 국제규범과 생애주기

생애주기란 피네모어와 시킹크(Finnemore and Sikkink 1998)의 개념으로 국제규범의 생성, 확산 및 내재화 과정을 기술한다. 저자의 정확한 용어는 규범 생성(norm emergence), 규범 수용(norm acceptance), 내재화(internalization)이고, 두 번째 규범 수용 단계는 규범 폭포(norm cascade)라고 언급했다. 하지만 두 번째 단계는 흔히 확산(diffusion) 과정으로 이해된다. 생성 단계와 수용 단계의 사이에는 전환점(tipping point)이 있어서 두 국면의 진행 속도에 근본적 차이가 있다고 보았고, 대략 전체 국가의 1/3 정도가 수용한 시점을 전환점으로 보았다. 이들이 그렸던 규범의 생애주기는 오른쪽으로 비스듬히 기울어진 에스(S)형 곡선으로 규범 생성기에는 서서히 규범을 따르는 국기기 증가하다가, 진환짐을 지나 규범 수용기에는 그 수가 급격히 늘어나고, 마지막 내재화 단계에서는 얼마 남지 않은 규범을 거부하던 국가가 서서히 규범을 따르는 모습을 보인다.

생애주기는 등장 이후 20여 년 동안 개념이 정교화 및 세분화했고, 각 국면의 진행방식과 주요 작동 기제에 대한 비판과 반박이 있었다(Risse, Ropp, and Sikkink 1999, 2013 ; Hopgood, Snyder, and Vinjamuri 2017). 이 논문은 이 모든 논의를 담아내는 것을 목적으로 하지 않는다. 생애주기가 제시한 세 과정의 유용성을 받아들여 이를 사용해 이행기정의 규범의 발전 과정을 설명하고, 그 과정에서 나타나는 주류 국가군과 비주류 국가군 간의 상호작용을 분석하는 것을 주요 목적으로 한다. 생애주기를 이행기정의 규범에 적용하는 것은 매우 적실하다. 생애주기의 저자 중 하나인 시킹크(Sikkink 2011)도 이행기정의 규범의 확산을 '정의의 폭포'(justice cascade)라는 개념을 사용해 파악했다.

과거 인권침해에 대한 국내법원에서의 형사재판은 이행기정의의 대표 수단으로 이해되고 빈번하게 사용됐다. 〈그림 7-1〉은 이행기정의 연구 협력 데이터베이스로부터 도출한 그래프로, 1970년부터 2012년 사이 해당 연도에 국내 형사재판을 처음으로 도입한 국가의 수(회색 막대그래프)와 누적 국가의 수(실선)이다. 자료에 따르면 2012년까지 168개 국가가 과거 인권침해에 관한 국내 형사재판을 한 번 이상 수용한 적이 있다. 물론 누적 국가 수의 기울기는 실제로 진행된 재판 사례를 고려하면 훨씬 커진다.

이행기정의는 국내 형사재판으로만 파악될 수는 없다. 언급한 국내 민사재판, 해외 및 국제 민·형사재판, 진실위원회, 배상,

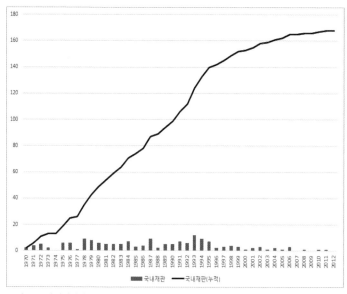

그림 7-1. 이행기정의 중 국내법원에서의 형사재판의 확산

숙청, 사면, 관행적 정의를 동시에 고려했을 때 전체적 이행기정의 규범의 생애주기를 알 수 있다. 그러나 부분적으로나마 〈그림 7-1〉은 이행기정의 규범의 발전 과정이 생애주기와 상당히 닮았다. 국내 형사재판의 경우 규범의 생성과 수용 단계에서 기울기가 근본적으로 변하는 명확한 전환점은 없다. 형사재판 제도가 이미 국내에서 사용되던 제도이고, 이행기정의를 추구하기 위해 기존 제도를 활용했기 때문이라고 본다. 생애주기의 마지막 과정인 내재화 과정은 잘 보여준다. 확산 중인 제도가 특정 시점에 이르면 포화상태가 되어 새로 수용하는 국가의 수가 점차 줄어드는 모습을 볼 수 있다. 물론 새롭게 규범을 수용하는 국가의 수는 줄어들지만, 동시에 한 국가에서 규범이 내재화는 계속 진행된다. 즉 규범을 내면한

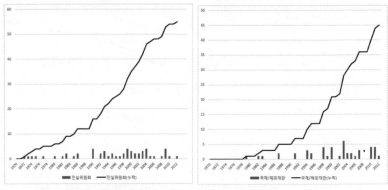

그림 7-2. 진실위원회와 국제 및 해외 법원에서의 형사재판의 확산

것으로 받아들여 점차 정당성에 관한 질문이 없어지는 과정이다. 약 140개 국가(70%)가 형사재판을 수용한 1995년 이후에는 기울기가 완만해지는 것을 볼 수 있다.

〈그림 7-2〉는 같은 데이터베이스로 도출한 진실위원회와 국제 및 해외 법원에서의 형사재판의 확산 모습을 보여준다. 기존의 존재하던 제도를 이용한 국내 형사재판과는 달리 진실위원회와 국제 및 해외 형사재판은 새로운 모델이 개발되고 수용되면서 확산했다. 이미 168개 국가에서 진행된 국내 형사재판과는 달리 진실위원회의 경우 2012년까지 55개 국가, 국제 및 해외 형사재판의 경우 45개 국가에서만 수용했다. 따라서 두 그래프는 이행기정의 규범의 초기 확산 모습을 보여준다.

두 사례 모두 수용 국가가 전체의 1/3이 되지 않아 예단하기는 이르지만, 국제규범의 발생과 확산 초기 모습을 볼 수 있다. 두 그래프 모두 1990년대 초반을 기준으로 이전에는 완만한 기울기를, 이후에는 상대적으로 가파른 기울기를 보인다. 전체 확산 정도를 알 수 없으므로 1990년대 초를 전환점이라고 특정하기는 어렵다. 학자에 따라 10% 정도의 국가가 규범을 수용해도 전환점에 이를 수 있다고 주장하기도 한다(Petrova 2019). 진실위원회의 경우, 16개 국가(8%)가 이 제도를 채택한 1990년 전후로, 해외 및 국제 형사재판의 경우, 7개 국가(16%)가 채택한 1993년 전후로 기울기의 변화가 있다. 종합적으로 판단해볼 때, 초기에 점진적으로 발생해 적용되던 이행기정의 규범의 신모델이 어느 순간에 이르면 이전과는 다른 양상으로 전파되는 것은 그래프의 관찰로도 충분히 알 수 있다.

이행기정의의 다양한 방법 중 어떤 제도를 보는가에 따라 차이가 있긴 하지만 국내 형사재판, 국제 및 해외 형사재판, 진실위원회의 일반적 변화 양상을 보면 생애주기에서 제시하는 오른쪽으로 기울어진 S형 곡선의 모습이 부분적으로 보인다. 비록 생애주기의 생성, 수용, 내재화의 각 국면과 전환점을 특정하기는 어렵지만, 이행기정의 규범의 발전 과정을 구분하고 파악하는 하나의 인식의 틀로서 생애주기는 유용하다. 그러나 생애주기 중 전환점 논의나 세 국면의 명확한 구분은 이행기정의 규범에 완벽하게 적용하기 어렵다. 규범의 생성 시점과 생성과 확산을 나누는 전환점을 특정하기 어려워 생성과 확산, 확산과 내재화 두 과정으로 나누어 본다.

III 이행기정의 규범과 생애주기

1. 이행기정의 규범의 생성과 확산

이행기정의는 칠레와 아르헨티나 등 남미에서 1980년대 민주화 이후 국내적 상황에서 등장했다고 이해된다. 이 당시 민주화는 유럽, 남미, 아시아에서 동시다발적으로 나타났고, 헌팅턴 (Huntington 1991)은 이를 민주화 "제3의 물결"로 지칭했다. 초기 논쟁은 새로운 민주주의 국가가 과거 독재정권의 인권침해 연루자를 기소하고 처벌할 것인가 아니면 용서하고 과거를 잊을 것인가 하는 논쟁에서 시작됐다. 아르헨티나와 칠레의 진실위원회와 아르헨티나와 그리스의 군부에 대한 재판(junta trial)이 그 대표적인 예이다. 하지만 이들 사례가 "제3의 물결" 민주화의 최초 사례인지는 특정하기 어렵다. 국내 형사재판의 경우, 그리스가 아닌 포르투갈에서 재판이 있었고, 아르헨티나의 진실위원회에 앞서 볼리비아의 실종자위원회(National Commission of Inquiry into Disappearances)가 있었다. 이는 이행기정의로서의 국내 재판이나 위원회의 특성을 잘 보여준다. 인권침해에 대한 형사재판이나 위원회와 같이 기존 제도를 활용해 이행기정의를 시도한 경우, 최초 발생 국가를 특정하기 어렵다.

한 가지 확실한 점은 아르헨티나의 1983년 진실위원회 (National Commission on the Disappearance of Persons)나 1985년 군부 재판, 남아공의 1995년 진실화해위원회 실험이 상당한 국제적 주목을 받았고 이후 인근 국가로 전파되는 모습을 보였다는 것이다. 아르헨티나의 위원회 경험은 1985년 우루과이 (Investigative Commission on the Situation of Disappeared People and Its Causes)와 1990년 칠레(National Commission on Truth and Reconciliation)로 전파됐고, 남아공의 경험은 이후 나이지리아, 가나, 시에라리온, 중앙아프리카공화국의 진실위원회에 영향을 주었다. 이후의 위원회는 아르헨티나와 남아공 사례를 언급하며 설치됐고, 그 조직의 형태와 운영에 있어서 유사한 모습을 보인다. 물론 이행기정의의 확산은 균질적이지 않았다. 아르헨티나의 재판 경험은 진실위원회를 수용한 우루과이와 칠레에 전파되지 않았다 (Pion-Berlin 1994). 아시아의 경우, 제3의 물결로 민주화된 국가에서 서로 다른 모습이 나타났다. 필리핀에서는 민주화 직후 형사재판과 진실위원회가 있었지만, 이 경험은 비슷한 시기에 민주화를 겪은 한국과 대만 등 주변 국가로 즉시 그리고 균질하게 수용되지는 않았다.

1980년대의 경험은 1990년대 주요 사건에 의해 국제적으로 그리고 폭발적으로 확산했다. 1990년대 초 국제화의 중요한 사례는 엘살바도르 진실위원회(Commission on the Truth for El Salvador)이다. 1992년 엘살바도르의 내전이 끝나고 유엔은 과거 인권침해를 어떻게 해소하고 다시 이런 일이 일어나지 않기 위해서 어떻게 해야 할 것인가 논의했다. 이들이 고려한 방법 중 아르헨티나와 칠레에서 채택된 진실위원회가 있었고 진실위원회 설치 규정은 유엔이 중재한 평화조약에 포함됐다. 엘살바도르 사례를 통해 이행기정의는 최초로 유엔이라는 국제기구에서 그리고 민주화 상황이 아닌 내전 종식 과정이라는 새로운 영역에서 논의되기 시작했다(Buergenthal 1994).

이와 함께 이행기정의 논의를 폭발적으로 증대시킨 사건이 발생했다. 1990년대 초반 인류는 생각하고 싶지 않은 인권침해를 동유럽과 중부 아프리카에서 경험했다. 연구가들은 확산이 단순히 모델의 효율성과 적용 가능성 때문에 수용된다고 보지는 않는다. 중요한 충격(shock)도 새로운 모델이나 제도의 확산에 결정적인 역할을 한다(Finnemore and Sikkink 1998). 구유고슬라비아와 르완다의 사례는 나치 독일 이후 상상하고 싶지 않았던 제노사이드가 1990년대에도 일어날 수 있다는 충격을 전 세계에 주었다. 이 문제는 평화와 안보의 문제로 인식되어 유엔의 안전보장이사회에서 다뤄졌고, 그 결과 구유고슬라비아 형사재판소(ICTY)와 르완다 국제형사재판소(International Criminal Tribunal for Rwanda, ICTR)가 설치됐다. 이렇듯 국제 형사재판과 같이 새로운 제도 등장은 국내 형사재판이나 위원회와 비교했을 때 상대적으로 그 기원을 특정하기가 쉽다.

물론 이 모델도 선례가 전혀 없다고 볼 수는 없다. 중요한 사례가 뉘른베르크 국제군사재판소(Nuremberg International Military Tribunal)와 도쿄에 설치된 극동 국제군사재판소(International Military Tribunal for the Far East)이다. 이는 연합국에 의한 군사 재판소로 설치됐다. 1990년대 중반의 임시(ad hoc) 형사재판소의 중요한 모델이지만 이 모델은 설립 당시부터 승자의 정의(victor's justice)라는 비난을 받았다(Bass 2002). 1차 세계대전 직후에도 오토만제국의 아르메니아인 대학살의 책임을 물으려는 시도가 있었으나 강대국의 합의를 얻는 데 실패했다. 중요한 점은 국제 형사재판 제도가 1980년대 중후반 캄보디아와 이라크의 대량학살에서는 심각하게 고려되지 않았고, 1990년대 중반 이후 르완다와 구유고슬라비아에서 적용됐다는 것이다. 시킹크(Sikkink 2011)는 1980년대 남미에서 시작된 이행기정의의 경험이 공유·축적됐고, 이 경험을 내재화한 멘데즈(Juan Mendez), 골드스톤(Richard Goldstone) 등 아르헨티나와 남아공의 법조인과 인권운동가가 국제적으로 진출해 가능했다고 주장했다.

이 변화는 또한 국제 인권규범의 발전과도 연결된다. 국제 인권규범은 1948년 세계인권선언 이후 놀라운 진전을 이루었다. 2차 세계대전 이후 국제법의 놀라운 발전에 있어 국제인권법의 역할이 중요하다. 하지만 국제 인권레짐의 한계는 상당한 수준의 법제화(legalizaton)를 달성했음에도 불구하고 이를 강제(enforce)할 수 있는 수단이 상대적으로 적었다는 것이다. 하지만 탈냉전 이후 국제기구와 비정부기구는 이행기정의가 이 문제를 보완할 수 있는 중요한 수단이 될 수 있다고 보았다. 국제법률가 바시우니(M. Cherif Bassiouni), 나이어(Aryeh Neier), 와이스브로트(David Weissbrodt) 등은 이행기정의를 이용해 인권침해를 처벌할 것을 강력히 주문했다. 이제껏 인권침해에 대해 효과적인 강제 수단이 없었지만, 국내법원에서의 재판과 진실위원회 등 다양한 이행기정의 기제들이 책임을 물을 수 있는 수단이 될 수 있고, 결과적으로 인권규범의 효력을 증대시킬 수 있다고 본 것이다.

이행기정의가 등장하고 초기 전파되는 과정에서 크게 두 가지 변화가 있었다. 첫째, 지리적 확산이다. 남미와 남유럽에서 민주화로의 이행 이후 과거 심각하고 체계적인 인권침해 문제의 해결 기제로 등장한 형사재판과 진실위원회는 1990년대 중반에 이르러 동유럽과 아프리카, 그리고 일부 아시아 국가에까지 적용됐다. 둘째, 모델의 다양화이다. 국내법원의 재판은 이제 새로운 국제 형사재판으로 발전했다. 또한, 민주화 이행 이후 적용된 진실위원회는 내전 이후 분쟁 해결 절차로도 사용됐다. 따라서 1990년대 중반이면 이행기정의의 대표 수단인 국내법원의 형사재판, 국제법원의 형사재판, 진실위원회의 원형이 만들어졌고 어느 정도 국제적으로 전파됐다. 이들 제도는 모두 이행기정의를 포함하고 있었고, 심각한 인권침해에 대해 개인에게 책임(individual accountability)을 물을 수 있는 관념을 반영했다.

2. 이행기정의 규범의 확산과 내재화

이렇게 등장한 이행기정의는 1990년대 후반부터 2000년대 초반 아프리카, 유럽, 아시아에서 획기적으로 발전했다. 첫째, 남아공에서 인종분리정책이 폐기되고 권력이 이양되면서 인권침해를 조사하고 처벌하기 위해 진실화해위원회가 설치됐다. 1984년 노벨평화상을 받은 투투 주교가 참여하며 국제적 주목을 받았고, 이행기정의에 대한 국제적 논의를 한 차원 높였다. 공개 청문회(public hearing)를 도입해 진실 규명 과정이 대중에게 공개됐고, 실시간 공중파로 전 세계에 중계됐다. 또한, 진실화해위원회는 진실을 자백할 경우 사면을 보장하는 획기적인 방법으로 세계적인 주목을 받았다. 이는 한편으로 가해자가 범죄를 고백하고 피해자가 용서하며 화해에 이르는 드라마를 만들어냈지만, 불충분한 진술이나 사면을 받기 위한 도구로서의 자백 등 잡음도 있었다. 남아공 모델은 국제적으로 주목을 받았고, 진실위원회의 확산 속도는 남아공 이전과 이후 큰 차이를 보인다.

둘째, 1998년 영국을 방문 중이던 칠레의 독재자 피노체트가 임기 중 스페인 국민을 살해한 혐의로 스페인에서 발부된 체포 영장에 의해 영국에서 체포되는 사건이 있었다. 이는 매우 충격석이었고, 국제법학자 로트-아리아자(Roht-Arriaza 2005)는 이 사건과 이후 변화를 "피노체트 효과"(Pinochet effect)라고까지 명명했다. 국가 지도자에 대한 면책(impunity)이 보장되던 관행을 거슬러, 심각한 인권침해의 경우 예외 없이 보편적 관할권(universal jurisdiction)이 적용될 수 있음을 보여준 중요한 사례이다. 영국 최고법원은 건강상의 이유로 피노체트를 본국으로 송환했지만, 칠레 법정에서 재판이 지속됐다. 이 두 사례는 1990년대 초반 있었던 르완다와 구유고슬라비아의 충격과 함께 이행기정의 발전에 중요한 전환점이었다. 르완다와 구유고슬라비아의 충격과 그로 인한 국제 임시 형사재판소의 설립이 이행기정의 초기 발생 과정에 중요한 역할을 했다면, 남아공의 진실화해위원회와 피노체트 사건은 이미 만들어진 진실위원회, 국내외 형사재판을 전 세계로 급격히 확산시켰다.

셋째, 1990년대 후반에 혼합재판소(hybrid court)라는 새로운 이행기정의의 모델이 등장했다. 혼합재판소는 내전이 끝난 시에라리온과 다양한 해법이 제안됐지만 그 당시까지 해결되지 못했던 캄보디아에 적용됐다. 우선 2001년 캄보디아에서 유엔과 캄보디아 정부의 협력으로 국세와 국내의 사법제도가 혼합돼 적용되는 혼합재판소가 설치됐다. 캄보디아 재판소(Extraordinary Chambers in the Courts of Cambodia, ECCC)는 획기적 시도를 했다. 국내 인권침해 문제를 단순히 국내 혹은 국제 법원이 단독으로 담당하지 않고, 국제와 국내의 사법체계, 법관과 인력이 혼합된 형태로 운영해 기존 국제형사재판소의 한계를 보완했다. 구유고슬라비아와 르완다 국제재판소는 관련국 국민의 직접적인 참여 없이 진행된 하향식(top-down) 정의라는 비난을 받아 왔다. 캄보디아 재판소는 희생자와 시민사회가 민간 참여자(Civil Parties)로 재판에 참여할 수 있는 상향식(bottom-up) 정의 요소를 결합해 이를 보완했다(Jeffery and Kim 2014). 혼합재판소의 실험은 그후 시에라리온과 동티모르에도 시도됐다.

이러한 세 가지 흐름은 1998년 로마협약(Rome Statute for the ICC)을 추진하며 한데 모였고, 2002년 국제형사재판소 설립으로 정점에 이르렀다. 국제형사재판소는 아렌트(H. Arendt)가 1961년 아이히만(A. Eichmann) 재판을 보며 홀로코스트가 유대인이나 이스라엘이 아닌 인류에 대한 범죄라고 주장하며 제기됐다. 하지만 이 관념은 1990년 중반에 이르러 구체적으로 논의됐고, 이 흐름의 기저에는 이 당시까지 진행된 이행기정의의 발전이 있었다(Sikkink and Kim 2013). 전 세계 150여 국가의 2,500여 개 단체가 모여 국제형사재판소를 위한 연합체(The Coalition for the International Criminal Court)를 만들어 정부를 압박했고, 국제변호사와 인권운동가들은 국제인도법 등 전문성을 기반으로 의제를 장악했다. 국제형사재판소는 이행기정의에 있어 매우 중요한 의미를 지닌다. 기존 국제규범이나 국내 제도, 임시 재판소 형태로 진행되던 이행기정의가 법제화, 제도화 및 상설화됐다.

규범의 내재화는 이행기정의의 효과에 관한 연구를 통해서도 입증된다. 회의적인 학자들은 이행기정의가 사회에 더 많은 해악을 끼치고, 재판과 진실위원회와 같은 제도가 오히려 인권과 평화에 부정적인 영향을 미친다고 주장했다(Goldsmith and Krasner 2003, 55). 사면을 거부하고 처벌을 강제하면 갈등이 재생산되어 더 많은 해악을 가져온다는 논리이다(Snyder and Vinjamuri 2003/2004). 그러나 보다 최근에 학자들은 이행기정의가 인권 상황을 개선하는 실증적 증거를 제시했다. 지역 연구자들은 페루, 한국, 칠레, 아르헨티나, 브라질 등 사례를 분석해 이행기정의의 긍정적 효과를 밝혔다. 남미 국가들의 비교분석을 통해 이행기정의의 사용이 민주주의 악화나 쿠데타로 이어지지도 않았고, 인권침해나 분쟁의 재발로 귀결되지도 않았다는 것을 보여주었다(Sikkink and Walling 2007). 또한, 1970년부터 2008년까지 100여 국가의 교차국가 비교분석을 통해 재판과 진실위원회가 평균적으로 인권 상황을 증진한다고 입증했다(Kim and Sikkink 2010).

3. 한국에서의 내재화

근대 한국은 일제강점기(1910-1945), 해방기 및 미군정기(1945-1948), 한국전쟁기(1950-1953), 이승만 정권(1948-1960), 1960년 4·19혁명 이후의 제2공화국(1960-1961), 박정희의 5·16쿠데타 및 장기 독재(1961-1979), 박정희 암살과 서울의 봄(1979), 전두환, 노태우의 12·12쿠데타, 광주민주화운동과 권위주의 정권(1980-

1988), 1987년 6월 항쟁을 겪었다. 이 과정에서 제주 4·3사건, 한국전쟁 중 민간인 학살사건, 대구2·28사건, 3·15마산의거, 4·19혁명, 부마항쟁, 광주민주화운동, 독재 및 권위주의 정권에서의 고문, 실종, 초법적 살인 등 수많은 인권침해 사건이 발생했다.

희생자 및 유가족은 진상규명, 책임자 처벌, 배상 등을 정부에 요구했다. 하지만 폭압적인 정권 아래서 이들의 요구는 철저히 묵살됐고, 유가족에 대한 추가적인 탄압과 인권유린이 자행됐다. 대표적으로 4·19혁명 이후 전국 각지에서 자발적으로 조직된 6·25 피학살양민유족회와 그 활동에 대한 박정희 정권의 반인륜적인 탄압이다. 쿠데타 이후 군부는 유족회 관련 인사를 체포하여 혁명재판에 넘겼으며 유족회가 조성한 위령탑과 위령공원 등을 체계적으로 훼손하였다.

본격적인 진상규명은 민주화 이후, 더 구체적으로 문민정부가 들어선 이후에 진행되었다. 김영삼 정부 시기에 거창사건 등 관련자 명예회복 심의위원회가 구성됐고, 김대중 정부 시기에 의문사위, 4·3위원회가 설립됐다. 노무현 정부 시절에는 친일 반민족행위 진상규명위원회, 일제강점하 강제동원피해 진상규명위원회, 친일재산 조사위원회가 설치돼 운영됐다. 2004년과 2005년 사이에는 경찰청과 국방부, 국가정보원이 자체 위원회를 구성해 인권침해를 조사했다. 2006년에는 군에서의 사망 사건을 조사하기 위해 군의문사진상규명위원회가 조직되었다. 이명박, 박근혜 정부에서 주춤했던 활동은 문재인 정부의 등장과 함께 다시 시작되어 진행 중이다. 문재인 정부는 2017년 7월에 발표한 100대 국정과제의 3순위 과제로 "국민 눈높이에 맞는 과거사 문제 해결"을 설정했고,

현재까지 검찰과거사조사위원회, 5·18민주화운동진상규명조사위원회가 설치했고 제2기 진화위가 운영될 전망이다.[3]

한국의 이행기정의 규범 내재화를 잘 보여주는 사건이 있다. 전 세계와 한국이 코로나바이러스와 전쟁 중이던 2020년 4월 3일 제주에서 의미 있는 일이 있었다. 문재인 대통령이 제72주년 4·3 희생자 추념식에 참석했다. 제주 4·3사건 이후 대통령이 직접 추념식에 참석한 것은 2006년 노무현 대통령, 2018년 문재인 대통령 이후 세 번째였다. 특히 문재인 대통령은 임기 중 두 번째 추념식에 참석해, 2018년 재방문 약속을 지켰고 한국 정치에서 4·3사건의 중요성을 강조했다. 특히 추념사에서 아래와 같이 4·3사건의 해결에 있어 '국제적으로 확립된 보편적 기준', 즉 국제규범의 중요성을 강조했다.

4·3의 해결은 결코 정치와 이념의 문제가 아닙니다. 이웃의 아픔과 공감하고 사람을 존중하는 지극히 상식적이고 인간적인 태도의 문제입니다. 국제적으로 확립된 보편적 기준에 따라 생명과 인권을 유린한 잘못된 과거를 청산하고 치유해 나가는 '정의와 화해'의 길입니다.

하지만 이에 대해 한국 사회가 모두 동의하는 것은 아니었다. 『조선일보』는 다음날 사설을 통해 다음과 같이 반박했다.

군경의 반란 진압 과정이 지나쳐 억울하게 희생된 민간인에 대해서

---

3   이행기정의 정책의 구체적인 내용과 효과에 대해서는 김헌준(2017) 참조.

는 국가가 마땅히 위로·사과·보상을 해야 한다. 그러나 그 대상에 대한민국을 부정하고 폭동을 일으킨 남로당과 그 배후인 북한까지 포함시킬 수는 없는 일이다. (조선일보, 2020년 4월 4일)

이는 2003년 4·3위원회의 보고서에서 근거가 없다고 판명한 북한 배후설을 재활용하는 근거가 약한 논의이고, 4·15총선이라는 정치적 계산을 배경에 두고 있는 주장이기 때문에 큰 의미를 부여할 주장은 아니다.[4] 하지만 국제규범의 측면에서 봤을 때 대통령의 연설과『조선일보』의 사설엔 공통점이 있다.

제주 4·3사건 자체를 보는 양자의 관점은 분명 다르다. 하지만『조선일보』도 불과 20여 년 전의 입장과 달리 억울한 희생에 대해 국가가 "마땅히" 위로, 사과, 너 나아가 "보상"까지 해야 한다고 주장했다. 정치적으로 상반된 두 주장의 공통분모는 국가에 의해 발생한 인권침해에 대해 국가가 "마땅히" 대응을 하는 것이 "국제적으로 확립된 보편적 기준"이라는 것이다. 이것이 바로 국제규범으로서 이행기정의이다. 위 사건은 한국의 정부와 사회에 이행기정의 규범이 내재화됐음을 보여주는 대표 사례이다. 물론 사안에 따라 누구에게 얼마나 그리고 어떻게 등의 상세한 논의가 필요하지만, 보수언론의 대표인『조선일보』조차도 희생자에 대한 마땅한 "위로·사과·보상"을 언급한다는 것은 한국 사회가 이 부분에 어느 정도 합의에 도달했음을 보여준다.

4   이는 4·3 추념식의 대통령 연설과 4·15총선을 연결한 4월 11일 사내칼럼 [강석천 칼럼]을 보면 명확하다(조선일보, 2020.4.11.)

IV 분석: 주류와 비주류의 상호작용

1. 생성과 확산: 비주류에서 비주류로

국제 인권규범의 생성과 확산에 있어 가장 큰 오해가 강대국에 의한 강압론(hegemonic imposition)이다(Krasner 1993). 하지만 이는 경험적 연구를 통해 반박됐다. 대표적인 것이 인종 차별(racial inequality) 철폐 규범이다. 클로츠(Klotz 1995)는 남아공에 대한 제재에 미국 정부가 뒤늦게 참여했으며, 절대 리더가 아니었고 국제적 흐름의 막바지에 끌려가는 형국이었음을 입증했다. 이 과정에서 주변(periphery) 국가군이 먼저 나섰고 중요한 변화도 이들 국가에서 벌어졌다. 로이-스미트(Reus-Smit 2011)도 유엔 초기 문서에 관한 실증적 연구를 통해 인도, 브라질, 멕시코, 파키스탄, 필리핀, 칠레, 콜롬비아 등 국가가 국제인권선언의 초기 협상 과정에서 매우 중요했다고 밝혔다. 중남미 국가, 인도, 중국 등 비서구사회가 국제 인권규범에 미친 영향은 최근 연구에서 밝혀지고 있다(Kim 2020; Rodriguez-Garavito and McAdams 2017; Sikkink 2018). 이는 인권 규범의 병렬규범인 인도주의 규범에서도 드러난다. 페트로바(Petrova 2019)는 클러스터 무기 금지 조항에서 남아공과 아프리카 국가들의 역할을 강조했다. 비서구 국가가 다양한 이유로 국제규범 형성에 중요한 역할을 했고, 미국, 러시아, 중국 등 강대국들은 주도적이라기보다는 어쩔 수 없이 끌려갔다.

　이행기정의의 발생과 초기 확산도 이와 유사하다. 앞서 보았듯이 중심(center) 혹은 북부(Global North)가 아닌 주변

(periphery) 혹은 남부(Global South) 국가에 의해 주도된 과정이었다. 국내 형사재판의 경우, 제3의 물결 민주화 이후 포르투갈과 그리스에서 시작됐지만, 이 모델은 국경을 넘지 못했다.[5] 진실위원회는 1982년 볼리비아에서 시작됐다. 그리스, 포르투갈, 볼리비아는 전혀 국제정치의 주류 국가라고 할 수 없고, 지역적으로 볼 때도 주류라고 할 수 없다. 이 두 모델은 아르헨티나에서 다시 한 번 시도됐고, 1983년 진실위원회와 1985년 군부 재판은 전 세계적인 주목을 받았다. 하지만 아르헨티나도 주류 국가와는 거리가 멀었다. 아르헨티나가 포르투갈과 그리스, 볼리비아 사례를 참조했는지 구체적인 증거는 없다. 하지만, 민주화 이후 유럽과 남미에서 과거 인권침해 문제 해결을 위한 비슷한 고민이 있었고, 이에 대해 국내 형사재판과 진실위원회라는 유사한 모델이 시도됐음은 알 수 있다.

이행기정의의 발생과 초기 확산 과정을 구체적으로 살펴보면 이렇게 비주류 국가에서 형성된 모델이 다른 비주류 국가로 전파된 것을 알 수 있다. 진실위원회의 경우, 초기 단계에서 남남(South-South)으로, 혹은 비주류에서 비주류로 규범의 확산이 일어났다. 아르헨티나의 진실위원회는 1990년 칠레에 전파됐고, 유사한 진실위원회가 설립되었다. 또한, 아르헨티나와 칠레의 진실위원회는 1992년 엘살바도르 내전 이후 평화정착의 도구로서 고려

---

5   포르투갈의 사례는 당시에는 국제적 효과가 없었지만, 의도치 않은 결과를 가져왔다. 국제사면위원회를 설립한 영국 변호사 베넨슨은 포르투갈 사례를 기반으로 양심수(prisoner of conscience) 용어를 만들었고, 많은 사람의 지지로 위원회가 설립됐다(Sikkink 2011, 36).

됐고, 유엔에 의해 채택됐다.

엘살바도르 사례는 두 가지 점에서 중요하다. 확산의 주체와 기제를 연구한 학자들은 특정 지역의 모델이 국제기구나 국제비정부기구에 수용되는 것에 주목한다. 이는 확산의 방식 중 수직적 확산(vertical diffusion)이라고 언급된다(Daley and Garand 2005). 국제기구가 가지는 가시성 때문에 그렇게 채택된 제도는 대륙을 넘어 다른 국가로 전파될 가능성이 크다. 엘살바도르 사례는 첫 번째 수직적 확산이 일어난 경우이다. 학자들은 또한 수평적 확산(horizontal diffusion)이라고 불리는 서로 다른 영역 간 전파도 중요하게 본다(Arthur 2009). 한 영역에 수용된 모델이 다른 영역에 전파되는 것은 그 제도가 가진 영향력을 증대시킨다. 엘살바도르에서 그런 일이 일어났다. 이행기정의 모델은 민주화를 넘어 내전에서 평화로의 이행, 즉 분쟁 해결(conflict resolution) 영역에도 적용되기 시작했다. 이후 이행기정의는 과테말라, 시에라리온, 라이베리아, 콩고민주공화국 등에서 내전 이후 평화정착을 위한 하나의 방법으로 수용됐다.

국제적 흐름에서 초기라고 할 수 없지만, 지역에서 초기 전파 과정을 비교해 보는 것도 중요하다. 한국 사례가 이를 잘 보여준다. 제주 4·3사건의 경우 사건 발생 이후 50여 년 만에 진실위원회가 설립됐다. 4·3위원회는 한국 최초의 진실위원회 모델을 제시했다. 2000년 같은 해에 의문사위원회가 먼저 발족했지만, 위원회 구성이 명시된 법안의 국회 통과는 4·3위원회가 앞선다. 위원회의 설립 과정에 있어 직접적인 영향을 받은 해외 사례는 많은 진실위원회 중 대만 2·28사건이다. 물론 남아공의 진실위원회 모델이 언급됐고, 1999년 제주 시민사회가 조직한 회의에 남아공의 란데라(F. Randera) 위원장이 초청돼 경험을 나누기도 했지만, 제주에서는 남아공보다는 대만 사례가 더 큰 영향을 미쳤다. 이 사례는 1993년 제민일보 4·3 취재반의 김종민 기자에 의해 수많은 외신 중에서 우연히 발굴됐고, 기자의 요청으로 리영희 당시 한양대 교수가 구체적으로 분석해 제주와 유사점을 강조하며 소개했다. 이후 대만의 입법과 위원회 활동은 제주 시민사회와 지방정부의 활동과 입법에 참고 자료가 됐다(Kim 2014). 지역에서도 남남, 즉 주변에서 주변으로 전파 양상이 보이며, 지리적으로 가깝고 비슷한 문화권의 사례가 소개되고 받아들여지는 것을 알 수 있다.

이렇듯 주변에서 주변으로 확산되는 데 중요한 역할을 한 행위자가 있다. 이는 정부가 아니라 이행기정의 징책 입안이니 운영에 직접 참여했거나 아니면 그 목적을 위해 활동한 개인과 비정부기구이다. 이 사실은 국제규범의 확산에 있어 초국가적 옹호 네트워크(transnational advocacy networks)라고 불리는 개인과 비정부기구의 역할이 중요함을 보여준다(Keck and Sikkink 1998). 브라질의 경우도 국가가 공식적으로 이행기정의를 수용하지 않던 30여 년 동안 비정부기구가 활발히 활동해 비공식적 조사위원회를 설치했었고, 이들의 끊임없는 노력이 2012년 브라질 진실위원회(National Truth Commission) 수립으로 이어졌다. 한국도 50여 년이 넘은 과거 사례가 단순한 무관심과 보수 우파로 대변되는 일부 정치 세력의 적극적 반대로 쉽게 묻힐 수도 있었지만, 유족과 사회운동 단체 등 다양한 비정부기구의 끊임없는 노력이 지방정부나 국회의원을 비롯한 지역 정치인을 먼저 움직이고, 최종적으로 중

양정부를 움직여 이행기정의 정책을 채택하도록 했다.

보다 구체적으로 확산 과정에서 개인과 전문가의 역할은 아르헨티나 사례가 어떻게 엘살바도르와 남아공 등지로 이어졌는지 보면 알 수 있다. 중요한 인물이 아르헨티나 출신 페루 인권운동가 발데즈(Patricia Tappata de Valdez)이다(Sikkink 2011). 엘살바도르 내전 협상 과정에서 이를 위해 노력하던 페루 출신 유엔 사무총장에게 발데즈가 천거됐고, 아르헨티나의 경험은 이를 통해 유엔에 전파됐다. 아르헨티나의 경험은 발데즈에 의해 다시 한 번 남아공의 진실화해위원회에 영향을 미쳤다. 남아공 위원회에서 역할을 하게 되는 보레인(A. Boraine)과의 인연으로 아르헨티나 인권운동가들은 남아공 진실화해위원회 설립 과정에 자문했고, 남아공의 관계자들도 아르헨티나를 방문해 진실위원회의 경험을 공유했다. 더 나아가, 아르헨티나의 진실위원회에서 활동한 법의학자들은 다양한 기회를 통해 과테말라, 보스니아 등지에서 그들의 경험을 공유했다. 아르헨티나가 이렇게 강력한 영향을 미칠 수 있었던 이유는 당시 이행기정의 문제로 고민하던 국가들이 많아 이들의 경험을 배우려고 했고, 아르헨티나의 인권운동 또한 이전부터 국제 인권운동과 밀접히 연결됐기 때문이다(Sikkink 2011).

2. 확산과 내재화: 비주류에서 주류 및 비주류로

2000년대에는 이행기정의의 확산이 진행되고 동시에 각 국가에서 규범이 내재화되는 모습이 크게 세 가지 양상을 보이며 나타났다. 첫째, 다양한 복수의 이행기정의 정책의 사용이다. 한 국가에서 과거 인권침해 해결을 위해 한 가지 정책이 아닌 여러 정책이 동시에 사용되기 시작했다. 예를 들어, 1999년 인종 분쟁 이후 동티모르는 인권침해 해결을 위해 재판, 진실위원회 등 다양한 이행기정의의 모델을 시도했다. 2000년부터 유엔 주도로 다양한 재판이 있었고, 2002년에는 진실위원회(The Commission for Reception, Truth, and Reconciliation)가 설치됐다. 이런 경향은 2000년 이후 파나마, 페루, 파라과이, 세르비아 등에서도 나타났다. 예를 들어, 페루는 2001년 진실위원회(Truth and Reconciliation Commission) 설치와 동시에 재판이 시작됐고, 꾸준히 재판이 증가하는 추세이다. 더불어, 후지모리 전 대통령의 도피로 인해 외국 법원인 칠레 최고법원에서 송환을 위한 재판 절차도 진행됐고 결국 후지모리는 2007년 페루로 송환됐고 전직 대통령에 대한 국내 형사재판 절차가 시삭됐다.

둘째, 이미 사용된 이행기정의 정책이 재사용되거나 급격히 증가하는 양상도 보였다. 최근 진실위원회의 중복 사용은 "위원회주의"(commissionism)라는 용어로 명명됐다(Hollanda and Kim, forthcoming). 브라질과 한국의 사례가 주목을 받았다. 한국은 2000년에 의문사 위원회와 4·3위원회가 설치된 이후에 많은 과거사 관련 위원회가 설치됐다. 위원회의 정의에 따라 다소 차이가 있지만, 최소 10개에서, 최대 14개까지 위원회가 존재했다. 2020년 1월에도 5·18 민주화운동 진상규명위원회가 설치되어 활동을 시작했고, 11월 2기 진실화해위원회의 출범을 준비 중이다. 브라질도 민주화 이후 오랜 시간이 흘러 2012년 진실위원회가 설치됐는데, 지방정부도 다수의 위원회를 설치했다. 보스니아 헤르체고비나, 칠레, 동티모르, 과테말라, 인도네시아, 레바논, 남아공, 스리랑카, 우간다, 잠비아 등에서도 두 개 이상의 진실위원회가 설치됐다.

국내 재판의 경우, 아르헨티나와 칠레의 경우가 대표적이다. 이들 국가는 피노체트 사건 이후에 인권침해의 당사자들이 시민사회와 법률가의 도움으로 기발한 방법으로 과거 인권침해 사례를 다루기 시작했다. 예를 들어, 아르헨티나에서는 사면 제도가 있어 다룰 수 없는 사례가 많았고, 공소 시효가 문제가 됐다. 하지만 인권 변호사들은 강제 실종의 경우 아직 시신이 발견되지 않은 "계속되는 범죄"(continuing crime)로 공소 시효가 적용되지 않는다고 주장하며 공소 시효를 무력화했다. 또한, 사면이 적용되지 않는 범죄를 추가로 발견해 동일 가해자를 기소하고 처벌했다. 반정부세력을 살해, 고문하고 희생자의 자녀를 납치해 강제로 입양시켰는데, 강제입양의 경우 사면법에 적시되지 않았기 때문에 일사부재리 원칙에 저촉되지 않고 기소와 재판을 진행할 수 있었다. 재판의 증가에 있어 한국도 예외는 아니다. 다양한 과거사 위원회 활동의 종결과 함께 재심이 시작됐다. 희생자와 유가족은 국가의 공식 문서인 진실위원회 보고서를 토대로 재심을 청구해 무죄 판결을 받았다. 2019년 제주 4·3 수형인과 2020년 1월 여수 순천 희생자 무죄 판결이 대표적인 예이다. 이와 함께, 재심 판결을 근거로 민사상 손해배상 소송도 있었고, 현재도 진행 중이다. 이러한 진전은 이행기정의가 확산할 뿐만 아니라 한 국가에서 내재화되어 영향을 미치고 있음을 잘 보여준다.

이상의 확산과 내재화는 주로 비주류에서 비주류 국가로 혹은 비주류 국가 내에서 이행기정의가 심화하는 양상이다. 이 확산에 있어 비주류 국가의 경험이 수직적 확산 과정을 통해 국제기구 및 비정부기구에 수용되는 과정이 중요했다. 이 시기 유엔에 이행기정의가 수직적 확산된 엘살바도르 사례 이후에 또다시 유의미한 수직적 확산이 발생했다. 남아공의 진실화해위원회 경험은 이행기정의를 독점적으로 다루는 새로운 국제 비정부기구인 국제이행기정의센터(International Center for Transitional Justice)의 생성으로 이어졌다. 2001년 설립 이후 이 기구는 이행기정의 모델의 연구와 확산에 있어 주도적인 역할을 하고 있다. 현재까지 40여 국가의 진실위원회 설치에 직간접적으로 관여했고, 대표적으로 페루, 스리랑카, 알제리 등지에서 활동했다. 동시에 국제사면위원회나 국제인권감시기구(Human Rights Watch)와 같은 기존 비정부인권기구도 과거 인권 범죄에 대한 주요 의제로 받아들이기 시작했다. 더 나아가, 2004년 유엔 사무총장은 '분쟁과 분쟁 이후의 사회의 법치와 이행기정의'에 관한 보고서를 제출하며 이행기정의를 인권 보호를 위한 정책적 도구로 제시했다(United Nations 2004). 비주류 국가의 경험이 국제기구를 통해 수용된 후 강화되고 증폭되어 다시 비주류 국가에 전파되는 모습은 여성운동에서도 발견된다(Merry and Levitt 2017).

셋째, 이렇게 국제화된 비주류의 규범은 비주류 국가에 영향을 미치는 동시에 주류 국가의 시민사회에 우선 영향을 미친다. 이 모습은 2000년대 중반 선진국 혹은 강대국으로 불리는 주류 국가에서 급격히 증가한 과거 인권침해에 대한 진실 찾기 노력에 잘 드러난다. 예를 들어, 1999년부터 결성돼 시민단체가 중심이 되어 미국 그린스보로에서 있었던 백인 우월주의 단체 쿠 클

럭스 크랜(KKK)의 만행을 밝히려는 시도(The Greensboro Truth and Community Reconciliation Project), 영국이나 호주에서 가톨릭 사제들에 의한 종교 및 국가지원 교육기관에서 발생한 성폭력과 성추행을 밝히려는 움직임, 호주, 캐나다에서 원주민에 대한 인권침해를 인정하고 이로 인한 불평등과 사회 문제를 해소하기 위한 노력 등이 있었다. 이러한 다양한 시도는 정부가 이행기정의 정책을 공식적으로 수용하기 전에 이미 '비공식적 진실 프로젝트'(Unofficial Truth Project)라고 개념화될 정도로 만연했다(Bickford 2007). 비주류 국가의 이행기정의가 주류 국가의 시민사회에 영향을 미쳐 원래의 국가 공식 절차와는 다른 양상으로 변화되고 발전된 것이다.

결국, 주류 국가도 상당한 논란이 있었음에도 시민사회의 압박에 이행기정의를 대폭 수용했다. 2004년 미국 그린스보로 진실화해위원회(The Greensboro Truth and Reconciliation Commission)는 5년 동안의 시민운동이 정부의 구체적 정책으로 이어진 대표적인 사례이다. 2008년 설치된 캐나다 진실과화해위원회(The Truth and Reconciliation Commission of Canada)도 원주민 정책을 반성하기 위한 시도였고, 유사한 정책이 매년 국립 사죄일(National Sorry Day)을 준수하는 호주에도 존재한다. 이행기정의는 다만 진실위원회에 그치지 않는다. 호주와 영국에서 일어난 가톨릭 사제의 성폭력에 대한 조사는 2013년 호주 왕립위원회(Royal Commission into Institutional Responses to Child Sexual Abuse)와 2014년 영국의 독립 조사위원회(The Independent Inquiry into Child Sexual Abuse)의 설립으로 이어졌고, 많은 경우

재판으로 귀결됐다.

V 결론

이행기정의 규범의 국제적 발전을 보면 생애주기에서 제시한 생성, 확산, 내재화 과정을 거친다. 이는 이행기정의에 대한 가장 최신이고 포괄적 데이터베이스인 이행기정의 연구 협력의 자료를 통해서도 입증된다. 이행기정의 규범의 생애주기를 보면 비주류 국가에서 생성되어 비주류 국가들로 확산이 되는 모습을 보인다. 규범의 발전 초기에 국내 형사재판, 진실위원회, 해외 및 국제 형사재판의 모델을 최초로 시도하거나 고안한 국가군은 강대국 혹은 선진국이라고 불리는 주류 국가군과 거리가 멀다. 포르투갈, 그리스, 볼리비아, 아르헨티나는 전 세계적으로도 지역적으로도 주류 국가는 아니다. 이들 국가에서 시도된 모델은 엘살바도르, 칠레, 남아공 등지로 확산된다. 이 과정에서 중요한 요인은 국제정치에서 흔히 알고 있는 강대국의 힘(power)이나 당사국의 이해관계(interest)가 아니라, 신념이 있는 개인이 추진하던 이행기정의라는 관념(idea)이었다(Sikkink 2011 ; Kim 2019).

생성된 모델은 수직적 확산을 통해 국제기구나 국제 비정부기구로 전달됐고, 국제기구에서 채택되고 정교화된 이행기정의의 모델은 다시 민주화 이후 비슷한 문제로 고민하던 비주류 국가로 확산됐다. 이 과정에서 이행기정의는 민주주의 이행을 넘어 평화정착의 수단으로 인식됐고 그 적용 범위가 넓어졌다. 이 양상은 초기에 엘살바도르에서 유엔을 통해 나타났고, 남아공 사례 이후에는 국제이행기정의센터, 국제사면위원회 등 비정부기구에서 이뤄졌다. 물론 국가와 국가 확산만 있던 것은 아니다. 인류가 공통으로 맞은 구유고슬라비아와 르완다의 인종 학살, 보편적 관할권을 제시한 피노체트 사건 등 국제사회에 큰 충격도 있었다. 이 사건들은 단지 이행기정의에 국한된 사건이 아니었으므로 국제인권, 인도주의와 국제인도법, 국제형사법에 동시에 영향을 미쳤고, 임시 재판소와 국제형사재판소의 설치 등 이 분야의 발전이 이행기정의의 발전에도 영향을 미쳤다.

중요한 점은 남남 혹은 비주류에서 비주류로 진행되던 확산이 점차 주류 국가군에도 영향을 미쳤다는 사실이다. 이행기정의 규범은 우선 주류 국가의 희생자와 시민단체에 영향을 미쳤다. 미국, 호주, 영국, 캐나다에서 일어난 규범의 수용은 처음부터 국가 주도로 일어나지는 않았다. 오랜 기간 진행된 자생적 풀뿌리 프로그램과 사회운동이, 국제적 흐름에 영향을 받은 대중의 지지를 얻어, 최종적으로 정부를 변화시켰다. 이는 클로츠(Klotz 1995)의 미국의 대(對)남아공 외교정책 변화 연구 결과와 일치한다. 주류 국가의 시민사회와 정부는 주변부에서 일어나는 변화를 주목하고 지지하며 정체성(identity), 우리는 누구인가(who we are)에 대해 고민한다. 주변부에서 일어나는 변화는 주류 국가가 이전에 생각지 못하거나 묻어두었던 문제에 대해 고민하게 만들고, 결국 이런 의심과 성찰의 결과로 국가의 정책이 바뀐다. 인종 문제에 대한 미국 진실위원회, 원주민 문제를 둘러싼 캐나다 진실위원회, 호주의 원주민과 성범죄 사제에 대한 정책이 이를 잘 보여준다.

이행기정의 규범의 생성과 확산, 내재화에 있어 개인과 국내 그리고 국제 비정부기구가 중요했다. 이들 간 네트워크는 규범이 확산, 재확산, 또한 역확산되는 과정에 기여했다. 남아공의 위원회는 아르헨티나의 영향을 받았다. 하지만 남아공 위원회의 경험이 국제 비정부기구로 전달된 후, 이 모델은 다시 남미, 아시아와 아프리카 국가들에 영향을 미쳤다. 더 나아가 이 경험은 미국, 영국, 캐나다, 호주 등 주류 국가에도 전파됐고, 주류 국가의 경험은 다시 이들과 상호작용하는 비주류 국가에 영향을 미쳤다. 한국 사례도 생성과 동시에 영향을 미쳤다. 한국의 4·3위원회의 설립에는 대만 사례가 미친 영향이 크다. 하지만 최근 대만은 차이잉원 정부의 등장과 함께 다시 한 번 이행기정의를 추진하고 있다. 대만은 자국 모델에서 영향을 받아 그것을 발전시킨 한국 사례에 관심을 두고 학회와 방문을 통해 배우려 하고 있다. 확산이란 어느 한 방향으로 진행되는 것이 아니고 양방향으로 진행되며 시간 차이를 두고 전파자에서 피전파자에게로, 피전파자에게서 다시 전파자에게로 나선을 그리면 발전한다.

최근 국제형사재판소는 아프리카 일부 국가의 탈퇴와 미국의 서명 철회(unsigning) 등 비협조적 태도로 어려움을 겪고 있다(Hopgood, Snyder, and Vinjamuri 2017). 하지만 학자들은 국제형사재판소의 상징성과 이행기정의의 최후 보루(a back-up mechanism)로의 역할을 강조한다(Risse, Ropp, and Sikkink 2013). 재판소 존재 자체로 국가의 관행과 담론은 이전에 볼 수 없는 양상을 보인다. 국가들은 때론 재판소 기소를 염두에 두고, 때론 선제적, 방어적으로 정책을 조정한다. 최근 프랑스나 미국도 중앙아프리카공화국이나 이라크, 아프가니스탄 등에서 발생한 인권침해에 대해 국내 형사재판을 진행했다. 이는 강대국이 자국민이 해외에서 군사작전 중 벌인 인권침해에 대한 책임을 묻지 않던 이전 행태와는 다른 양상이다. 물론 이것이 자국민이 체포되어 해외 법원이나 국제형사재판소에서 기소되는 것을 막기 위한 선제적 조치라는 비난도 있다. 하지만 국제형사재판소나 보편적 관할권 사례가 없었더라면 이들이 취하지 않았을 정책을 초강대국인 미국과 프랑스가 하고 있다는 점은 의의가 있다.

참고문헌

김헌준. 2017. "전환기정의 규범의 확산과 그 효과: 한국의 사례를 중심으로." 『한국정치연구』 26(1): 101-26.

이병재. 2015. "이행기 정의(transitional justice)와 인권." 『국제정치논총』 55(3): 85-121.

Arthur, Paige. 2009. "How "Transitions" Reshaped Human Rights: A Conceptual History of Transitional Justice." *Human Rights Quarterly* 31(2): 321-67.

Bass, Gary J. 2002. *Stay the Hand of Vengeance: The Politics of War Crimes Tribunals*. Princeton: Princeton University Press.

Buergenthal, Thomas. 1994. "The United Nations Truth Commission for El Salvador." *Vanderbilt Journal of Transnational Law* 27(3): 497-544.

Bickford, Louis. 2007. "Unofficial Truth Project." *Human Rights Quarterly* 29(4): 994-1035.

Daley, Dorothy M. and James C. Garand. 2005. "Horizontal Diffusion, Vertical Diffusion, and Internal Pressure in State Environmental Policymaking, 1989-1998." *American Politics Research* 33(5): 615-44.

Dancy, Geoff, Francesca Lessa, Bridget Marchesi, Leigh A. Payne, Gabriel Pereira, and Kathryn Sikkink. 2014. "The Transitional Justice Research Collaborative Dataset." Accessed September 19, 2020. www.transitionaljusticedata.com. Accessed date.

Dancy, Geoff, Hun Joon Kim, and Eric Wiebelhaus-Brahm. 2010. "The Turn to Truth: Trends in Truth Commission Experimentation." *Journal of Human Rights* 9(1): 45-64.

Fletcher, Laurel E. and Harvey M. Weinstein. 2002. "Violence and Social Repair: Rethinking the Contribution of Justice to Reconciliation." *Human Rights Quarterly* 24(3): 573-639.

Finnemore, Martha and Kathryn Sikkink. 1998. "International Norm Dynamics and Political Change." *International Organization* 52(4): 887-917.

Goldsmith, Jack Landman, and Stephen D. Krasner. 2003. "The Pitfalls of Idealism." *Daedalus* 132(1): 47-63.

Hayner, Priscilla B. 2010. *Unspeakable Truths: Transitional Justice and the Challenge of Truth Commissions*. New York: Routledge.

Hirsch, Michal Ben-Josef. 2013. "Ideational Change and the Emergence of the International Norm of Truth and Reconciliation Commission." *European Journal of International Relations* 20(3): 810-33.

Hollanda, Cristina Buarque de and Hun Joon Kim. forthcoming.

"Commissionism." In *Encyclopedia of Transitional Justice*. Cambridge：
Cambridge University Press.

Hopgood, Stephen, Jack Snyder, and Leslie Vinjamuri. 2017. *Human Rights Futures*. Cambridge：Cambridge University Press.

Huntington, Samuel P. 1991. *The Third Wave: Democratization in the Late Twentieth Century*. Norman：University of Oklahoma Press.

Jeffery, Renee and Hun Joon Kim. 2014. *Transitional Justice in the Asia Pacific*. Cambridge：Cambridge University Press.

Keck, Margaret E. and Kathryn Sikkink. 1998. *Activists beyond Borders: Advocacy Networks in International Politics*. Ithaca：Cornell University Press.

Kim, Dong-Choon. 2010. "The Long Road Toward Truth and Reconciliation：Unwavering Attempts to Achieve Justice in South Korea." *Critical Asian Studies* 42(4)：525-552.

Kim, Hun Joon. 2014. *Massacres at Mt. Halla: Sixty Years of Truth-Seeking in South Korea*. Ithaca：Cornell University Press.

_____. 2019. "Why Do States Adopt Truth Commissions After Transition?" *Social Science Quarterly* 100(5)：1485-502.

_____. 2020. "The Prospects of Human Rights in US-China Relations：A Constructivist Understanding." *International Relations of the Asia-Pacific* 20(1)：91-118.

Kim, Hunjoon and Kathryn Sikkink. 2010. "Explaining the Deterrence Effect of Human Rights Prosecutions for Transitional Countries." *International Studies Quarterly* 54(4)：939-963.

Klotz, Audie. 1995. "Norms Reconstituting Interests：Global Racial Equality and U.S. Sanctions Against South Africa." *International Organization* 49(3)：451-78.

Krasner, Stephen. 1993. "Sovereignty, Regime, and Human Rights." In *Regime Theory and International Relations*, edited by Volker Rittberger and Peter Mayer, 139-167. Oxford：Oxford University Press.

Merry, Sally Engle and Peggy Levitt. 2017. "The Vernacularization of Women's Human Rights." In *Human Rights Futures*, edited by Stephen Hopgood, Jack Snyder, and Leslie Vinjamuri, 213-236. Cambridge：Cambridge University Press.

Pion-Berlin, David. 1994. "To Prosecute or to Pardon? Human Rights Decisions in the Latin American Southern Cone." *Human Rights Quarterly* 16(1)：105-30.

Petrova, Margarita. 2019. "'Naming and Praising' in Humanitarian Norm Development." *World Politics* 71(3)：586-630.

Reus-Smit, Christian. 2011. "Struggles for Individual Rights and the Expansion of the International System." *International Organization* 65(2): 202-42.

Risse, Thomas, Stephen C. Ropp, and Kathryn Sikkink. 1999. *The Power of Human Rights: International Norms and Domestic Change*. Cambridge: Cambridge University Press.

_____. 2013. *The Persistent Power of Human Rights: From Commitment to Compliance*. Cambridge: Cambridge University Press.

Rodriguez-Garavito, Cesar and Sean Luna McAdams. 2017. "A Human Rights Crisis? Unpacking the Debate on the Future of the Human Rights Field." Accessed 2020. 10. 18. https://papers.ssrn.com/sol3/papers.cfm?abstract_id=2919703.

Roht-Arriaza, Naomi. 2005. *The Pinochet Effect: Transnational Justice in the Age of Human Rights*. Philadelphia: University of Pennsylvania Press.

Sikkink, Kathryn. 2011. *The Justice Cascade: How Human Rights Prosecutions Are Changing World Politics*. New York: W. W. Norton.

_____. 2018. *Evidence for Hope: Making Human Rights Work in the 21st Century*. Princeton: Princeton University Press.

Sikkink, Kathryn and Carrie Booth Walling. 2007. "The Impact of Human Rights Trials in Latin America." *Journal of Peace Research* 44(4): 427-45.

Sikkink, Kathryn and Hun Joon Kim. 2013. "Justice Cascades." *Annual Review of Law and Social Science* 9: 269-85.

Snyder, Jack, and Leslie Vinjamuri. 2003. "Trial and Errors: Principle and Pragmatism in Strategies of International Justice." *International Security* 28(3): 5-44.

Sriram, Chandra Lekha. 2003. "Revolutions in Accountability: New Approaches to Past Abuses." *American University International Law Review* 19(2): 301-429.

Teitel, Ruti G. 2000. *Transitional Justice*. Oxford: Oxford University Press.

_____. 2003. "Transitional Justice Genealogy." *Harvard Human Rights Journal* 16: 69-94.

United Nations. 2004. "Report of the Secretary-General on the Rule of Law and Transitional Justice in Conflict and Post-Conflict Societies." UN Doc. S/2004/616.

필자 소개

김헌준 Kim, Hun Joon

고려대학교 정치외교학과 부교수
서울대학교 정치학과 졸업, 미네소타대학교 정치학 박사

논저 *The Massacres at Mt. Halla: Sixty Years of Truth Seeking in South Korea*(코넬
대 출판부, 2014), *Transitional Justice in the Asia Pacific*(캠브리지대 출판부, 2014)
"The Prospects of Human Rights in US-China Relations: A Constructivist
Understanding"

이메일 hunjoon7@korea.ac.kr

제8장

마이크로소프트 기술패권에 대한
중국 정부의 대응
— 2000년대 홍치리눅스(红旗Linux)를 중심으로

The Chinese Government's Response to Microsoft Technology
Hegemony: Focused on RedFlag Linux in the 2000s

김지이 ǀ 서울대학교 외교학 석사

본 연구는 '홍치리눅스'의 사례를 중심으로 1990년대 후반부터 2010년대 중반까지 이어졌던 미국 마이크로소프트 기술패권과 이에 대한 중국 정부의 위협인식 및 대응전략을 살펴보았다. 또한 이때 등장한 '중국식 소프트웨어 발전모델'의 내용은 무엇이며, 그 성과와 한계에 대해서도 고찰하였다. 본 연구의 핵심 주장은 다음과 같다.

첫째, 선발국의 기술패권은 기술후발국들에겐 추격의 대상이자 위협의 대상으로 작용한다. 초기 기술후발국은 최대한 빠른 시간 내에 선진국의 기술을 흡수하고 이전받는 것을 통해 자국의 첨단기술을 발전시키려고 한다. 하지만 기술후발국은 자국의 시장 내에서 선발국 기업이 기술패권을 통해 보이는 독점적인 횡포에 대해 점차 시장, 정보안전, 국가안보 등 다양한 다층적인 위협인식을 형성하고 또 그에 대한 대응책을 구비하게 된다.

둘째, MS의 기술패권을 위협으로 인식한 중국 정부는 전면에 나서서 적극적인 대응전략을 펼치게 된다. 이때 등장한 중국 정부의 대응전략 및 발전모델을 하향식 정책 수립과 이행, 그리고 집중화된 관리구조라는 특징을 가진 '하향식 중앙집중형' 소프트웨어 산업 모델이라고 규정해볼 수 있다.

셋째, 중국의 이러한 산업모델은 결과론적으로 시장에서 가시적인 성과를 도출하는 데에는 한계를 보인 것이 사실이다. 이는 중국의 모델이 소프트웨어 산업과 리눅스 기술 속성과는 모순되는 비효율적인 '집중형 관리구조'를 가지고 있었기 때문이다. 그러나 동시에 이러한 산업모델이 장기적으로는 국내 첨단기술 산업의 발전과 관련 기업들의 성장에 도움을 준 측면을 간과해서는 안 될 것이다.

결론적으로, 2000년대 리눅스를 중심으로 펼친 중국 정부 대응은 기술의 갱신주기가 짧고 변화가 예측 불가능한 소프트웨어 시장에서는 고전을 면치 못하는 모습을 보인다. 하지만 동시에 중국형 산업모델은 정부가 새로운 기술 영역에 대한 투자를 집중적으로 그리고 지속적으로 해주는 부분으로 인해 차세대 정보

기술 산업에서의 빠른 발전과 풍족한 인재자원을 형성하는 뜻밖의 성과를 얻기도 했다. 따라서 중국의 모델을 완전한 실패라고 규정하기는 어려우며, 이러한 양면성을 제대로 이해할 필요가 있다.

The study looks at the Chinese government's perceived threat and corresponding responses to the technology hegemony of the Microsoft operating system from the late 1990s to the mid-2010s. The thesis discussed the contents of the 'Chinese Software Development Model' that appeared at this time, and its performance and limitations. In this context, the key arguments for this study are as follows.

First, The technological supremacy of the leading countries is both a target of pursuit and a threat to the latter countries. Then, the latter country seeks to develop its leading sector through the absorption of the advanced technology of the leading countries within a short period of time. However, technology development countries will gradually develop a variety of multi-layered threat perceptions, including markets, information safety, and national security. Then the technology developing countries will be equipped with countermeasures against the monopolistic tyranny of the companies.

Second, the Chinese government, which has recognized Microsoft's technology hegemony as a threat, will take the lead and take an active response strategy. The Chinese government's response strategy and development model can be defined as a 'top-down centralized' software industry model. The model's characteristics are top-down policy formulation and implementation, and centralized management structure.

Third, China's industrial model has shown limitations in producing tangible results in the market as a result, because China's model has an inefficient "intensive management structure" that contradicts the software industry and Linux technology attributes. At the same time, however, we should not overlook the aspects that have helped the development of the domestic high-tech industry and the growth of related companies in the long run.

In conclusion, the Chinese government's response, centered on Linux in the 2000s, appears to be struggling in the software market. Nevertheless, the Chinese industrial model has also achieved unexpected results in the next-generation information technology industry. Also, they achieve abundant human resources due to the government's intensive and continuous investment in new technology areas. Thus it is difficult to define China's model as a complete failure, and it is necessary to understand this ambivalence properly.

KEYWORDS 마이크로소프트 Microsoft, 중국 정부 Chinese government, 컴퓨터 운영체제 computer operating system, 기술패권 technology hegemony, 기술표준 technical standard, 훙치리눅스 RedFlag Linux

I 서론

1980년대부터 미국의 다국적기업 마이크로소프트(이하 MS)는 '윈도우(Windows)'로 컴퓨터 운영체제(operating system; 이하 OS) 시장을 독점하면서, 세상 거칠 것이 없는 IT계의 공룡이 되었다. 특히, 1990년 5월에 발표한 윈도우 3.0부터 시작해 1995년 선보인 윈도우 5.0이 대성공을 거두면서, 그 이후 윈도우98, 윈도우2000 밀레니엄 버전이 연속적으로 발표되었고, 1990년대 후반에 이르자 세계 컴퓨터 OS시장의 90% 이상을 점하게 된다(김상배 2007). OS 분야에서의 MS 독주는 시장 독점에 그치지 않았다. MS는 자체의 기술적 우위를 이용해 "개방과 소유" 전략을 펼쳤고, 이후 컴퓨터 산업 분야의 글로벌 표준을 장악하기에 이르렀다. MS의 글로벌 표준 장악은 좁은 범위에서의 기술표준에만 국한된 것이 아닌 기술패권으로까지 이어졌는데, 실제로 당시 세계 기업들은 MS의 새로운 표준에 맞추어 자신들의 기업구조와 비즈니스 관행을 조정하라는 압력을 받아야 했으며, 각국의 정부들도 이러한 기업의 변화를 뒷받침하는 정책과 제도를 마련할 것을 요구받았다(Borrus and Zysman 1997).

MS는 1992년 중국에 진출하여 독보적인 기술력과 패권적 지위를 바탕으로 중국 시장 또한 석권하였다. 이에 비해 중국은, 컴퓨터 OS를 포함한 첨단기술 산업의 육성에 관한 정책을 1990년대에야 비로소 실시하기 시작했다. 즉, 중국은 기술수준 및 그 제도적 기반 등 모든 면에서 미국의 MS에 상당히 뒤처진 상황이었다.

그러나 흥미롭게도, 중국은 기술적 열세에도 불구하고 MS 표준을 수동적으로 수용하는 것을 넘어서 1990년대 말부터 MS의 기술패권에 과감하게 도전장을 던지면서 자국의 OS 산업발전 및 독자표준 모색에 심혈을 기울이기 시작하였다. 구체적으로 중국은 MS의 대항마로서 공개 소프트웨어 일종인 리눅스를 선택했고, 독립자주적인 OS개발을 위해 다양한 지원을 아끼지 않았다. 물론 중국만이 MS의 패권적 지위에 도전한 것은 아니었다. 사실 1990년대부터 전 세계적으로 미국의 다국적기업 MS의 독점적 횡포로부터 벗어나자는 취지를 가진 공개 소프트웨어 운동이 성행하였다. 이러한 맥락에서 유럽연합, 일본과 같은 기술 선진국들은 물론 브라질, 인도, 베트남 등 기술후발국들도 정부적 차원에서 리눅스 개발에 많은 지원과 정책을 펼쳤다(Balto and Pitofsky 1998). 이는 특정 기업에 대한 과도한 기술의존으로 초래될 경제적 비용이나 또는 보안 문제 등을 우려하여 MS에 대해 집단적으로 저항하려는 공감대가 초국가적으로 형성된 현상이라 볼 수 있다(Sum 2003).

문제는 MS의 기술패권에 대응하는 중국의 전략은 여타 다른 대항 움직임과는 근본적인 차이를 보였다는 점이다. 당시 유럽연합, 일본을 비롯해 기술 선진국 정부들의 전략은 민간적인 차원의 '아래로부터의 요구'에 대한 대응이라는 성격이 강했다. 다시 말해, 리눅스 OS 개발은 MS 기술패권에 대해 대항하고자 민간에서부터 시작된 운동으로서 자발성이라는 특징을 가지고 있었다(Pan and Bonk 2007). 일본의 경우에는, 리눅스에 대한 정부의 지원과 함께 한편으로는 윈도우 OS에 대적할 만한 경쟁력 있는 상용 OS 상품 개발에도 힘쓰는 모습을 보였다. 또한 국제적인 리눅스 개발 붐이 일면서 기술후발국인 인도와 브라질도 2000년부터 리눅스 개발에 착수하였고, 주요 타깃을 수출시장으로 잡으면서 소프트웨어 개발에 박차를 가했다(Sharma and Adkins 2005). 반면, 중국은 유럽과 달리 사회적인 요구가 미미했음에도 불구하고 정부가 적극적으로 대응책을 구비하는 '위로부터의 대응'의 모습을 보였다. 즉, MS 기술패권에 대한 중국의 대응은 민간의 수요가 아닌 정부의 요구로부터 출발하였다. 또한 중국 정부는 리눅스 개발을 추진하는 과정에서 다른 기술 후발국들과는 달리 직접적으로 시장경쟁에 참여하였고, 수출 시장의 확보보다는 국내 OS시장의 확보 및 대항표준의 수립에 주력하였다(Boon-Lock Yeo et al. 2005).

이처럼 대응전략에서 차이를 보이는 중국이었지만 리눅스 개발에 대한 정부의 기술, 경제 그리고 제도적 지원은 상당히 적극적이었다. 하지만 결론적으로 중국 정부의 노력은 그 투자에 비해 목표했던 것들을 이루지 못했다. 2014년 중국 정부가 강력하게 밀어붙였던 홍치리눅스가 기업 해산을 선언하면서 리눅스를 기반으로 한 OS 대체표준 설립에 성공하지 못했고, 반대로 중국 컴퓨터 운영체제 시장에서의 윈도우 OS 독점 현상은 더욱 공고해졌다. 그렇다면 2000년대 중국의 '하향식 중앙집중형' 소프트웨어 산업모델의 한계는 무엇이며 이는 오늘날 중국의 선도부문 발전에 어떤 의의를 가져다주는가?

2000년대 중국 정부의 MS 기술패권에 대한 대응을 다루고 그에 대한 평가를 진행한 연구들은 주로 시장 중심적인 시각(Kshetri 2005; Dai and Kshetri 2008; Pan and Bonk 2007), 기술 중심적인 시각(周殷华·范璐·沈小白 2008; Blanchard 2007) 그리고 안보 중심적인 시각(정재호 2001; 胡沙沙 2014)으로 범주화하여 볼 수 있다.

그러나 기존의 연구들은 어느 한 가지 변수를 중심으로 MS의 기술패권에 대항하는 중국 정부의 대응전략을 분석하고 평가하는 일원론적 시각을 취하고 있다. 이러한 접근들은 특정한 영역에서 중국 정부의 대응전략의 유용성을 평가하는 데 많은 기여를 하였다. 그러나 중국 정부의 다양하고 다층적인 대응을 종합적으로 이해하는 데는 한계가 존재한다. 한 가지 변수만을 배타적으로 강조하면서 그에 따른 대응전략을 성공과 실패라는 이분법적인 잣대로 평가를 하는 것은 그 변수의 영향력을 과장하여 이해할 가능성이 존재하며, 심지어 현실을 왜곡할 위험성마저 있다.

따라서 선도부문에서의 미국의 다국적기업 MS의 컴퓨터 운영체제 기술패권에 대한 중국의 대응을 이해하기 위해서는 당시 중국이 바라본 MS 기술패권에 대한 인식, MS가 중국 시장에 진입하면서 중국 정부와 있었던 시장, 기술, 정보안전 등 이익 측면에서의 마찰, 나아가 중국 정부의 복합적인 '안보화' 위협으로 인해 펼쳤던 대응 과정을 체계적으로 다룰 수 있는 분석틀이 필요하다. 이러한 시도는 이론적 정교함이나 설명의 경제성을 염두에 두기보다는 중국 정부의 대응을 펼치는 과정의 역동성을 입체적으로 포착하는 데 중점을 둔 것이다.

선발국의 기술패권에 대한 후발국의 인식과 대응전략 전반에는 기술 요소가 자리매김하고 있다. 하지만 국제정치학에서는 기술은 주로 외재적인 변수나 도구적으로만 취급되는 부분이 컸기에 동태적인 위상을 얻지 못했다. 그러나 오늘날 빠르게 발전하고 또 발달되고 있는 IT 기술로 인해 우리의 삶은 역동적으로 변화하고 있다. 따라서 우리에겐 정보화시대의 세계정치를 바라보는 시각이 필요하다. 정보세계정치의 충분조건으로서 기술변수를 설정하고 이에 모든 국제정치의 현상과 쟁점을 설명하려는 기술결정론의 입장은 배격되어야 마땅하겠지만, 기술변수가 정보세계정치의 필요 조건으로서 차지하는 적절한 위상을 정립하려는 이론적 작업이 시급하게 필요하다(김상배 2003).

따라서 본 연구는 위와 같은 이론의 한계를 극복하고 나아가 기술이라는 요소의 적실성을 살펴볼 필요가 있다고 판단하여 국제정치이론가 콕스(Robert Cox)의 이론적 논의와 제도의 본질에 대한 신고전주의 비교정치경제학에서의 논쟁을 바탕으로 형성된 '구성적 제도주의' 분석틀을 사용하고자 한다. 콕스는 기본적으로 물질적 능력, 관념, 제도를 권력의 세 가지 범주로 바라보고 있다. 그리고 이 세 가지가 상호작용하는 과정 속에서 역사적 사회구조가 형성된다고 보고 있다. 환언하면, 콕스는 물질적 능력, 제도 및 관념이 융합되면서 세계정치의 객관적, 주관적, 제도적 측면이 접합되고, 그로 인해 세계정치의 패권구조와 이에 대한 대항구조가 상호 작용하는 동학을 보여준다는 데 목적을 두고 있다(Cox 1981).

본 연구에서는 기술이 어떠한 과정을 거쳐서 사회적으로 구성이 되었는지, 그렇게 형성되고 구성된 기술은 물질적 능력과 환경 그리고 관념적 요인 등과 어떻게 연결되어 있는지를 밝히는 데 있다. 이익-제도-관념이라는 구도 안에 구성적 요소로서 기술변수를 설정하는 과제의 관건은 이익에 기반을 둔 물질적 동력으로의 기술, 특정한 제도와 관념에 친화성을 갖는 기술, 사회 반영물로서의 기술에 대한 3차원적 개념화에 달려 있다(김상배 2003). 즉, MS가 중국 시장에 진입한 후 보인 행보들을 통해 중국 정부의 위협인식이 형성되고 따라서 대응되는 전략을 취한 것이 아니라는 것이다. 또한 이익-관념-제도가 각각 변수로 작동하는 것이 아니라, 이익과 관념이 변수가 되어 제도를 바꾸어 놓았다면, 추후엔 그렇게 만들 어진 제도가 다시 변수로 전환되어 이익과 관념을 새롭게 형성하 는 역동적인 과정임을 보여주고자 한다.

이상의 논의를 바탕으로, 본 연구의 핵심주장은 다음과 같다. 2000년대 MS의 중국 시장 내 기술패권이 국가의 정보안전을 비 롯한 국가안보에 위협을 가한다는 인식이 강하게 형성되면서 중국 정부는 리눅스를 중심으로 하는 '하향식 중앙집중형' 소프트웨어 산업모델로 대응하게 되었다. 그러나 2000년대 중국식 소프트웨 어 산업모델은 소프트웨어 산업과 리눅스 기술 특성과는 모순되는 비효율적인 집중형 관리구조를 가졌다는 점에서 일정한 한계를 지 니고 있었다.

이러한 문제의식을 바탕으로 본 연구는 홍치리눅스의 개발 을 통해 2000년대 MS의 기술패권에 대항하고자 했던 중국 정부의 대응전략을 국제정치경제학 분야의 이론적 시각을 원용하여 체계 적으로 분석하고자 한다. 이러한 사례분석을 통해 본 연구는 소위 '선도부문'(leading sector)이라고 할 수 있는 첨단기술 산업에서 후발국이 선발국의 우위에 대항하여 펼치는 추격모델의 일반적인 함의를 엿보는 동시에 중국형 소프트웨어 산업모델의 실체적 내용 을 밝히고자 한다. 이러한 시도는 최근 '기술굴기'를 추진하는 중 국에 대한 이해와 더불어 국제정치학의 최대 화두로 떠오르고 있 는 미국과 중국의 기술패권 경쟁의 한 단면을 파악하는 실천적인 의미도 가질 것이다.

II 운영체제에서의 MS 기술패권

20세기 후반, 특히 1990년대 미국은 그 어떤 나라도 모방하기 어려운 IT 기술을 확보하고 해당 분야에서의 강세를 지속하면서 세계적으로 전례 없는 미국 IT 주도현상을 선보였다. 그러나 분명한 것은 이러한 미국의 IT 기술패권은 하루아침에 만들어지지 않았다는 것이다. IT 산업을 주도할 만한 경쟁력을 지니기까지 미국 IT 기업들의 혁신능력과 기술력, 국가차원에서의 다양한 지원, 성숙한 기술혁신체제 3요소가 잘 맞물렸기 때문에 가능했다. 아래에서는 1990년대 중후반부터 전 세계 컴퓨터 OS 시장을 강타했던 MS를 중심으로 IT 영역에서의 미국의 성공 요인을 구체적으로 살펴본다.

컴퓨터산업과 같은 IT 영역에서 기술은 성공의 가장 기본적인 토대이다. 하지만 자체적인 기술력 또는 혁신능력만으로는 성공을 장담하기 어렵다. 실제로 IT 산업 분야의 사례들을 살펴보더라도, 성공한 제품들이 반드시 우수한 품질을 보유하거나, 가격이 가장 저렴하거나, 또는 시장에 제일 먼저 출시된 것은 아니었다(김상배 2007). 하나의 IT 제품에 있어 제품의 기술, 특징 등을 살리고 기업에서 관련된 경쟁전략을 다양한 홍보를 통해 적절히 추진하여 많은 소비자들이 구매하고 또 시장에 널리 보급되는 것이 제품의 성공을 만드는 사례가 많았다. 다시 말해, 소비자 또는 시장의 수요에 부합되어 사용되는 제품이 강세를 보였다. 또한 제품의 성공에 있어 기업 자체적인 경쟁전략도 있지만 IT라는 영역의 특성상 효과적인 기술표준 전략의 구사가 많은 영향을 미쳤다(Gabel 1991).

실제로 기술표준경쟁이 성공에 미치는 영향을 가장 잘 보여준 대표적인 사례가 바로 MS의 컴퓨터 OS이다.

대외적으로 MS는 IBM를 비롯한 여러 업체들에게 자사의 컴퓨터 운영체제를 공급하는 동시에, 운영체제 자체에 대해 '개방과 소유' 전략을 펼쳤다. 우선 개방은 MS 자사의 운영체제를 토대로 응용소프트웨어를 개발하고자 하는 업체들에게 컴퓨터 운영체제와 응용 소프트웨어 간의 호환성을 결정하는 APIs(Application Programming Interfaces)에 대한 접근을 허용하는 것을 가리킨다. 한편, MS 내부의 응용소프트웨어는 자유롭게 호환하도록 허용 하는 동시에 MS의 DOS 또는 윈도우 운영체제 속 소스 코드에 대해서는 비공개 전략을 취하면서 기타 응용소프트웨어 간에는 호환성이 불가능하도록 통제했다. 이를 '소유의 전략'이라 일컫는다. 이와 같은 '소유의 전략'은 결국 MS의 소스 코드마저도 하나의 지적재산권 대상으로 간주되게 만듦으로써 독자적인 상업 소프트웨어 산업이 출현하는 기반을 제공하였다.

MS의 윈도우 운영체제의 소스 코드가 대부분 비공개인 상황이 지속되면서 기타 소프트웨어 업체들은 다른 운영체제와 호환되지 않았기에 점차적으로 윈도우 운영체제에서만 가동될 수 있는 소프트웨어들을 지속적으로 생산하는 상황이 연출되었다. 결국, MS 자사의 운영체제 호환성을 보장해주는 동시 기타 운영체제를 통한 소프트웨어 간의 호환성은 폐쇄하는 '개방과 소유' 전략은 MS의 시장 점유율을 높이는 데 유리하게 작용하였다. MS의 운영체제 공급 범위는 갈수록 확대되었으며, 1990년대 같은 진영에 있는 경쟁업체들을 누르고 전반 소프트웨어 시장을 독점하게 되었다. 이 과정에서 MS의 DOS와 윈도우 운영체제는 가장 광범위하게 보급되는 소프트웨어로 자리매김하였다.

계속하여 MS는 자사의 기술표준의 지위를 강화하기 위해 지적재산권 보호에 대해 많은 심혈을 기울였다. 이는 일종 방어적 차원에서 진행하는 선제적인 대응이라고 볼 수 있는데, 소프트웨어는 하드웨어에 비해 사실상 구체성이 낮고 적용 범위가 상당히 포괄적이므로 분쟁의 여지가 매우 크기 때문이다. 하지만 소프트웨어가 대부분의 기업 또는 산업에 있어서 핵심적인 역할을 수행하기 시작하면서 기업들이 자사의 기술 및 제품 개발 경쟁과 함께 지적재산권에 대한 보호를 적극 수행하였다. MS도 지적재산권에 예민할 수밖에 없는 OS를 중심으로 운영되는 대기업이었기 때문에 자사의 컴퓨터 OS 또는 응용프로그램과 관련된 지적재산권 침해에 대해서는 법정소송을 적극적으로 제기했다(Haynes 1995 ; Kajala 1998). 미국의 경제성장의 중요한 축을 담당하는 IT 기업들의 요구가 지속적으로 이어지고 항의가 빗발치자, 미국 정부는 자국의 IT 기업들이 유리한 환경에서 경쟁할 수 있도록 제도적 환경을 조성하는 한편 지적재산권 보호정책을 적극적으로 추진하였다. 이는 미국 정부는 산업부문에서 기술혁신을 촉진하는 수단으로써 오랫동안 지적재산권 보호의 중요성을 인지하였고 기업에게 있어서 기술의 가치를 존중 및 보호받을 수 있는 지적재산권은 기업의 발전 전략에 있어서 핵심적인 경쟁자산이며, 동시에 미국 경제의 성장에 있어서 중요 요소라고 판단했기 때문이다(김상배 2007).

실제로 미국 정부는 컴퓨터 하드 및 소프트웨어 전반을 포함한 IT 기술의 지적재산권 보호 레짐의 수립을 위해 다양한 노력을 해왔다. 대표적으로 컴퓨터 프로그램의 지적재산권 보호 범위가 소스 코드에까지 확장된다는 내용을 담고 있는 컴퓨터소프트웨어 저작권법(Computer Software Copyright Act)이 1980년에 통과되었다(Haynes 1995). 뿐만 아니라 국제적 차원에서의 자국 IT 기업들의 기술보호를 위해 다양한 국제레짐 형성에 앞장섰다. 실제로 미국은 1987년 시작된 우루과이라운드(UR)에서 '무역관련 지적재산권에 관한 협정'(Trade-Related Aspects of Intellectual Property Rights; 이하 TRIPs)을 다자간 협상 의제에 포함시켰다. TRIPs에 포함된 지적재산권 보호 내용에 대해 기술후발국들은 걱정과 부담을 토로했지만, 결국 1994년에 WTO의 부속협정으로 TRIPs 협정이 채택되었다(Sum 2003). 이러한 국내외적 차원에서의 강력한 저작권과 특허법 제정은 궁극적으로 MS가 세계시장에서의 운영체제 기술패권을 확보하는 데 유리하도록 하나의 방패막 역할을 했다. 미국 정부의 거시적 경제정책 일환으로 추진된 지적재산권 보호정책은 미국의 IT 영역을 비롯한 지식집약형 산업의 경쟁력을 높이는 데 일조하였다.

마지막으로 컴퓨터 운영체제와 같은 지식집약형 산업의 성공에 있어서 가장 근본적인 요소인 성숙한 기술혁신체제를 빼놓을 수 없다. 앞서 살펴보았던 미국 정부의 지적재산권 보호정책과 MS의 자체적인 기술력 외에도 연구소, 기업, 그리고 대학이 함께 만들어내는 수평적 네트워크도 기술의 경쟁력 확보에 중요한 역할을 했다(Rosenberg and Nelson 1994). 우선 민간 기업인 MS의 혁신 노력을 보면, MS는 자사 제품의 경쟁력을 유지하기 위해 윈도우와 같은 운영체제를 시장 전체에서의 사실상의 표준으로 자리매김하도록 공을 돌렸을 뿐 아니라, 제품의 성능과 기능을 지속적으로 업그레이드시켜 새로운 제품을 출시하기도 하였다. 계속하여 기술혁신체제의 또 하나의 중요한 축을 담당하고 있는 대학과 대학 연구소에 대해 살펴보면, 대학이 미국의 기술혁신체제에 기여하는 부분은 바로 인재양성이다. 미국 대학에서 전문적인 교육을 받은 학생들이 바로 기업과 대학 사이의 연계에 새로운 활로를 열어주었고 동시에 미국의 새로운 기술 발전의 원동력이 되었다(Feller 1999).

종합하면, MS가 운영체제에서의 기술패권을 쥐고 윈텔리즘이 출현한 배경에는 단순히 기술 혁신만 있는 것이 아니라 사실상의 기술표준을 장악하기 위한 기업의 노력과 더불어 그러한 기술을 보호하고자 했던 국가의 노력이 있었다. 또한 기업, 대학, 연구소의 연합과 그로 인해 형성된 수평적 개발환경을 통해 보다 체계화되고 성숙된 기술혁신체제 역시 기업의 성공에 있어 중요한 역할을 수행했다. 결국 MS의 기술패권을 잘 보여주는 '윈텔리즘'의 탄생은 기업의 기술력을 바탕으로 하는 기술표준 확립, 정부의 적극적인 지원, 그리고 성숙한 기술혁신체제의 3요소가 적절히 배합되었기 때문에 가능했다고 볼 수 있다.

III MS 기술패권에 대한 중국 정부의 위협인식 및 대응전략

1. 중국 정부의 위협인식 형성 과정

1992년 MS는 베이징 연락사무소를 개설해 중국 시장에 진입을 개시하였고, 1995년에는 마이크로소프트 차이나(Microsoft China)를 설립하였다. MS의 중국 시장 진출은 한마디로 MS의 독보적인 기술력과 그 기술 자체에 대한 중국 정부의 강한 필요가 잘 맞으면서 순조롭게 진행되었다. 하지만, 중국은 1978년 말 개혁개방을 시작함에도 불구하고 여전히 선도부문에서 취약한 모습을 보였고, IT를 비롯한 첨단기술 정책제도 역시 성숙하지 못했다. 또한 21세기에 들어서면서 정보산업의 글로벌화는 중국의 정보산업 발전에 새로운 문제들을 가져다주었으며 주요하게는 정보안전과 국가안보 문제를 야기하였다(胡沙沙 2014). 특히 미국 다국적 IT기업들이 사이버 공간으로 통하는 중요한 기술과 산업을 독점적으로 운영할 가능성이 커짐에 따라 중국 내부에는 엄청난 위협인식이 대두되게 되었다. 그리고 이러한 위협인식의 중심에는 MS가 자리 잡고 있었다.

MS는 당시 DOS 시스템으로 세세 컴퓨터 운영체제에서 우위를 점하고 있었고 소스 코드 비공개라는 전략과 함께, MS-Windows 전환이 대성공을 거두면서 운영체제 시장 분야에서 독보적인 위치를 점하였다. 이와 같은 MS의 독점적 지위는 중국 시장에서도 유용했고 결국, 중국 컴퓨터 OS시장 독점을 넘어 서비스 시장, 지식재산권, 애플리케이션의 독점으로까지 이어졌다. MS

가 선보인 '나비효과'는 중국 정부로 하여금 기술과 경제, 정보안전 그리고 국가안보에 이르는 위협인식을 형성하게 하였다. MS가 중국 내에서 일으킨 일련의 사건사고가 누적될수록 그리고 사고의 위협 범위와 정도가 확대될수록 중국은 단순히 하나가 아닌 다양하고 다층적인 위협을 동시에 느끼면서 그 위협인식 정도도 한층 강화되는 모습을 보였다.

2. 기술시장 위협인식

가장 먼저 중국 정부로 하여금 기술패권이 정보산업과 관련 서비스 시장의 발전을 저해하는 요소임을 인식하게끔 한 사건이 있다. 바로 "비너스 프로젝트"(Venus Project)다. "비너스 프로젝트"는 오직 중국 시장을 위해 개발되어 온 것으로, Windows Embedded Compact(이하 Windows CE)[1]의 정보가전제품 프로젝트를 바탕으로 1998년 3월에 MS 고위층의 비준을 거쳐 정식으로 가동되었다(汪細宾 1999). 관련 프로젝트는 셋톱박스(set-top-box)를 인터넷에 접속할 수 있는 미래형 TV의 필수 설비로 사용히여 관련 가전제품을 연결하고 제어할 수 있도록 하는 방안이었다. 물론 관련 제품은 모두 EOS(embedded operating system) 형태를 띤 Windows CE를 기반으로 한 것이었다. 이 프로젝트의 주요 목표

---

1   Windows CE는 32비트의 멀티태스킹 운영체제(Operating System)이다. Windows CE에는 엑셀(Excel), 워드(word), 인터넷 익스플로러(Internet Explorer), 마이크로소프트 응용 프로그램의 축소판과 전자 우편 클라이언트(e-mail client)를 포함하며 3C(Computer, Communication, Consumer)를 융합한 MS의 전략적 제품이다.

는 학습이 용이하고 가격이 싸며 보호가 불필요하지만 강력한 기능을 가지고 있는 오락, 통신 및 정보제품을 비(非) PC사용자들을 대상하여 제공하는 것이다(微软维纳斯计划白皮书 1999). 비너스 프로젝트는 MS가 오직 중국 시장을 겨냥한 것이었기 때문에 주요 특징은 간략화와 저가였다.

그렇다면 중국 소비자들의 소득 수준을 고려하여 진행된 이 프로젝트를 통해 당시 MS가 얻고자 했던 것은 무엇이었을까? "중국 가정용 컴퓨터 시장조사보고"에 따르면 1997년 10월까지 중국의 2.45%의 도시가정이 가정용 컴퓨터를 가지고 있었고 총 수량은 153.1만 대였다(微软维纳斯计划白皮书 1999). 이는 같은 시기 미국 가정용 컴퓨터 보급률이 55%에 도달한 데 비하면 미미한 수준이었다. 중국의 가정용 컴퓨터 보급률은 기타 유럽 국가들과 견주어 봤을 때도 상당한 차이를 보였으며, 이러한 중국의 실정은 MS에게는 기회였다. 중국은 세계 최대의 가전제품 시장이었고 또한 낮은 컴퓨터 보급률을 가지고 있었기에 사실상 중국 시장 개척은 MS로 하여금 거대한 이익을 창출할 수 있는 좋은 조건을 갖추고 있었다.

또한 당시 "비너스 프로젝트"에는 컴퓨터, VCD 그리고 가전제품의 생산제조업체들만 포함되어 있있지만 가장 중요한 서비스 담당 업체는 포함되어 있지 않았다(张湘辉 2005). 즉, MS가 프로젝트를 통해 최종적으로 얻고자 하는 것은 인터넷 콘텐츠와 서비스 범위를 더욱 방대한 케이블TV 사용자로 확대시킴으로써 미래 인터넷 뱅킹의 중개상, 소프트웨어와 서비스의 통제중심, 전자상거래 영역에서의 지배력을 확보하기 위한 데 있다(方兴东·王俊秀

1999). 즉 당시 MS는 운영체제 기술을 활용하여 PC시장뿐만 아니라 관련 서비스 분야의 시장까지도 장악하고자 했다. 만약 MS가 중국 내 하드웨어와 소프트웨어를 통제함과 동시에 중국 정보서비스 시장이 개방되면 전반적인 셋톱박스를 비롯한 관련 서비스 시장이 MS의 통제범위에 들어가게 되는 것이었다. "비너스 프로젝트"를 추진하고자 당시 MS는 약 10억 달러를 프로젝트에 투자하면서 중국 내 더욱 많은 잠재적 사용자들이 "편히 인터넷을 할 수 있다"라는 명목으로 프로젝트의 중요성을 어필하였다.

그러나 호기롭게 시작한 MS의 비너스 프로젝트는 역설적이게도 중국으로 하여금 자국의 정보산업 발전과 서비스 시장이 위협을 받을 가능성이 크다는 인식을 갖도록 만드는 계기가 되었다. MS의 비너스 프로젝트가 뜻하지 않게 중국 과학기술 발전의 핵심기관인 중국 과학원의 반대에 부딪히게 된 주된 이유는 MS가 비너스 프로젝트에 교차형 도시안내 SideWalk, 온라인 관광서비스 Expedia, 뉴스 MSNBC, Hotmail 등을 셋톱박스 전략에 같이 넣었기 때문이다(方興東·王俊秀 1999). 중국 과학원은 비너스 프로젝트에 대해 "MS는 비너스 프로젝트를 통해 중국 정보가전시장에 대한 독점지위를 가질 가능성이 커지며 이렇게 될 경우 중국의 정보산업은 심각한 타격을 받게 될 것이고, 중국 기업은 무거운 짐을 짊어지는 동시에 백성들은 더 많은 대가를 치를 것이다"라는 회의적인 반응을 보였다(庄奕琪 1999).

3. 정보안전 위협인식

계속하여 MS에 대한 중국의 위협인식이 점차 발전하는 과정을 살펴보겠다. 초반에는 MS의 독보적인 기술과 시장장악력에 대해 중국의 기술 및 정보산업 발전이 저해를 받는다고 느꼈다면, 21세기에 들어서서 중국은, 특히 중국 정부는, MS 운영체제가 중국 정보안전에 위협이 된다는 인식하에 중국은 오래전부터 정보화시대, 미국의 정보통신기술을 비롯한 기술독점이 단순히 기술 또는 경제패권이 아닌 문화, 정치패권으로 이어질 가능성이 크다고 보고 있었다(王玉鵬 2013). 20세기 말부터 오늘날까지 정보통신기술을 비롯한 첨단기술의 발전으로 인해 정보가 초국가적으로 자유롭게 넘나들고 동시에 엄청난 전파속도를 보이면서 기존의 시공간 제한성을 타파하였고 인류문명에 중요한 진보를 가져왔다. 하지만 동시에 기술후발국인 중국과 같은 나라들에게는 소극적인 영향을 미치기도 했다. 현재 정보기술 관련 주도권은 미국을 중심으로 하는 서방 선진국들이 가지고 있다. 하여 그들은 자신들의 지배권을 이용하여 서방의 의식형태, 정치주장, 문화 관념이나 가치관을 매스 미디어나 다양한 방법을 통해 광범위하게 전파한다(王玉鵬 2013).

MS의 지적재산권 수호의 명목으로 진행된 해적판 "도둑잡기"는 중국 정부로 하여금 기술에 대한 정보안전 위협인식을 증폭시킨 사례들이다. 앞서 언급했듯이 MS의 윈도우 운영체제는 중국 등 개도국들에게는 넘기 어려운 기술 장벽을 가지고 있었다. 그리하여 대부분의 기술후발국들은 MS의 운영체제를 국가와 정부의 공공용 PC에 결합하여 사용할 수밖에 없었다. 문제는 당시 MS가 전 세계적으로 시스템 균일정가 전략을 실시하였기에, 정품 시스템의 가격이 중국 소비자들에게는 경제적인 부담으로 작용했다는 점이다. 그리하여 중국 소비자들은 정품 OS의 가격에 비해 훨씬 값싼 불법복제품을 사용하기 시작하였다.

불법복제 현상이 반복되고 확산되는 것은 기업의 이익 증진에는 불리한 현상이었다. 따라서 MS는 21세기에 들어서서 이와 같은 불법복제 현상을 타파하고자 일명 해적판 "도둑잡기" 방식을 취하였다. MS는 일부 지방 정부, 학교 그리고 PC방들과 연합하여 불법 복제 사업을 조사하였다(梁志堅 2006). 하지만 MS가 조사를 실시한 일주일 동안, 많은 중국 국내 기업들이 MS 법률팀으로부터 MS의 정품 시스템을 즉각 구입하라는 통보를 이메일을 통해 받았고 그 메일 내용에는 일부 기업의 소프트웨어와 컴퓨터 사용 기기의 수량을 상세히 열거하는 등 내부 정보가 대량 포함되어 있었다(梁志堅 2006). 결국 MS의 "도둑잡기"는 기술 표준 및 독점 운영체제를 통해 불법적으로 정보를 수집한 것으로, 개인의 정보 안전을 엄중하게 위협한다는 중국 소비자들의 질타를 받았다. 당시 MS는 이에 대해 기업의 기술을 포함한 지식재산권을 수호하기 위함이라는 것을 이유로 내놓으면서 사건을 마무리 지었다.

MS의 지식재산권 수호로 인해 발생한 해적판 "도둑잡기"는 중국 내에서 발생한 일이었기에 국내적으로 많은 주목을 받았다. 먼저 해적판 "도둑잡기"가 진행되었을 때 공창오픈소스 소프트웨어회사(共創開源軟件有限公司) CEO인 조둥(曹冬)은 "MS는 윈도우 OS 소스를 공개하지 않은 것과 더불어 운영체제에 백도어를 남겼다. 이러한 백도어는 사용자가 일단 인터넷에 접속하기만 하면 손

쉽게 사용자의 시스템에 진입을 할 수 있게 만든다. 동시에 이러한 침입은 사용자들의 모르는 상황에서 진행되는 것이다. 지금까지 유행하는 일련의 바이러스가 실질상으로 이러한 백도어를 이용하여 사용자 시스템에 침입하는 것이다. 따라서 MS 역시 사전에 남긴 백도어를 이용하여 해적판을 없애려고 한 것이다"(梁志堅 2006)라고 꼬집었다. 당시 MS의 윈도우 시스템이 중국 내 시장 점유율 90% 이상을 차지하였기에 만일 미국과의 갈등이 발생하였을 경우 자국의 정보안전은 물론 기초시설 붕괴와 근본적으로 국가안보에 위협을 가한다는 가능성이 중국 내에서 반복적으로 제기되었다. 따라서 MS의 OS 백도어 설치 의혹과 의문들은 중국 정부로 하여금 자국의 정보안전이 위험에 노출될 가능성이 크다는 인식을 가지도록 만들었다.

4. 국가안보 위협인식

무엇보다 2013년에 있었던 "XP 사건"과 전 세계를 강타했던 "스노든 사건"[2]으로 인해 중국 정부는 MS 기술패권에 대해 기술, 시장 또는 정보 안전의 위협을 넘어서 국가안보에 대한 위협을 느끼기 시작하였다. 이 사건들을 계기로 중국 정부는 MS의 기술패권이 중국 국가안보에 중대한 위협이 된다고 직접적으로 언급하면서 MS

---

2   미국의 국가안보국(NSA)과 연방수사국(FBI)이 2007년부터 프리즘이라는 암호명으로 각국들을 대상으로 비밀 감시 프로그램을 가동, 주요 정보 수집은 미국의 국제네트워크기업인 마이크로소프트, 야후, 구글, 애플 등 9개 기업의 서버를 통해 진행하였다.

와 갈등을 겪게 된다. 우선 "XP 사건"을 살펴보자. 2013년에 MS는 지난 13년간 판매했던 윈도우XP 운영체제에 대한 패치(patch) 프로그램과 보안 업데이트를 2014년 4월 8일부로 완전히 중단할 것이라고 발표하였다(张司南 2014). 당시 중국 내 언론들은 XP 시스템의 운영 중지는 2억가량의 개인 컴퓨터가 '벌거벗고 달리는(裸奔)' 상황에 마주하게 되는 것을 의미한다면서 백신 프로그램이 없는 컴퓨터 작동의 위험성을 묘사하였다. 이러한 상황 아래 2014년 3월 7일, 국가컴퓨터 바이러스 응급처리센터(国家计算机病毒应急处理中心)와 베이신웬(北信源VRA)이 연합하여 발표한 "윈도우 XP 시스템 보안상황 조사보고서"에 의하면 정부 및 기업 사용자 군에서 추출한 컴퓨터 기기 121만 대 중 XP 시스템을 장착한 비율이 72.6%에 달하는 것으로 나타났으며 동시에 약 44.4%의 이용자들이 MS가 XP 시스템을 중단한 후에도 여전히 사용할 것이라고 응답하였다. 이는 MS가 새롭게 내놓은 윈도우 7 또는 8 시스템으로 업그레이드 하겠다는 응답(43.3%)보다도 높게 나타났다(北信源 2014).

결국, 중국 시장에서 MS가 계획대로 XP 시스템을 중단한다고 가정할 때 중국의 컴퓨터 정보안전이 위험에 노출 될 범위와 정도가 가늠할 수 없을 정도로 방대해질 수 있었다. 이를 인지한 중국 중앙정부는 MS 조치에 대한 불쾌감을 강하게 보였다. 중국 국무원 공업정보부 장펑(张峰)은 "MS의 무책임한 행동은 직접적으로 중국의 기초통신망의 안전, 경제 이익 나아가 국가의 정보 안전에 위협을 가한다"는 입장을 내놓았다(祖国斌 2014). 또한 XP 사용자들의 안전 문제를 언급하면서 MS의 행위는 일종의 강제성을 띠는 조치로서 많은 사용자의 정보안전과 이익을 침해하고 있다고 강조하였다(祖国斌 2014). 하지만 이와 동시에 중국 정부는 자국 내 과반수 이상의 PC가 당시 XP 시스템을 사용하고 있었기에 MS와 여러 차례 교섭을 시도하면서 XP 시스템을 계속하여 지지해주길 원한다는 바람과 자국 사용자들의 권익과 정보 안전을 확실하게 보장해 줄 것을 요구하였다. "XP 사건"은 중국이 PC 관련 분야에서 MS의 운영체제에 대한 의존도가 상당히 높다는 사실을 보여주었다.

중국 정부의 지속적인 요구에 MS는 4월 8일 이후로도 계속하여 XP 시스템 사용이 가능하다는 공식 발표를 하였다(百晓僧 2014). 하지만 중국 정부는 중국의 국내 정보보안 업체와 기관들을 조직하여 텐센트, 360, 진산, 바이두 등 기업들이 시스템 보안 프로그램 개발 및 테스트를 진행하도록 적극적인 지원전략을 펼쳤다. 또한 통신망 보안 강화, 윈도우 XP를 이용한 업무 시스템 및 시스템의 인터넷 보안 모니터링과 보안 방문 통제, 시스템 내부 안전 보강과 감사 강화, 윈도우 XP 서비스 중단에 대한 대응 전략을 펼쳤다(祖国斌 2014).

"XP 사건"에 대한 중국 정부의 대응은 전에 발생한 "비너스 프로젝트", 해적판 "도둑잡기" 사건과 비교했을 때와는 차원이 달랐다. 소극적인 입장 표명에 그치지 않고 적극적인 대응책을 모색하였기 때문이다. 주요 이유로는 아래와 같이 두 가지가 있다. 첫째, "XP 사건" 당시에는 지난날 "비너스 프로젝트" 때에 비해 중국 내 PC 사용자들이 엄청 증가해 있었다. MS가 본격적으로 중국 시장을 겨냥해 진행했던 "비너스 프로젝트"는 중국의 PC 판매량, 보유량이 각각 448.7만 대, 1580만 대로 잠재적 시장이 더욱 컸다. 반면 2013년 중국의 PC 판매량, 보유량은 각각 8500만 대, 6

억 대로 현존하는 중국 PC 사용자들이 매우 많았다. 이는 윈도우 XP 시스템이 일단 중단이 되면 안전 프로그램의 공백으로 인해 기타 바이러스의 침투가 가능해지게 됨을 의미한다. 결국 이러한 상황에서 악성 바이러스가 PC에 침투될 시, 그로 인해 대량의 데이터들이 수집되고 증발되는 상황이 발생하게 되는데 이는 많은 윈도우 XP 시스템을 탑재한 중국에게 있어서 걷잡을 수 없는 손실을 초래할 수 있었다.

둘째, 2013년 일명 "스노든 사건"이 폭로되면서 미국이 국제 사이버 안보 문제에서 오히려 적반하장의 추태를 보인다는 세계적인 질타를 받았다. 스노든 사건은 미국의 NSA가 중국에 대한 광범위한 해킹 공격을 일삼았고 그 주요 대상은 칭화대학(清华大学)을 비롯한 중국 최고 대학들이었다는 내용을 담고 있었다. 이 사건은 중국 정부가 사이버 안보 분야에서 적극적으로 행동하는 계기로 작용하였다. 당시 중국 외교부 쩌우이(周一)는 "미국은 국제사회와 각국 국가 사람들의 본 사건에 대한 관심과 요구에 주목해야 하며 국제사회에 필요한 설명을 제공해야 한다"라고 표명하였다(南淄博 2013). 실제로 중국 정부는 같은 해 5월, 국가 사이버 보안 강화를 강조하면서 MS의 윈도우8 운영체제 구매를 거부하였다. 또한 2014년 한 해 동안 중국 정부는 16번의 외교부 관례 기자회견에서 사이버 해킹과 안보에 대한 질문에 시종일관 중국은 사이버 해킹의 최대 피해국이다. 사이버 안보를 위협하는 모든 형식의 사이버 공격과 해킹 행위를 반대한다고 적극 표명하였다(2014年中国外交部例行记者会大数据 2014).

이와 같이 MS가 운영체제 분야에서 독점지위를 얻음으로써 중국 내에서 PC 시장, 서비스 시장, 지식재산권, 컴퓨터 OS 그리고 응용프로그램에 이르기까지 다양한 영역에서 선보인 행동은 중국 정부로 하여금 기술과 시장에서의 위협인식을 형성하게 만들었을 뿐만 아니라, 더 나아가 정보안전 그리고 국가안보에 대한 위협을 인식하도록 만들었다. 결국 MS의 중국 시장 내에서의 힘이 커질수록 그리고 MS의 운영체제를 사용하는 소비자들이 늘어나고 또 중국의 PC 시장이 방대해질수록 중국 정부는 MS의 조치와 행동들을 단순히 기술이나 경제적인 이익의 저해요소로 간주하지 않았다. 대신 이를 안보상의 위협으로 인식하는 변화를 보여주면서 국가적 차원의 안보 문제로 인지하기 시작하였다.

IV 중국 정부의 대응전략: 홍치리눅스를 중심으로

거듭 언급했듯 1990년 중반까지만 해도, 미국, 유럽 등 선진국의 IT 발전에 비하면, 중국의 IT 산업은 매우 낙후되었다. 중국은 국내적으로 자체적인 하드웨어와 소프트웨어를 갖고 있지 않았고 IT 산업에 대한 뚜렷한 발전전략도 갖고 있지 못했다. 이와 같은 실정 아래, MS의 운영체제에 대한 백도어 의혹은 지속적으로 그리고 반복적으로 제기되면서 중국은 국가 산업 전반에 있는 데이터와 정보 안전이 위협을 받는다는 인식이 증폭되었고 관련된 정보산업 발전 문제가 제기되었다(红峰 1999).

앞 장에서 언급한 정보기술 및 산업의 발전, 국가 정보안전이 위협을 받는다는 인식이 팽배해진 중국 정부는 결국 1999년에 중커홍치(中科红旗; 이하 홍치) 리눅스에 직접 투자를 진행하면서 전폭적인 경제적 지원과 정책적 지지로 중국 컴퓨터 운영체제 시장에 개입을 하기 시작한다. 홍치리눅스 OS는 1999년 8월 중국과학원 기관 중 하나인 중국과학원 소프트웨어 연구소에서 탄생했다. 중국과학원은 1949년 중화인민공화국 건국과 함께 설립되었고 시종일관 중앙정부의 전폭적인 지지를 받으면서 중국의 공업기술체계, 국방과학기술체계 및 구역혁신체계 건설을 선도하였다. 따라서 중앙정부와 긴밀한 연계를 지닌 연구소에서 홍치리눅스 개발을 진행하였다는 것은 정부의 암묵적인 지지가 존재했다는 것을 의미한다. 그리고 중국 정부는 21세기에 들어서자 공업과정보화부에서 전문위험투자회사를 설립하여 중커홍치에 직접 투자를 진행하면서 리눅스에 대한 지지를 아끼지 않는 모습을 보였다.

1. 경제적 지원

많은 대응전략 중에서 가장 먼저 경제적 지원을 살펴보겠다. 2000년대 전반, 국내적으로 MS의 OS에 대항하는 표준설립 시도를 위해 중국 정부는 리눅스 발전에 있어 어떤 역할을 담당하였는가? 우선 주목할 점은 중국 정부가 컴퓨터산업 발전과 소프트웨어를 비롯한 기술개발에 있어 필요한 막대한 자원을 제공하는 역할을 하였다는 점이다. 구체적으로 홍치리눅스를 살펴보면 초창기 기업의 주요한 재정 원천은 중국 정부의 직접투자였다.

    1980년대 과학기술의 중요성에 대한 인식을 시작으로 1990년대 중국 정부의 정보산업에 대한 관심이 고조되었다. 대표적으로 제8차 5개년 계획(1990-1995)에서부터 중국 정부는 암호를 푸는 연구와 해킹에 대한 예방관리에 들어가기 시작하였다(华涛 2000). 그리고 제9차 5개년 계획(1996-2000)에서부터는 경제성장에 있어 S&T(science and technology)의 중요한 역할을 강조하였으며, 나아가 정보통신기술(ICT)을 우선 발전 순위로 지정하였다. 더불어 8차 5개년 계획기간 동안 국가정보화, 표준화체계의 총체적인 틀을 확립하고, 정보네트워크, 컴퓨터 소프트웨어의 국가표준을 제정하며 동시에 국가 정보화표준 인증과 품질감시 업무를 강화하고 나아가 업종에 대한 감독 강화 및 시장 질서를 수호할 것이라고 공시하였다(冀洁风 1999).

그리고 이와 같은 중국 정부의 관심의 표현은 소프트웨어와 하드웨어를 포함한 ICT 기술에 관한 경제적 지원으로 이어진다. 우선 중국 정부의 기술에 대한 거시적 경제정책을 보면 1999년부터 R&D 지출이 대폭 증가하였다. 〈그림 8-1〉에서 보다시피, 1999년부터 중국 정부의 R&D 지출이 그 전에 비해 빠르게 증가하는 것을 알 수 있다. 특히 2000년대 들어와서는, R&D 지출이 1000억 위안을 넘어섰고 2009년에 이르자, 5000억 위안을 넘는 거대한 금액이 지출되었다. 심지어 2000년 6월, 국무원은 R&D 지출의 많은 부분을 운영체제 소프트웨어 개발과 같은 다양한 컴퓨터 산업에 집중하겠다는 구상을 '소프트웨어 산업과 IC(integrated circuit) 산업발전을 위한 정책에 관한 통지'(国务院关于印发鼓励软件产业和集成电路产业发展若干政策的通知; 이하 국무원 [2000] 18호 문건)로 명시했다.

국가 기획위원회, 재정경제부, 과학기술부, 정보산업부는 기초 소프트웨어 연구 및 기술개발에 자금을 투자해야 한다……. 국가 R&D 지출은 과학기술 발전을 위한 운영체제(OS), 데이터베이스 관리 시스템, 정보보안 시스템 등이 포함된 핵심 소프트웨어 연구개발 활동을 적극적으로 지원할 것이다(中华人民共和国国务院 2000).

또한 중국 정부는 국무원 [2000] 18호 문건을 통해 기업의 자주적인 기술혁신을 격려하기 위한 일련의 우대정책들을 발표하였다. 정책 실시 배경에 대해서는 주요하게 중국이 국제 선진 수준과 비교하였을 때 아직도 소프트웨어와 집적 회로 산업에서의 발전기초가 빈약하고 기업의 과학기술 혁신능력과 자주적인 발전능력이 강하지 못하므로 응용개발 수준과 전반 관련 산업에서의 문제들이 야기되었음을 언급하고 있다. 따라서 정책의 목표는 소프트웨어와

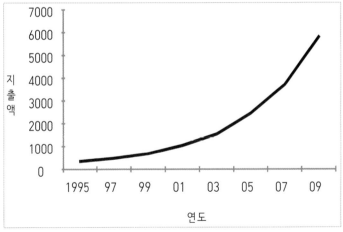

그림 8-1. 1995-2009년 중국 R&D 지출 (단위: 억 위안)

출처: 『1999中国统计年鉴』; 『2002中国统计年鉴』; 『2005中国统计年鉴』; 『2010中国统计年鉴』

집적 회로 산업 발전의 환경을 한층 최적화하여, 산업 발전의 질과 수준을 제고하며 나아가 실력과 영향력을 겸비한 선두 기업의 육성이라고 명시하였다(中华人民共和国国务院 2000). 따라서 당시 재정세무정책, 투자금융정책, 연구개발정책, 수출입정책, 인재정책, 지식재산권정책 그리고 시장정책까지 7가지 정책을 발표하면서 소프트웨어에 관한 정부의 대대적인 지원과 지지를 표현하였다.

이 외에도 국무원 [2002] 47호 문건은 소프트웨어 산업화를 목표로 하고 소프트웨어 기술 혁신을 중점으로 하며 관련 분야의 중견기업들을 주체로 하는 국가 소프트웨어 엔지니어링 센터를 건립할 것을 명시하면서 소프트웨어 산업기지 건설 강화 의지를 보여주고 있다. 종합하면, 위 두 문건은 소프트웨어 관련 기업에 관한 연구개발비 지원에 대한 정부의 계획을 보여주었고 동시에 신흥 산업발전을 목표로 정보화 시대를 맞이하여 소프트웨어 기초사업을 중점적으로 지지할 것을 보여주는 계기가 되었다. 이 외에도 중국 국가첨단기술연구발전의 핵심으로 불리는 863계획 프로그램, 2006년 '2006-2020 국가 중장기 과학과 기술발전 계획 요강', 2007년 국가발전계획위원회에서 발행한 '첨단기술 산업화 십일오 계획' 등을 통해 중국 정부가 국내시장에서 자주적인 컴퓨터 운영체제의 점유율을 높이기 위해 전반적인 연구개발에 대한 투자를 확대하고 있음을 보여주었다.

2. 국내시장 형성

계속하여 리눅스의 국내시장 형성을 위해 중국 정부가 펼친 대응들을 살펴보겠다. MS의 DOS 그리고 윈도우 운영체제에 대항할 만한 표준을 설립하기 위해서는 대항 표준을 가진 운영체제가 MS에 버금가는 시장점유율을 가지고 있어야 한다. 결국 운영체제가 대중에 많이 보급될수록 그 대항의 힘이 커짐을 의미한다. 따라서 2000년대 중국 정부는 홍치리눅스 대해 연구개발을 위한 재정적 지원뿐만 아니라 초기 시장개척에도 힘을 보탰다.

앞서 언급했듯이 MS는 컴퓨터 운영체제에서의 사실상의 표준을 획득함과 더불어 소비자로 하여금 자사의 소프트웨어에 대한 의존도를 높이기 위해 관련된 응용프로그램을 끼워 팔았다. 이는 MS의 운영체제와 응용프로그램에 익숙해진 소비자로 하여금 새로운 운영체제 사용에 대한 어려움을 인식시키는 효과를 낳았다. 동시에 MS는 자사의 응용프로그램이 기타 운영체제와 호환이 불가능하도록 조치하였는데, 이로 인해 다른 회사의 새로운 운영체제가 시장에 진입하고 대중들에게 보급되는 것이 어려운 구조가 형성되었다. 그리하여 초기 중국의 많은 국내 리눅스 기업들은 MS가 쌓아놓은 시장진입의 장벽을 뛰어넘지 못하였다. 결국 소비자와 시장의 선택을 못 받은 기업들은 자연스럽게 OS 경쟁에서 도태되었다. 이를 인지한 중국 정부는 리눅스 보급을 위한 국내시장 형성에 많은 노력을 선보였고, 그중에서도 가장 중요한 조치는 바로 정부구매였다. 정부구매를 통해 정부가 홍치리눅스를 비롯한 국산 소프트웨어의 주 고객층이 되는 것이었다.

가장 먼저 국무원 [2000] 18호 문건에서는 "정부의 투자를 받는 전산시스템은 가격과 성능이 동일한 상황 하에서는 국산 소프트웨어 시스템을 채택 및 사용해야 한다……정부기구가 소프트웨

어 구매할 시, 국가주권과 경제안전을 다루는 소프트웨어는 정부
조달 방식을 따라야 한다"고 명시되어 있다. 또한 국무원 [2002]
47호 문건에서는 2005년까지 소프트웨어 시장 매출을 2500억 위
안에 달성, 국산 소프트웨어와 서비스가 국내시장의 60% 점유, 국
제적으로 경쟁력 있는 소프트웨어 제품 배양 등을 발전 목표로 내
세웠다. 동시에 "표준에 부합하는 소프트웨어 제품과 서비스 보급
에 관해서, 국산 소프트웨어가 공공조달에 우선권을 가져야 한다.
정부 재정자금을 이용하여 실행되는 정보화공정에서 소프트웨어
제품과 서비스를 구매하는 데 사용되는 자금은 원칙적으로 총 투
자액의 30%보다 낮으면 안 된다"고 밝혔다. 이는 정부가 공공조
달이라는 조치를 통해 훙치리눅스를 비롯한 국산 리눅스가 시장에
진입하기 용이한 환경을 만들어주는 것을 의미한다. 이러한 정부
의 시도는 공공조달을 통해 리눅스가 차츰 사회에 보급되면서 소
비자가 보다 친숙하게 다가갈 수 있도록 유리한 외부환경을 조성
하는 데 일조했다.

　　또한 리눅스 제품의 중국 내 시장 점유율을 증가시키기 위해
2002년 6월, 중국은 제9회 전국인민대표대회 상무위원회를 통해
"중화인민공화국 정부구매법"(中华人民共和国政府采购法)을 통과시
켰다. 정부구매법 제1장 1조에서는 정부구매 행위를 규범화, 정부
구매자금 사용이익 제고, 국익과 사회공익 수호, 정부구매 당사자
의 합법적 권익 보호와 청렴건설을 촉진하기 위하여 본 법을 제정
한다는 취지를 밝혔다(中华人民共和国第九届全国人民代表大会常务委员
会 2002). 또한 제3장 정부구매 방식에서는 공개적으로 관련 후보
들을 모집하고 경쟁성 담판형식 등을 통해 진행한다고 규정하면서

관련 국내 기업들의 경쟁 참여를 적극 권장하였다. 그러나 가장 주목해야 하는 부분은 정부구매법의 제10조항에 나오는 다음 문항이다.

정부 구매는 마땅히 국산 제품, 공정 그리고 서비스를 구매해야 한다 (中华人民共和国第九届全国人民代表大会常务委员会 2002).

다시 말해, 국내 리눅스 시장이 소프트웨어 시장을 규범화하고 시장의 수요를 만족시킬 수 있는 상황에선 국산 리눅스 운영시스템을 우선적으로 구매해야 한다는 것이다(倪光南 2003). 따라서 경쟁 기반이 취약했던 중국 국내 소프트웨어 기업들에게 정부가 정부구매법을 제정했다는 사실은 가뭄의 단비와도 같았다.

실제로 이와 같은 일련의 정책 및 법 제정으로 인해 실질적으로 중앙 및 지방 정부의 리눅스 구매 횟수와 비중이 늘기 시작하였다. 요컨대 2001년, 베이징 시 정부가 중국 정부 기관에서 처음으로 국산 리눅스 2081부를 컴퓨터 운영체제로 구입했다. 지속적인 리눅스 구입을 통해, 다양한 서버에 리눅스를 점진적으로 적용시키면서 2004년 정부가 소프트웨어 영역에 지출한 구매 비용만 해도 90억 위안에 달했다(孙冷 2004). 그리고 2005년엔 베이징 핑구취(平谷区)의 188개 정부 기관에서 국산 리눅스를 컴퓨터에 설치하면서 사실상 MS 윈도우 운영체제를 국산 리눅스 운영체제로 대체한 대표적인 성공사례로 거듭났다(Zhou 2012).

이와 같은 중국 정부의 구매방식은 사실 중국만의 독특한 대응방식은 아니다. 영미국가를 비롯한 선진국에서도 이미 정부구매법이 작동되고 있으며 대부분 국산 제품을 최소 14%의 비중을 두는 정책을 펼치고 있다(孙冷 2004). 그러나 중국의 정부구매법에 특별히 주목해야 하는 이유는 상당히 빠른 시간 내에 착안하고 실행에 옮겼다는 것이다. 그만큼 MS의 시장 독점적인 지위로 인한 횡포가 중국에게 있어서 정보산업 발전의 방해요소와 정보, 경제 나아가 주권안전에 대한 위협요소로 인식이 되었다는 점을 시사한다.

3. 제도적 지원

마지막으로 중국 정부는 기술, 자금 지원 그리고 시장 개척과 같은 다양한 노력 외에도 앞으로 중국 소프트웨어 기업들이 적어도 중국 내에서 발전하는 데 비교적 유리하도록 보다 성숙된 제도적 환경을 형성해주려고 노력했다. 그 대표적인 예로 표준화설립, 지식재산권 보호와 반독점법 제정이 있다.

먼저, 지적재산권 보호에 관한 제도적 개선을 살펴보겠다. 사실 MS의 운영체제가 중국 시장을 독점하는 데는 중국의 만연한 불법복제 현상이 한몫을 했다. 즉, 1990년대 말, 불법복제율 90% 이상을 보이는 중국에게 있어서 MS의 고가의 운영체제는 크게 문제시 되지 않았고, 반대로 불법 복제물이 확산될수록 MS와 같은 외국계 소프트웨어 기업은 운영체제의 지배적인 위치를 얻는 데 도움을 받았다. 실제로 MS 비지니즈 그룹 CEO인 제프 레이크스 (Jeff Raike) 다음과 같이 MS 불법복제를 환영하는 인터뷰를 하기도 했다.

소프트웨어를 모방하거나 불법복제를 할 거면, MS 제품을 복사해서 불법으로 사용해 달라…… 법적으로 지적재산권을 보호받는 쪽으로 밀고 나가려고 하지만, 무리해서까지 사업에 가장 근본적인 자산은 잃고 싶지 않다…… 장기적으로 봤을 때, 근본 자산은 우리 제품을 사용하고 있는 소비자들이며, 시간이 지남에 따라 정품 소프트웨어로 전환하는 것이다.[3]

결국 기술 그리고 기업의 지적재산권 보호가 잘 형성되지 않는 환경에서는 MS의 불법복제 현상을 타파하기 힘들어지며 이는 MS를 대체할 표준 설립에도 방해가 된다. 그리하여 중국 정부는 2000년부터 지적재산권 보호에 대한 다양한 정책을 내놓음과 동시에 정부기관에서 우선 소프트웨어 정품 사용에 앞장섰다. 2001년 10월 국무원 판공실에서 소프트웨어 정품화 사업을 전면 추진하겠다고 발표했고 1년도 채 되지 않은 2002년 5월 국무원 소프트웨어 시스템 정품화 작업을 완료했다. 또한 2004년부터는 국무원이 각 성, 시급 정부기관을 대상하여 소프트웨어 정품화 작업을 전면 추진하였으며 2005년 말 전국 주요 정부기관의 정품 소프트웨어 사용 작업이 완료되었다. 2006년에는 중국 정보산업부, 국가저작권국, 상무부가 "컴퓨터 정품 운영체제 소프트웨어에 관련된 문제에 관한 통지"를 발표하면서 소프트웨어의 지적재산권 보호에

---

3 Paul McDougall. 3/12/2007. "If You're Going To Steal Software, Steal From Us: Microsoft Exec." InformationWeek https://www.informationweek. com/if-youre-going-to-steal-software-steal-from-us-microsoft exec/d/ d-id/1052865

필요한 좋은 환경을 조성하려는 모습을 보였다. 정보산업부〔2006〕 199호 문건 중 제5항과 6항에서는 컴퓨터 생산자와 운영체제 소프트웨어 제공자는 반드시 매년 2월 정보산업부에 전년도의 컴퓨터 판매수량 및 운영체제 수량을 보고해야 하며 허위로 기재하거나 보고할 시, 상황의 엄중성에 따라 책임을 물을 것이라고 공시했다. 더불어, 임의의 기업과 개인이 소프트웨어 불법복제 현상을 저작권국(局), 산업부 등에 제보 시, 저작권 관리부문에서 "중화인민공화국저작권법"과 "컴퓨터소프트웨어보호조례"에 근거해 법률적 책임을 묻겠다고 선언하였다(中华人民共和国信息产业部 2006).

여러 대응전략 중에서 우리는 중국 정부가 2008년 시행한 반독점법을 주목할 필요가 있다. 실제로 반독점법은 MS와 같은 독점운영 기업들에 대한 실질적인 제한조치들을 실시한 것으로 보인다. 대표적으로 반독점법 제3장 제17조에서 시장 지배위치에 있는 경영자가 시장 지배적 지위를 남용하는 행동을 금한다는 것을 명시하였다(中华人民共和国第十届全国人民代表大会常务委员会 2007). 즉 공정하지 못한 고가의 상품을 판매하거나 공정하지 못한 저가로 상품을 구매하는 행위를 금하며 또한 정당하지 못한 이유들로 원가보다 낮게 상품을 판매하지 못한다는 등을 규정하였다. 이는 MS가 중국의 해적판 현상을 타파하고자 실시한 정품 저가판매 운동을 겨냥한 것으로 볼 수 있다. 중국공정원 니광난 원사는 "MS의 해적판에 대한 방임과 저가판매는 일종의 경영전략이다. MS는 고의적으로 중국 사용자들로 하여금 공짜로 MS 시스템을 사용할 수 있게 함으로써 중국이 자체적인 운영체제 발전을 할 기회가 없도록 만들기 위함이다"라고 언급하였다(朝晖 2018).

중국 정부는 이러한 반독점법을 충분히 이용하여, 2013년 6월에는 중국공상행정관리총국(中华人民共和国国家工商行政管理总局)이 기업의 신고에 의거하여 MS가 자사의 윈도우 운영체제와 Office 사무용 소프트웨어에 관한 정보를 완전히 공개하지 않아 야기된 호환성 문제, 끼워 팔기, 서류 검증 등의 문제점들이 반독점법 위반 혐의를 받고 있는 상황에 대해 점검을 진행하였다(『中国新闻网』 2014. 8. 7). 나아가 2014년 7월 28일엔 반독점법 규정에 따라, 국가공상행정관리총국 전담반은 MS의 중국 내 4개 영업지에 대하여 급습 검사를 진행하였으며 같은 해 8월 4일에는 MS 글로벌 부회장 등에 대해 반독점 조사를 실시하였다. 당시 중국공상행정관리총국은 "MS는 중국 법률을 엄격히 준수해야 하며, 어떠한 방식으로도 사건의 객관적인 조사를 방해해서는 안 된다"고 언급하였다(『新浪科技』 2016. 1. 6). 당시 일 년 사이에 MS에 대한 반복적인 조사는 2013년 스노든 사건을 주요한 이유로 들 수 있지만 동시에 중국 정부가 위기를 기회로 삼아 MS의 기술표준으로 인해 행하는 독점 남용 행위를 제한하겠다는 의미를 가지기도 한다. 이외에도 2014년 2월, 시진핑 주석을 조장으로 한 중앙인터넷안전과 정보화영도소조가 설립 되었으며 베이징에서 첫 회의를 가지면서 본격적으로 사이버 공간에서의 국가 안전 문제를 적극 의논하는 모습을 보였다(方兴东 等 6人 2014).

종합하면 이상의 MS의 기술패권에 대한 중국의 대응전략은 중국 정부의 계획과 설계로부터 출발되는 "위로부터의 대응"의 특징을 잘 보여준다. 더불어 중국 정부의 MS 기술독점에 대한 대항책들과 사이버 공간에서의 정보안전 수호를 이루기 위한 각종 전략들은 기술 자체적인 대응도 있었지만 그보다는 정부차원에서의 경제적 그리고 정책적인 대응들이 더 많았다. 또한 초반 대응에 있어서는 주로 정부가 직접 투자하고 구체적인 실행방안을 구상해서 진행했다면 후반으로 접어들수록 보다 넓은 방향을 제시해주고 거시적인 정책을 펼치는 데로 다소 변화되는 모습을 보였다.

V. 중국 '하향식 중앙집중형' 소프트웨어 산업모델

이상에서 살펴본 중국 정부의 리눅스를 중심으로 한 구체적인 대응전략을 '하향식 중앙집중형' 소프트웨어 산업모델이라고 개념화할 수 있다. 아래에서는 중국의 '하향식 중앙집중형' 소프트웨어 산업모델이 가지고 있는 특징에 대해 살펴보겠다.

1. '하향식 중앙집중형' 소프트웨어 산업모델 특징

1) 하향식 정책 수립과 이행

가장 먼저, 중국의 '하향식 중앙집중형' 소프트웨어 산업모델은 정부가 계획하고 주도하는 정책에 순응하고 따르는 하향식 정책 수립과 이행 방식을 가지고 있다. 즉, 특정 산업에 대한 정책 또는 대응전략이 정부의 수요에 의해 구비되어지고 그렇게 만들어진 정책에 지방 정부나, 대학연구소, 민간기업 등 비(非)국가 행위자들이 일방적으로 따라야 되는 것이다. 이는 유럽연합과 같은 기술선발국들이 선보이는 아래로부터 위로 이르는 정책 수립의 과정과는 질적으로 다른 부분이다.

　본 연구에서 다루었던 리눅스 대응전략에 있어, 유럽연합의 경우, 정부의 리눅스에 대한 제도적 지원은 민간의 요구에 부응하기 위해서였다. 다시 말해, 유럽의 경우, 민간에서 MS 기술패권에 대한 대항이 자발적으로 일어나면서, 그 과정에서 정부의 지지와 정책적 지원이 필요하다는 목소리가 커졌다. 따라서 유럽 정부는 민간의 수요를 만족시키고자 필요한 정책을 수립하고 해당 정책의 이행을 적극 도모했다. 이는 상향식 정책 수립과 이행 과정이라고 볼 수 있다. 반면, 중국은 앞서 언급했듯이, 민간 또는 사회에서 MS의 윈도우 OS를 대체할 새로운 대항표준 설립이 필요하다는 인식이 미미했다. 그러나 중국 정부가 미국에 대한 과도한 기술의존이 훗날 중국의 국가안보에 위협이 될 수 있다고 인식하기 시작하면서 정부의 국가안보 수호라는 명목 하에 리눅스 발전 정책이 적극 추진되게 된다.

　구체적으로 살펴보면, 중국 정부는 국무원 [2000]년 18호 문건인 '소프트웨어 산업과 IC(integrated circuit) 산업발전을 위한 정책에 관한 통지'를 통해 독립자주적인 OS 시스템을 보유하는 것이 국가의 정보산업을 비롯해 새로운 세기 경제발전과 안전에 중요하다는 것을 피력한다. 이는 결국 MS 윈도우를 대체할 새로운 독립자주적인 OS 시스템이 필요하다는 것을 정당화하려는 정부의 노력으로 간주된다. 실제로 국무원 [2000] 18호 문건을 발표하고 난 후 얼마 되지 않아 중국 정부는 본격적으로 홍치리눅스에 대한 직접 투자와 기술지원, 리눅스 연구개발에 유리한 정책들을 제정하기 시작했다. 결국 중국의 소프트웨어 산업 발전에 관련된 정책들은 시장 또는 민간의 수요에 의해 출발하는 것이 아닌 중앙 정부의 필요에 따라 제정된 것이다.

이와 같은 중국의 하향식 소프트웨어 산업모델의 특징은 그 정책 이행과정에서도 잘 드러난다. 당시 중국 정부의 리눅스를 중심으로 제정되고 추진되는 정책에 대해 그것이 과연 적절한 정책인지, 아니면 고려할 만한 기타 방안이 있는지에 대해 민간이나 학계에서 논의가 많이 이루어지지 않았다. 다시 말해, 민간 기업과 지방 정부들은 정부의 정책 수립의 적실성을 판단하지 않고 하달되어진 정책을 일방적으로 이행하는 피동적 수용자의 모습을 보이고 있다.

2) 집중화된 관리구조

중국의 소프트웨어 산업모델의 또 다른 특징은 중앙의 집중화된 관리구조이다. 당시 기술후발국이었던 중국에게 있어 중앙 정부만이 소프트웨어 산업을 추진할 수 있는 유일한 경제력과 추진능력을 가지고 있었다. 독립자주적인 OS 시스템 형성은 사회 전반 인프라를 새롭게 형성해야 됨을 의미하기도 하는데 이는 R&D에 대한 장기적인 지원, 지속적으로 이끌고 나갈 리더십 등이 요구된다. 하지만 당시 중국 국내 소프트웨어 기업들은 그 규모가 작고 구조가 불균형적이었기 때문에 MS 윈도우에 대항할 OS의 대체표준 설립과 같은 큰 프로젝트를 추진할 역량을 구비하지 못한 상황이었다.

결국 소프트웨어 산업을 추진할 수 있는 자원과 역량이 중앙 정부에 집중되다보니 중국 중앙의 집중화된 관리구조를 따를 수밖에 없었다. 여기서 말하는 집중화된 관리구조는 다음과 같다. 우선, 중앙 정부가 산업 발전에 대한 정책을 제정함과 동시에 그 이행단계에까지 깊게 관여 하는 것이다. 요컨대, "863계획" 프로젝트에 소프트웨어 산업을 국가 과학기술 발전의 우선순위로 제정하고 난 후, 그 프로젝트가 실제로 가동될 때 참여할 수 있는 국내 소프트웨어 기업을 직접 제정하는 것이다. 본 연구에서 다룬 홍치리눅스가 대표적인 사례이다. "863계획" 프로젝트에 소프트웨어 산업이 제정된 이후, 리눅스 OS를 기반으로 두고 있는 국내 기업들 중에서는 홍치리눅스가 유일하게 4년을 연달아 참여하게 된다. 또한 정부가 리눅스 제품을 구매함에 있어서도, 국가가 직접 투자하고 기술을 지원한 홍치리눅스 같은 기업들의 제품을 중심으로 구입하는 모습을 보였다.

결국, 중국의 집중화된 관리구조는 소프트웨어 산업 발전을 위해 제한된 자원을 선택과 집중을 통해 최대화된 효과를 보려는 의도에서 출발한 것이다. 이와 같은 중앙집중형 관리구조는 특정 기업에게만 집중되어 있었으므로 정부가 투자하지 않은 기타 민간 기업들에게는 경쟁에 참여할 수 있는 기회 자체가 허용되지 않았다. 따라서 중국 컴퓨터 OS 시장은 다소 폐쇄된 형태를 띠게 되었다.

2. '하향식 중앙집중형' 산업모델의 한계

이상에서 살펴봤듯이 MS에 대한 중국 정부의 대응은 하향식 정책 수립과 이행 그리고 집중화된 관리구조를 특징으로 하는 '하향식 중앙집중형' 산업모델이다. 이러한 대응전략을 중국 정부는 2000년대 전반에 걸쳐 진행하였다. MS를 견제하기 위해 리눅스를 중심으로 하는 OS 대항표준 설립에 있어 중국 정부는 실제로 많은 투자와 노력을 했다. 그러나 MS 기술패권에 대한 중국 정부의 대응은 결코 성공적이지 못했다. 대표적으로 당초 계획했던 리눅스의 OS 시장 점유율 60%를 달성하지 못했을 뿐더러, 2014년엔 훙치리눅스가 해산을 선언하면서 독립자주적인 컴퓨터 OS에 대한 관심이 한층 꺾였기 때문이다. 그렇다면 중국의 '하향식 중앙집중형' 산업모델의 문제는 무엇이었을까?

1) 정부 의존도 심화

소프트웨어는 하드웨어와 달리 '탈집중화된' 관리구조를 요구한다. 하드웨어는 기술체계를 바탕으로 하여 표준화된 제품을 대량 생산하는 대규모의 생산설비를 활용하는 경우가 많다(김상배 2007). 따라서 제품과 공정의 측면에 있어서 안정적인 투자를 요구하는 자본집약적 산업이다. 또한 하드웨어는 고급기술과 지식에 대한 수요가 크지 않음으로 지식집약도가 낮은 제품으로써 그 기술적 경로가 일반적으로 예측가능하며 제품발전이 점진적인 혁신 과정을 통해서 이루어진다(김상배 2007). 그러므로 하드웨어의 경우는, 규모의 경제와 집중적인 관리가 산업의 발전을 추동하는 데 유리하게 작용한다.

반대로, 소프트웨어 같은 경우, 지식집약형 산업으로서 기술혁신과 지식에 대한 요구가 높다. 또한 제품의 변화 주기가 짧고 발전형태가 하드웨어에 비해 예측하기 어렵기 때문에 대규모 자본의 투자보다는 획기적인 아이디어를 통한 제품발명과 기능혁신이 더 중요하다. 즉, 소프트웨어 산업 발전의 관건은 개별적인 독창성을 필요로 한다. 그러므로 공평하고 자유로운 기술혁신체제와 탈집중화된 관리구조 형성이 무엇보다 중요하다. 대표적으로 유럽연합의 경우, 리눅스를 필두로 하는 공개 소프트웨어는 민간의 수요와 관심에 의해 기술이 발전하고 성행하는 상향식(bottom-up) 과정을 보였다. 그리고 그러한 대항의 움직임에 대해 정부가 부가적인 지원을 해주는 탈집중화된 관리형태를 가졌다. 반면 중국의 컴퓨터 소프트웨어 산업모델은 소프트웨어 기술의 특성과는 모순되는 집중화된 관리구조를 선보였다. 이는 앞서 언급했듯이, 중국의 자원이 중앙에 집중되어 있고 OS와 같은 사회 인프라 구축에 있어 정부가 유일하게 경제력과 추진능력을 갖추고 있었기 때문이다.

모든 권력과 재정이 정부에 집중화된 형태와 구조는 결국 중국 내 리눅스 기업들이 정부 재정지원에 대해서 지나치게 의존하는 문제를 낳았고, 이는 중국 소프트웨어 발전에 걸림돌로 작용하였다. 당시 홍치리눅스를 비롯한 국내 리눅스 기업들이 정부 재정에 대한 의존도가 너무 컸다. 앞서 살펴봤듯이, 중국 정부는 각종 R&D 연구개발과 함께 정부구매법을 통해 국내 리눅스 기업들에 많은 투자를 해왔다. 따라서 홍치리눅스를 비롯한 여러 리눅스 기업들은 초기 재정원천이 중국 정부의 투자였고, 정부의 구매를 통해서 수익을 얻은 부분이 컸다.

정부의 다양한 지원과 대응정책이 초기 리눅스 개발과 중국 소프트웨어 산업의 발전을 어느 정도 촉진한 것은 사실이다. 그러나 이와 같은 일방적인 지원의 지속은 장기적으로 국내 리눅스 발전을 저해하는 측면이 더 컸다. 대표적으로 홍치리눅스 같은 경우, 시장이 수요로 인해 탄생된 것이 아닌 정부의 수요로 인해 계획되어 만들어진 제품이다. 또한 홍치리눅스를 중심으로 이루어진 정부 구매 역시 홍치리눅스 제품이 기타 운영체제보다 우월한 것이라기보다는 MS를 사용해 초래할 수 있는 정보안전 위협을 수호하고자 정부의 의지에서 진행된 결과라고 볼 수 있다(侯继勇 2014). 결국 중국 국내 리눅스 시장의 발전에 있어 정부라는 요소가 중요해지다 보니 리눅스 개발 자체도 점차 소비자들의 피드백에 의해 진행되기보다는 중국 정부의 수요에 방점을 두고 진행하는 현상이 비일비재 했다. 그리하여 소비자들은 비교적 값이 싼 홍치리눅스 운영체제가 장착된 컴퓨터를 구매한 후, 집으로 돌아와 리눅스 운영체제를 지우고 윈도우 해적판버전을 설치하기도 했다(侯继勇 2014).

또한 정부에 대한 의존도가 심화되다보니, 정부의 새로운 정책 제정에 기업들이 많은 영향을 받기도 했다. 대표적으로 2010년대에 접어들면서 PC단계에서 모바일 네트워크 단계로 넘어오면서 구글 산하의 안드로이드를 비롯한 새로운 형태의 OS에 정부, 학계, 사회 등 관심도가 높아졌다. 집중화된 중국 정부의 관리구조는 정부의 관심 대상의 이동을 낳았고, 따라서 컴퓨터 OS에 대한 사회와 정부의 관심이 감소하는 결과를 낳았다. 결국, 이러한 한계로 인해, 홍치리눅스를 비롯한 국내 리눅스 기업들은 눈에 띄는 성과를 안겨다 주지 못했으며 2014년에 중커 홍치는 기업의 적자 문제를 해결하지 못해 해산을 선언하였다.

2) 기업 자율성 부족
계속하여 기업의 자율성 측면을 살펴보겠다. 위에서 언급했듯이 중국 기업들이 정부의 재정적 지원과 정책들에 지나치게 의존하고, 중앙 정부 계획을 수동적으로 수용하는 입장이 되다보니 기업 경영상의 자체적인 자율성도 크게 제한받게 되었다. 소프트웨어 제품은 상품의 갱신 주기가 비교적 짧고 변화가 빠른 특성을 가지고 있다. 또한 소프트웨어의 특성이 지식에 대한 수요가 높고 아이디어를 중심으로 승부를 내는 분야라 다소 복잡하고 예측이 어려운 점이 있다. 따라서 소프트웨어 시장에서 기업의 경쟁력을 유지하거나 높이려면 기업이 자체적으로 자신들만의 창의성을 반영하는 제품을 개발하는 자율성을 길러야 한다. 그리고 이러한 자율성은 시장과 고객의 수요를 파악하고 만족시키는 데서 나타날 수 있다.

하지만, 중국과 같은 경우, 국내 리눅스 기업들이 정부에 대한 재정 의존도가 점차 확대되면서 기업의 자율성을 잃어버리는 결과를 낳았다. 기업은 제품을 개발하는 데 있어 사용자의 편의성이나 제품의 품질 또는 기능성에 초점을 맞추고 진행하는 것이 아니라 정부의 요구에 부합하는 제품을 생산하려했다. 다시 말해, MS의 윈도우 OS에 대적할 유용한 리눅스 OS 시스템을 구축하는 것이 아니라 정부가 요구한 정보안전이 보장되는 리눅스 제품을 개발하는 데 방점을 두면서 소비자들의 요구와 괴리되는 모습을 보였다.

또한 정부가 안전성이 높은 리눅스 제품을 우선순위로 구매하다보니, 기업이 일하는 방식과 업무권한에 대한 자율이 보장되지 못했다. 각각의 소프트웨어 기업이 자체적으로 어떠한 상품을 개발할지, 기업의 성장목표는 어떻게 설정할지 그리고 제정된 목표의 달성을 위해 어떻게 노력할지, 주어진 자원을 어떻게 이용할지에 대해서 고민하기보다는 정부가 제시하는 성장 목표와 기준을 맞추기 급급했다. 또한 중요한 사안에 대해서 기업의 자체적인 논의를 통해 의사결정을 진행하는 것이 아니라 정부의 구미에 맞는 결정을 내리는 경우가 허다했다. 이와 같이 기업의 자율성이 제한되다 보니 기업 자체의 혁신능력은 저하되고 따라서 MS에 대항할 만한 기술력을 가진 제품 개발이 어려울 수밖에 없었다.

종합하면, 기술 및 시장 측면에서 실행했던 다양한 재정적 그리고 정책적 지원들은 결국 기술표준 경쟁이라는 측면에서 부차적인 요소에 불과했음을 보여준다. 정부의 열정적인 지원은 리눅스 연구개발과 발전을 촉진하는 데 도움을 준 건 사실이다. 그러나 MS의 대항표준 설립이 근본적인 목표였다면 제품의 기술력을 높이고 시장 수요를 충족시키는 것을 우선시 해야만 했다. 하지만 중국은 기술의 발전이 아닌 MS의 독점적 횡포와 위협에 대한 대응에 더 중점을 두었다. 또한 정부가 전반적인 정보산업 발전의 방향을 제시해주는 역할을 했던 것이 아니라 집중화된 관리구조를 통해 미시적인 조치를 많이 취함으로써 기업의 자율성을 보장해주지 못했다.

3) 성숙되지 못한 국가기술혁신체제
리눅스를 선택한 이후 중국 정부가 가장 먼저 시작한 것은 바로 경제 지원을 통한 기술 개발과 시장 제공이었다. 넓은 의미에서 과학기술 R&D를 대폭 증가하는 것을 시작으로, 중국 과학원에서 홍치 리눅스 탄생을 도왔고, 중국 정부는 연구개발에 필요한 인재 유입 정책을 실시했으며, 대학, 연구소, 기업, 정부 등 다양한 기관이 공동으로 리눅스 개발에 참여하는 프로젝트를 운영하는 등 다양한 방식으로 리눅스 기술발전을 추진했다. 뿐만 아니라 MS가 독점하고 있는 컴퓨터 운영체제 시장에 국산 리눅스가 발을 들여놓을 수 있도록 정부가 초기 유일한 구매자로 활동해 리눅스의 국내 시장 개척을 도왔다. 실제로 정부의 대대적인 재정 지원으로 초기 리눅스 연구개발이 비교적 빠른 진척을 보였고 시장점유율도 증가하였다.

그러나 중립적으로 검토해보면 중국 정부의 리눅스를 통한 대응전략은 적극적 공세의 양에 비해 기술 및 시장 측면에서 눈에 띄는 성과를 보이지 못했다. 그 이유에는 성숙하지 않은 국가의 기술혁신체제의 영향도 적지 않다. 중국의 미숙한 국가기술혁신체제의 특징은 다음과 같다.

첫째, 시스템 자체의 개발은 비교적 빠른 진행을 보였으나 MS 윈도우를 대체할 만한 표준 설립에 실패했다. 중국 내 리눅스 기업들은 모두 자체적인 목표에 따라 보안성이 강한 리눅스 개발을 하는 기업도 있고 또 사용자의 편의를 중심으로 개발을 진행하고 보급하는 기업도 있었다. 이와 같은 각양각색의 리눅스 운영체제는 소비자에게 학습 비용의 부담을 증폭시키는 역효과를 낳았다. 또한 같은 표준이 정립되지 않은 상태가 지속되면서 하드웨어와 소프트웨어 사이 약한 호환성은 리눅스를 소비자들에게 적응하기 어려운 시스템으로 만들었다. 이와 반대로, MS의 사실상의 표준은 이미 전 세계 시장에 동일하게 적용되어 있었기에 시스템 업그레이드를 진행하여도 결코 소비자들이 사용하는 데 어려움을 주지 않았다.

둘째, 리눅스 국내 시장 개척을 위해 정부가 주요 고객이 되는 정부구매 관리가 체계적이지 못했다. 다시 말해, 정책 입안자들이 정책 발행 경험이 부족했다. 선진국들과 달리 21세기에 들어서서야 정부구매법을 제정한 중국에게 있어서 정부 구매에 대한 경험은 걸음마 단계였다. 따라서 정부기관에서 국산 리눅스의 입지를 다져주려고 시작한 정부구매 정책이 계획했던 것과는 다른 결과를 가져오기도 했다.

대표적으로 2005년 재정부와 정보산업부가 발표한 "소프트웨어 정부구매 실행방법 초안"이 국내적으로 논란이 있었다. 해당 문건 제3장에는 "비(非)국산 소프트웨어 제품 우선 구매 리스트"가 따로 명시되어 있었는데(杨国强 2005), 이는 정부구매법과 모순이 되는 부분이었다. 정부구매법에 의하면 구매 품목은 국산 제품과 비국산 제품으로 분류되어 있는 데 반해, 2005년 정책에서는 국산 소프트웨어 우선 구매 품목, 비국산 소프트웨어 우선 구매 품목 그리고 비국산 소프트웨어 품목과 같이 세 가지 범주로 분류되었다. 그중 국산 소프트웨어 우선 구매와 비국산 소프트웨어 우선 구매의 차이가 잘 명시되어 있지 않았고 따라서 많은 정부기관에서 국산 소프트웨어가 아닌 MS의 운영체제를 대거 구입하는 현상이 발생했다.

이상에서 살펴보았듯, 정부구매를 둘러싸고 실시한 일련의 정책이 상호 모순되는 실정은 중국 정책 입안자들의 경험 부족을 보여주는 대목이다. 또한 중국 정부는 정부구매에서 국산 OS를 구입한다고 밝히기는 했지만 실제로 정부의 전체 OS 구매에 있어 국산 리눅스에 대한 구매가 차지하는 비중이 얼마나 되는지에 대한 공식적인 통계 자료가 없기 때문에 실질적으로 정부구매의 효과를 평가하기 어렵다. 2001년 처음으로 리눅스를 구입한 베이징 시정

부 같은 경우, 2004년에는 약 3000만 위안에 해당되는 MS의 운영
체제를 주문하였다(謝靜 2004). 당시 "소프트웨어 정부구매 실행방
법 초안"에 대한 논란이 일자 추후 해당 주문을 취소하기는 했지만
이는 중앙과 지방 정부 사이에서도 정부 구매에 대한 요구가 일괄
적이고 체계적으로 형성되지 않고 비교적 느슨하게 실행되었음을
유추할 수 있다.

2000년대에 들어서, 약 10년 동안 중국 정부의 리눅스 국내
시장 개척 방안은 애당초 목표로 삼았던 2020년까지 60% 점유율
달성과는 많은 차이를 보이고 있다. 〈표 8-1〉에서 잘 보여주듯이,
MS는 여전히 중국 시장을 군건히 장악하고 있었으며, 비록 점유율
이 2010년대 말, 다소 낮아지기는 했으나 그 감소 정도가 크지 않
다. 반면, 리눅스는 중국 운영체제 시장의 1%도 되지 않는 점유율

표 8-1. 2009-2019 컴퓨터 운영체제 중국 시장 점유율 (%)

연도	MS Window	Linux	기타
2009	99.64	0.07	0.29
2010	99.41	0.09	0.5
2011	98.86	0.1	1.04
2012	97.97	0.19	1.84
2013	98.22	0.35	1.43
2014	97.52	0.31	2.17
2015	96.43	0.32	3.25
2016	91.9	0.55	7.55
2017	92.04	0.64	7.32
2018	89.85	0.68	9.47
2019	87.86	0.81	11.33

출처: Statecounter. 2009-2019. "Desktop Operating System Market Share China."

을 보유하고 있으며 그 증가 속도도 매우 더딤을 볼 수 있다. 따라서 중국 정부의 시장 측면에서의 대응방침은 득보다는 실이 많은 결과를 초래했다.

요컨대, 중국의 '하향식 중앙집중형' 소프트웨어 산업 모델은 리눅스 기술의 속성과 적합하지 않는 집중형 관리구조를 가지고 있었다. 그러다보니 기업의 자율성이 보장되지 못한 것은 물론 기업이 정부의 정책과 재정적 지원에 지나치게 의존하는 문제를 낳았다. 또한 1990년대 말부터 비로소 소프트웨어 산업과 관련된 정책을 추진하기 시작한 중국 정부는 경험이 부족하였고, 그 결과 정책 집행 과정에서 잦은 혼선이 발생하였다. 다시 말해, 중국의 국가기술혁신체제가 충분히 성숙되지 못했다. 그 결과 중국의 '하향식 중앙집중형' 소프트웨어 산업모델은 일정한 한계가 있을 수밖에 없었다.

3. '하향식 중앙집중형' 산업모델의 의의

앞서 기술했듯이, 중국 정부의 MS의 기술패권에 대한 대응전략은 기술과 시장 측면에서 결코 만족할 만한 성과를 얻지 못했다. 기술표준이라는 것은 정부가 주도적으로 형성하는 것이 아닌 민간 차원에서부터 많이 보급되고 사용되면서 만들어지는 것이기 때문이다. 또한 기술의 개발과 발전에 대한 지시가 위로부터 시작될 경우, 시장의 요구에 부응하기 위해 제품이 탄생하는 것이 아니기에 소비자를 수요를 만족하기 어려워지는 부분이 있다. 소비자의 요구를 만족시키지 못하는 상황이 지속되면, 제품에 대한 수요는 점차 줄어들고 자연스럽게 시장에서 도태되는 상황에 놓이게 된다. 그럼에도 불구하고, 중국 정부의 대응전략은 전체 중국 소프트웨어 발전에 새로운 공헌을 한 부분도 적지 않다. 더욱이 정부 주도의 발전모델은 이후 리눅스를 비롯한 ICT 기업들이 중국 시장 내에서 자리를 잡는 데 많은 도움을 주었다.

중국 정부가 컴퓨터 소프트웨어 산업에서의 발전을 위해 추진한 다양한 정책들이 관성을 나타내면서 새로운 중국의 신생기업의 부상과 발전에 긍정적인 결과를 가져왔다. 우선 자본시장 정책 면에서 살펴보면 2000년대 중국은 신생기업, 특히는 선도부문을 중심으로 하는 기업에 대해 지원하는 제도화된 메커니즘이 결여되어 있었다. 따라서 당시 기업들은 기술 개발을 위해 필요한 기본적인 자금을 확보하기가 어려웠고 확보가 되더라도 장기적인 투자나 재정 지원을 받기 쉽지 않았다.

하지만 2000년대 중국 정부의 국내 소프트웨어 기업에 대한 R&D 프로젝트가 많아지고, 감세, 면세 등 다양한 우대정책 발표와 함께 정부가 국내에서 개발된 OS를 구입하는 횟수와 정도가 높아지면서 초기 기업들의 재정원천 확보에 도움을 줬다. 또한 2010년 대부터 중국 내 컴퓨터 OS 기업들과 새로운 모바일 OS 기업들이 새롭게 출현하면서 중국 정부가 원했던 독립자주적인 OS 시스템 개발을 지속하고 있는 모습을 보였다.

리눅스 개발과 보급 그리고 기술표준 확립과 같은 시도는 초기 정부의 역할이 매우 중요하다. 특히, 개도국에서는 장기적인 대규모 인프라 사업에 있어 그 기획과 관리의 역량을 두루 갖춘 것이 바로 정부다. 그리고 실제로 많은 현대적 기반시설은 정부의 지원,

특히 정부의 공공투자를 통해 진행된 것이 많다. 우리가 매일 사용하고 있는 도로와 철도 시스템, 전화 네트워크와 같은 사회기반시설에 정부의 투자는 매우 중요한 자원이다. 정부는 사회기반시설 형성에 재정적인 지원을 함과 동시에 관련 서비스를 제공하는 역할도 한다. 그러므로 하나의 제품이 시장에 보급되고 소비자들에게 소비되고 또 인지도를 쌓기까지 정부의 역할이 필요하다. 그리고 중국 정부는 리눅스를 통한 공개 소프트웨어 사용 기반을 나름 잘 형성해주었다고 평가할 수 있다.

과학기술 인프라를 형성하려면 무엇보다도 풍부한 인적 자원이 필요하다. 하지만 1999년 리눅스 대응전략을 가동할 당시 중국은 소프트웨어 인재가 부족했다. 결국 협소한 인재자원은 소프트웨어 산업 수요에 부응하지 못한다는 사실을 인식한 정부는 중국 전반적인 교육체계를 조금씩 수정하기 시작했다. 우선, 컴퓨터 또는 소프트웨어 사용에 익숙하도록 2000년부터 교육부에서 "초중등학교 정보기술학과 지도강요"(中小学信息技术课程指导纲要)와 "초중등학교의 정보기술 보급에 관한 통지"(关于中小学普及信息技术的通知)를 발표하여 정보기술을 필수과목으로 지정했다. 또한 2003년부터 고등학교 정보기술과목 기본이념, 과목목표, 과목내용 등에 대해 상세한 설명을 포함한 "보통 고등학교기술 과정표준"을 발표하면서 전국적으로 정보기술 교육 발전을 추진하였다.

정부의 교육체계 조정은 이공계 전공자, 특히 컴퓨터 전공의 전문 인재 양성에 도움을 주었다. 〈그림 8-2〉에서 보듯, 2000년대 중국의 이공계 전공자 수가 급격하게 증가하는 모습을 볼 수 있다. 중국의 이공계 전공자 학사학위 취득자 수는 2002년부터 빠르게

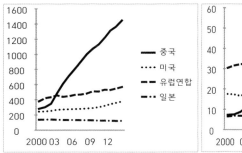

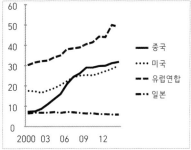

그림 8-2. 주요 나라 이공계 학사학위 취득자 수: 2000-2014년

그림 8-3. 주요 나라 이공계 박사학위 취득자 수: 2000-2014년

출처: National Science Foundation. 2018. "First University Degree in S&E Field, Chapter 2." https://nsf.gov/statistics/2018/nsb20181/report/sections/higher-education-in-science-and-engineering/international-s-e-higher-education#first-university-degrees-in-s-e-fields

증가해 2003년 유럽연합, 미국, 일본 등 국가들을 추월하는 결과를 가져왔다. 그리고 〈그림 8-3〉에서 제시했듯, 2007년을 기준으로 중국의 박사학위 취득자 수가 미국을 넘어섰다. 이는 중국이 소프트웨어를 중심으로 한 컴퓨터 전공 인재 양성 정책 추진으로 인해 많은 중국 내 대학생들이 이공계를 중심으로 진학하거나 유학을 가는 추세가 많아졌기 때문이다. 따라서 2000년대 전문 인재가 급격하게 성장하면서 중국 내 선도부문 기술 분야에서의 인재자원이 풍부해지는 성과를 가져왔다. 풍족한 인재자원은 오늘날 새로운 산업혁명의 인공지능, 5G 등 분야에서 추진동력으로 작용하고 있다.

결국 중국 정부의 초기 리눅스 대응전략은 장기적인 사회 기반 시설 형성의 관점에서는 득이 많았다. 단기적인 이익이나 효과는 보지 못했으나 장기적으로 국내 기업들의 활성을 도모하고 리눅스 사용 환경 구축에 일조하는 데 있어 부분적으로 성공했다고 평가할 수 있다.

마지막으로 MS의 기술패권에 대항하기 위해 추진한 리눅스 대응전략을 통해 중국 정부가 얻은 것 중 가장 큰 부분은 무엇보다도 정보안전을 비롯한 국가안보의 수호이다. 사실 MS에 대한 위협인식이 점차 증폭될수록 중국 정부를 가장 두렵게 만든 부분은 바로 정보안전이었다. 사실 기술과 시장 측면에서의 위협인식 같은 경우 정부의 기술 지원과 시장의 확보를 통해 어느 정도 해소를 할 수 있었다. 그러나 정보 안전의 경우, MS가 소스코드를 공개하지 않기 때문에 중국이 그만큼 더 취약해질 여지가 있었다. 즉 MS의 중국 시장 독점이 지속되는 상황 하에서 미국과의 마찰과 갈등이 발생할 경우, 중국의 정보기관 정보 노출과 더불어 전반 사회기반 시설이 무너질 가능성이 존재하였다.

정보안전 수호 조치 중에서, 중국이 가장 먼저 얻은 성과는 MS 소스코드 공개였다. 여러 사건사고로 인해 전 세계적으로 MS 운영체제에 대한 백도어 설치 의혹이 증폭되었고 점차적으로 MS를 대체하려고 하는 각국 정부들의 움직임이 눈에 띄자 2003년 MS는 제품에 대한 신뢰를 높이기 위해 정부안전계획(GSP)를 발표했다(任笑元 2003). 이 계획에 따르면 MS는 윈도우 운영체제 소스를 각국 정부 및 국제 조직에 계획에 따라 점차적으로 공개한다는 내용을 담았다. 이는 중국 정부가 정보와 보안인증 기술 등에서 정부가 더 많은 통제권을 가질 수 있게 된 것을 의미한다.

종합하면, 중국 정부의 대응전략은 장기적인 관점에서 살펴보았을 때, 중국의 전체 정보통신 산업의 발전에 이로운 제도적 환경 구축에 적지 않은 역할을 했다. 즉 중국 정부는 정부의 지원이 매우 중요한 부분들에 있어서 나름대로 그 역할을 충실히 수행했으며, 행정상의 경험 부족은 정책이 지속적으로 시행되는 과정에서 개선되는 모습을 보여줬다. 또한 초반에는 대응의 범위가 좁고 미시적인 계획과 조치가 많았다면 2000년대 후반에 들어서서는 비교적 넓고 거시적인 관점에서 법률 제정 그리고 장기 프로젝트 진행 등을 통해 중국의 이점을 최대한 살리는 대응을 하였다. 결국 중국처럼 공산당 일당독재인 국가는 정권이 바뀌어도 정책 및 제도가 크게 변화를 보이지 않는 환경이기에 정부주도의 발전모델이 산업의 빠른 발전을 이룬다는 것을 알 수 있다.

VI 결론

본 연구는 '홍치리눅스'의 사례를 중심으로 1990년대 후반부터 2010년대 중반까지 이어졌던 미국 마이크로소프트(MS) 기술패권과 이에 대한 중국 정부의 위협인식 및 대응전략을 살펴보았다. 또한 이때 등장한 '중국식 소프트웨어 발전모델'의 내용은 무엇이며, 그 성과와 한계에 대해서도 고찰하였다. 이를 통해 본 연구는 선도부문에서 추격하는 입장에 놓인 후발국의 발전전략에 대한 일반적인 함의를 엿보고자 하였다.

우선, MS 윈도우의 성공을 통해 선발국이 기술패권을 거머쥐는 과정을 살펴보면, 그 기저에는 기술표준, 정부의 지원 그리고 성숙된 기술혁신 환경이라는 세 요소가 적절히 연계되어 있다는 것을 알 수 있다. 단순히 기술력 수준이 높거나, 제품의 품질이 우수하다고 해서 기술경쟁에서 승기를 거머쥐는 것은 아니다. 물론 기업의 기술력이나 제품의 품질이 중요한 것은 사실이나, 기술을 보호하고 발전시키는 데 있어 국가의 지원과 더불어 성숙한 기술 혁신체제를 갖추는 것 또한 매우 중요하다고 할 수 있다. MS의 기술패권은 기업 차원에서 이익을 가져다주었을 뿐 아니라, 미국 경제를 추동하는 원동력으로 작용하기도 했다. 그러나 이상에서 살펴본 선발국의 기술패권은 기술후발국들에겐 추격의 대상이자 위협의 대상으로 작용한다. 초기 기술후발국은 최대한 빠른 시간 내에 선진국의 기술을 흡수하고 이전 받는 것을 통해 자국의 첨단기술을 발전시키려고 한다. 중국 정부가 초기 MS의 중국 시장 진출을 환영한 것이 바로 이러한 이유이다.

하지만 점차 기술후발국은 선발국의 기술패권에 대한 위협인식을 형성하게 되는 모습을 확인할 수 있다. 예컨대, 본 연구에서 다룬 중국 정부는 MS의 기술패권에 대해 초기엔 중국의 정보기술과 산업의 발전을 저해하는 위협요소로 간주했다. 하지만 시간이 지남에 따라, 중국 내에서 MS가 보인 일련의 행동은 중국 정부로 하여금 기술이 정보의 안전 나아가서는 국가 안보를 위협한다는 인식을 가지게 만들었다. 다시 말해 선발국의 기술패권에 대한 후발국의 위협 인식은 초기에는 기술의 문제로 제기가 되고, 점차 경제적인 측면에서의 위협, 나아가 국가안보 및 정치적 문제로까지 격상되는 양상을 보이게 되었다.

MS의 기술패권을 위협으로 인식한 중국 정부는 전면에 나서서 적극적인 대응전략을 펼치게 된다. 이때 위협인식이 변화하는 과정과 조응하여 중국 정부 대응의 초점도 변화하는 모습을 보인다. 초기에는 중국 정부가 주로 기술과 경제적인 측면에서의 지원에 주력했다면, 시간이 지남에 따라 위협인식이 고조되면서 중국 정부는 전반적인 제도적 환경을 다시 조정하여 중국 내의 기술경쟁의 규칙을 새롭게 정비하려는 모습을 보였다. 다시 말해, 미시적인 조치로부터 거시적인 정책 추진으로의 전환을 보인다.

이때 등장한 중국 정부의 대응전략 및 발전모델을 하향식 정책 수립과 이행, 그리고 집중화된 관리구조라는 특징을 가진 '하향식 중앙집중형' 소프트웨어 산업 모델이라고 규정해볼 수 있을 것이다. 중국의 이러한 산업모델은 결과론적으로 시장에서 가시적인 성과를 도출하는 데에는 한계를 보인 것이 사실이다. 그러나 이를 완전한 실패라고 규정하기는 어렵다. 왜냐하면 이러한 산업모델이 장기적으로는 국내 첨단기술 산업의 발전과 관련 기업들의 성장에 도움을 준 측면이 존재하기 때문이다.

우선, 기술 발전과 같은 경우, 기술 특성상 정부가 수직적인 방식으로 구체적인 방안을 하달하고 실행하는 방식은 사회 전반의 기술 혁신 능력을 저해하는 면이 더 크기 때문에 수평적이고 자유로운 개발환경에서 진행되는 것보다 기술 발전 속도가 더딘 모습을 보였다. 또한 정부가 주도하여 조성한 국내 소프트웨어 운영체제 시장에서도 정부가 주요 고객이었지, 비국가 시장 참여자들의 수요는 굉장히 제한적이었다. 이는 곧 중국 내 리눅스 기업들이 시장의 수요에 의해 제품을 개진하고 보급하는 것이 아닌 정부의 요구를 만족시키는 방향으로 진행하도록 만들었으며, 결과적으로 중국 정부는 당초 예상했던 정책결과를 얻지 못하게 되었다.

그러나 동시에 정부의 적극적인 대응은 중국 내 불법복제 현상을 줄이고 보다 건강한 시장경쟁을 도모하는 데 일조한 부분이 있다. 또한 리눅스를 통한 중국 정부의 적극적인 대응은 MS의 중국 R&D 투자와 소스코드 공개를 이끌면서 당초 정부가 가장 원했던 기술이전을 촉진했고 동시에 정보안전을 수호하는 데 일조했다. 더불어 리눅스라는 자주적인 운영체제를 가지고자 중국 정부가 직접 개입했던 중커홍치는 비록 2014년을 끝으로 해체되었지만 중국 정부는 이를 통해 많은 경험과 교훈을 얻게 되었다. 또한 선도부문에 대한 적극적인 지원과 정책은 중국 내 전문기술 인재 자원을 풍부하게 만드는 뜻밖의 성과들을 얻기도 있다. 나아가 새로운 모바일 OS 단계에서는 조금 느슨한 집중형 관리구조를 선보였다. 대표적으로 샤오미 같은 경우, 자체의 모바일 OS를 형성하기 위해 정부의 요구보다는 시장과 고객의 수요를 수용하는 방향으로 진행하면서 중국 내에서는 모바일 OS 시장의 점유율을 꾸준히 높여가고 있다.

컴퓨터 소프트웨어 산업에서 중국이 선보였던 '하향식 중앙집중형' 산업모델은 시장과 기업의 자율성을 구속하는 문제가 존재하기는 하지만, 특정 산업에 많은 투자를 지속적으로 그리고 집중적으로 할 수 있도록 만드는 이점도 있다. 이와 같은 특징은, 사회 인프라 같은 기반시설을 빠르게 형성하는 데 유리하며 나아가 해당 산업의 지속적 발전을 이어가는 데 긍정적인 영향을 준다. 요컨대 오늘날 중국이 야심차게 세계 제일을 노려보는 5G의 경우가 이에 해당된다. 중국은 자체적인 집중형 관리와 투자를 통해 미래의 새로운 기술 영역의 선구자를 꿈꾸고 있다. 이러한 중국의 포부는 2015년에 발표한 '중국제조 2025'에 잘 나타난다. 심지어, 2018년

제10차 전자정보산업 표준추동회의(第十届电子信息产业标准推动会)에서는 국가표준화관리위원회에서는 중국공정원을 비롯한 국가 고급 싱크탱크를 중심으로 표준화전략 연구를 수행하고, 표준화전략의 행동강령인 "중국표준2035"를 제정 및 추진할 것이라는 포부를 밝혔다(新华网 2018. 1. 10). 결국 MS의 기술패권에 대한 중국 정부의 대응은 오늘날 중국의 기술굴기를 이루는 과정에서의 시작점이자, 앞으로의 중국의 선도부문에서의 발전에서 추구하는 목표를 잘 보여주는 과정이라 할 수 있다.

참고문헌

1차 문헌

中共中央网络安全信息化办公室. 2018. "习近平: 没有网络安全就没有国家安全."

中华人民共和国科学技术部. 2003. "实施人才、专利、技术标准三大战略."

中华人民共和国国务院. 2000. "国务院关于印发鼓励软件产业和集成电路产业发展若干政策的通知."

中华人民共和国第九届全国人民代表大会常务委员会. 2002. "中华人民共和国政府采购法."

中华人民共和国第十届全国人民代表大会常务委员会. 2007. "中华人民共和国反垄断法."(主席令第六十八号)

中华人民共和国信息产业部. 2006. "计算机预装正版操作系统软件有关问题的通知." 信部联产[2006]199号.

2014年中国外交部例行记者会大数据. 2014. "外交部发言人谈网络安全问题."

新华网. 2018. "国家标准委: 正制定《中国标准2035》." http://www.xinhuanet.com/fortune/2018-01/10/c_129787658.htm (검색일: 2020. 5. 28)

北信源. 2014. "北信源发布WinXP调研报告, 4成以上行业用户将继续使用XP."

微软维纳斯计划白皮书. 1999. http://news.sina.com.cn/richtalk/news/tech/9903/032331.html (검색일: 2020. 4. 20)

『新浪科技』. 2016. 1. 6. "微软涉垄断被工商总局立案调查系统兼容遭举报." http://tech.sina.com.cn/it/2016-01-06/doc-ifxncyar6411527.shtml (검색일: 2020. 5. 3)

『中国新闻网』. 2014.8.7. "微软遭工商总局反垄断检查被查关键原因是搭售."

Business Software Alliance. 2003. "Eighth Annual BSA Global Software Piracy Study: Trends in Software Piracy 1994-2002." *International Planning and Research Corporation*. 7-8.

National Science Foundation. 2018. "First University Degree in S&E Field." Chapter 2. https://nsf.gov/statistics/2018/nsb20181/report/sections/higher-education-in-science-and-engineering/international-s-e-higher-education#first-university-degrees-in-s-e-fields

Statecounter. 2009-2019. "Desktop Operating System Market Share China."

2차 문헌

김상배. 2003. "정보기술과 국제정치이론." 『국제정치논총』 43(4): 33-58.

_____. 2007. "컴퓨터산업의 기술표준경쟁과 윈텔리즘." 『정보화시대의 표준경쟁: 윈텔리즘과 일본의 컴퓨터산업』. 파주: 한울.

정재호. 2001. "파룬궁, 인터넷과 중국 내부통제의 정치." 『한국정치학회보』 35(3): 297-315.

冀洁风. 1999. "加快我国信息产业发展的对策研究." 『图书情报知识』3: 14-16.

梁志坚. 2006. "邪恶帝国中国版本?" 『环球财经』4月19日. http://business.sohu.com/20060419/n242887620.shtml

方兴东 等 6人. 2014. "安全操作系统"中国梦"——中国自主操作系统战略对策研究报告." 『人民网』8月7日. http://theory.people.com.cn/n/2014/0807/c387081-25422178.html

方兴东·王俊秀. 1999. "第一章"维纳斯计划"福兮祸兮(2)." 『新浪科技』, 11月12日. http://tech.sina.com.cn/news/it/1999-11-12/11059.shtml

胡沙沙 2014. "信息产业技术标准全球化对我国国家安全的威胁及应对战略研究." 硕士学位论文. 天津师范大学.

红峰. 1999. "开源软件与中国信息产业." 『科学(双月刊)』51(6): 36-39.

华涛. 2000. "网络信息安全与全球化时代信息安全国际体制的建立—关于微软视窗系统暗含NSA密钥事件的思考." 『世界经济与政治』3: 51-55.

南淄博. 2013. "中国要求华盛顿解释"棱镜门"." 『央视网』6月19日. http://news.cntv.cn/2013/06/19/ARTI1371600089193970.shtml

倪光南. 2003. "Linux技术已经成熟, 可大力推广." 『信息空间』12(-): 26-27.

任笑元. 2003. "不再独步天下: 微软主动公开视窗秘密争市场." 『人民网』1月19日. http://www.people.com.cn/GB/it/49/151/20030119/910514.html

孙泠. 2004. "掀开国产软件的保护." 『软件世界』

王玉鹏. 2013. "信息时代我国文化安全面临的挑战." 『重庆与世界』30(8): 4-6.

谢静. 2004. "北京政府软件采购: 微软中标又被取消事件始末." 『国际金融报』第五版. 11月30日.

杨国强. 2005. "信息产业部回应软件政府采购"优先权"争论." 『第一财经日报』4月14日.

张湘辉. 2005. 『软件开发的过程与管理』. 清华大学出版社. 11-12.

庄奕琪. 1999. "'维纳斯'启示录." 『电子世界』6(6): 323-325.

朝晖. 2018. "工程院院士: 微软放任中国人装盗版Windows反过来说人是小偷." 『快科技』4月27日. https://news.mydrivers.com/1/574/574765.htm (검색일: 2020. 5. 3)

周殿华·范璐·沈小白. 2008. "我国Linux发展的成功模式:政府引导的产学研战略合作联盟—以中科红旗公司为例." 『中国软科学』8: 85-92.

侯继勇. 2014. "国产系统商中科红旗解散曾以挑战微软为己任." 『21世纪经济报道』2月15日.

Balto, David and Robert Pitofsky. 1998. "Antitrust and High-Tech Industries: The New Challenge." *Antitrust Bulletin* 43(3-4): 583-608.

Blanchard, Jean-Marc F. 2007a. "China, Multinational Corporations, And Globalization: Beijing and Microsoft Battle over the Opening of China's." *Asian Perspective* 31(3): 67-102.

Blanchard, Jean-Marc F. 2007b. "Multinational Versus State Power in an Era of Globalization: The Case of Microsoft in China, 1987-2004." *International*

Financial Review 7: 497-534.

Boon-Lock Yeo et al. 2005. "When China Dances with OSS." in Chris DiBona et al. (eds.) Open Sources 2.0, O'Reilly Media, 197-210.

Borrus, Michael and John Zysman. 1997. "Globalization with Borders: The Rise of Wintelism as the Future of Global Competition." Industry and Innovation 4(2): 141-166.

Cox, Robert. 1981. "Social Forces, and World Orders: Beyond International Relations Theory." Millennium 10(2): 126-155.

Dai, Hua and Nir Kshetri. 2008. "The Development of Information and Communication Technology Standards in China: A Historical Analysis." PACIS 2008 Proceedings.

Feller, Irwin. 1999. "The American University System as a Performer of Basic and Applied Research." in Lewis M. Branscomb, Fumio Kodama, and Richard Florida. eds. Industrializing Knowledge: University-Industry Linkages in Japan and the Unites States. Cambridge, MA: The MIT Press. 83.

Gabel, H. Landis. 1991. Competitive Strategies for Product Standards: The Strategic Use of Compatibility Standards for Competitive Advantage. London: McGraw-Hill Book Company.

Gabel, H. Landis. 1991. Competitive Strategies for Product Standards: The Strategic Use of Compatibility Standards for Competitive Advantage. London: McGraw-Hill Book Company.

Haynes, Jack M. 1995. "Computer Software: Intellectual Property Protection in the United States and Japan." The John Marshall Journal of Computer & Information Law 13(2): 245-267

Kajala, Dennis S. 1998. "The First Case on Protection of Operating System and Reverse Engineering of Programs in Japan." European Intellectual Property Review 10: 172-177.

Kshetri, Nir. 2005. "Structural Shifts in the Chinese Software Industry." IEEE Software Country Report, 86-93.

Sum, Ngai-Ling. 2003. "Informational Capitalism and U.S. Economic Hegemony: Resistance and Adaptations in East Asia." Critical Asian Studies 35(3): 373-398.

Pan, G. and C. J. Bonk. 2007. "The Emergence of Open-Source Software in China." International Review of Research in Open and Distance Learning 8(1): 1-18.

Rosenberg, Nathan and Richard R. Nelson. 1994. "American Universalities and Technical Advance in Industry." Research Policy 23: 323-348.

Sharma, Alolita and Robert Adkins. 2005. "OSS in India." in Chris DiBona et al.

(eds.) *Open Sources 2.0*, O'Reilly Media, 189-196.

Zhou, Yinhua. 2012. "Inter-disciplinary study on open source software development in developing countries : a case study of Chinese Linux." Doctor of Philosophy The University of Edinburgh.

필자 소개

김지이 JIN, ZHIYI

서울대학교 정치외교학부 외교학 석사

논저 "미국 기술패권에 대한 중국의 안보인식 : MS, 구글, 애플을 중심으로"

이메일 kimgee410@snu.ac.kr

17권 동아시아에서 정책의 이전과 확산

정책의 혁신과 확산, 그리고 변형·유은하 | 중국에서의 환경정책 도입 및 확산의 실패와 한계·조정원 |동아시아 이동통신 기술표준의 확산·김웅희 | 분권화 개혁론의 일본적 변용··이정환 | 지방자치시대의 정책혁신의 확산· 김대진, 안빛 | 한국 복지국가 형성에서 정책이전의 역할·최영준, 곽숙영

18권 커뮤니케이션 세계정치

냉전과 인터넷 커뮤니케이션의 구조·최인호 | ICT 교역의 글로벌 거버넌스·강하연 | 전자정부와 정부개혁·정종필, 손붕 | 문화 간 커뮤니케이션과 세계정치·김범수 | 국제정치경제의 변화와 미디어 지구화론·문상현 | 중국과 한국의 사이버민족주의 비교연구 서언·서이종, 탕레이 | 커뮤니케이션, 초국가적 공론장, 그리고 초국가적 연대·신기영

19권 젠더와 세계정치

페미니즘 안보연구의 기원, 주장 그리고 분석·황영주 | 여성, 평화, 안보의 국제규범 형성과 확산·강윤희 | 국제 여성인권운동과 여성인권의 지역적 실천·허민숙 | 개발협력과 젠더·임은미 | 다문화주의와 여성·문경희 | 국제이주와 여성·이지영 | 베트남과 필리핀의 결혼이주 관련 정책 연구·위선주

20권 국제정치학 방법론의 다원성

이론, 방법 그리고 방법론·이왕휘 | 탈실증주의 국제정치학 인식론의 모색·전재성 | '국제안보연구' 방법론 고찰·박재적 | 외교정책 설명과 방법론·은용수 | 세력 균형에서 협조 체제로·안두환 | 구성주의 국제정치경제·이용욱